고진로 사회권

고진로 사회권

비정규직을 위한 대안적 복지 패러다임

1판1쇄 | 2012년 11월 30일

지은이 | 이주희

펴낸이 | 박상훈
주간 | 정민용
편집장 | 안중철
책임편집 | 윤상훈
편집 | 이진실, 최미정
제작·영업 | 김재선, 박경춘

펴낸 곳 | 후마니타스(주)
등록 | 2002년 2월 19일 제300-2003-108호
주소 | 서울 마포구 합정동 413-7번지 1층 (121-883)
전화 | 편집_02.739.9929 제작·영업_02.722.9960 팩스_02.733.9910
홈페이지 | www.humanitasbook.co.kr

인쇄 | 천일문화사_031.955.8100
제본 | 일진제책_031.908.1407

값 15,000원

ⓒ 이주희, 2012
ISBN 978-89-6437-162-6 94300
        978-89-90106-64-3 (세트)

이 도서의 국립중앙도서관 출판시도서목록(CIP)은 e-CIP홈페이지(http://www.nl.go.kr/ecip)와
국가자료공동목록시스템(http://www.nl.go.kr/kolisnet)에서 이용하실 수 있습니다.
(CIP제어번호: CIP2012005455)

고진로 사회권

비정규직을 위한 대안적 복지 패러다임

이주희 지음

후마니타스

일러두기

1. 이 책은 2010년 정부(교육과학기술부)의 재원으로 한국연구재단 한국사회기반연구사업 지원을 받아 수행된 연구이다(한국연구재단-2010-330-B00133).
2. 단행본, 정기간행물에는 겹낫표(『　』)를, 논문, 기고문 제목에는 큰따옴표("　")를, 법령명에는 가랑이표(〈　〉)를 사용했다.
3. 법령명은 국가법령정보센터 표기를 따랐다.

| 표 차례 |

| 그림 차례 |

서문

외환 위기 직후 '임시, 일용 등 불완전한 고용 형태' 혹은 '비전형 노동' 등 개념 형성에 따른 과도기적 혼란을 겪은 후, 비정규직은 이제 한국 노동시장의 양극화를 상징하는 대표적인 단어이자 집단으로 자리 잡았다. 박사 학위를 마치고 우리나라에 돌아와 1년도 채 지나기 전에 겪은 1990년대 말 외환 위기는 충격적이었으나, 그 당시에는 비정규직 문제가 이토록 헤쳐 나올 수 없는 깊은 수렁으로 빠져들 것이라 미처 예상하지 못했다. 노사 관계를 전공한 필자가 첫 직장이었던 한국노동연구원에서 그 시기에 작성한 짧은 논문을 보면 젊은 연구자 특유의 패기와 낙관적 전망에서 자유롭지 못했던 모습이 드러난다.

…… 노사 관계적 차원에서 접근할 때만이 비정규직의 문제가 바로 정규직의 문제이기도 하다는 것이 보다 분명히 드러난다. 이것은 비정규직을 보호의 대상으로만 보는 시각과 다르다고 할 수 있다. 비정규직이 확대되면 정규직 노동자들은 대체 가능성으로 인해 비정규직과 임금 및 노동조건상 하향 경쟁race to the bottom을 하게 된다.

…… 법적인 보호를 얻어 낸다 하더라도 그것만으로 비정규직 문제를 완전히 해결하기 어렵다. 어떤 근대국가도 수많은 작업장에서 일어나는 일들을 완전히 감시할 수 있을 만한 능력을 가지고 있지 못하다. …… 이런 정부의 감시 능력

한계는 단체교섭과 단체협약에 의해 직접적인 당사자가 스스로를 보호할 수 있는 방안을 마련하는 일의 중요성을 크게 부각시킨다. 더불어 단순히 법을 일률적으로 강제하는 것보다는 노사 간 교섭을 통해 작업장 현실에 맞는 유연한 조정을 지속적으로 해나가는 것이 더 바람직한 문제 해결의 방법이 될 수 있다(이주희 2000, 70-71).

그러나 정규직과 비정규직의 간극은 점점 더 확대되기만 했다. 비정규직은 이미 채용 시점부터 분리되어 몇몇 특수한 경우를 제외하고는 정규직의 지위를 위협하지 못했으며, 정규직 노동운동의 관심에서 점차 벗어났다. 노동시장의 '이류 시민'이 되어 버린 비정규직을 대상으로 한 모든 대안은 비정규직 보호법처럼 외주화와 해고를 야기하거나 초단기 임시직을 늘리는 등 문제를 더욱 복잡하게 하고 악화시켰다. 또한 정규직에 한정된 협소한 사회보장 체제로는 비정규직 문제를 해결할 수 없다면, 사회권 패러다임의 전면적 변화가 필요한 것이 아닐까. 노사 관계의 현안을 다루는 작업에서 벗어나 좀 더 긴 호흡으로 이를 생각해 보기 위해 이화여대 사회학과에서 일하게 된 이후, 필자의 비정규직에 대한 고민은 자연스럽게 사회권으로 옮겨갔다.

최근 몇 년간 복지국가에 대한 담론이 급증하고 그 수요가 폭발적이었던 것은 비정규직이 상징하는 고용 불안과 빈곤의 위협 때문이지만, 이 두 가지 현상의 상관관계를 깊이 천착한 연구는 드물다. 실제로 외환위기 이후 김대중·노무현 두 중도 정부의 복지 정책 노력이 실패한 것도 바로 노동시장의 유연화, 일자리의 쇠퇴를 방치 혹은 유도한 채 그로 인한 문제점만을 부분적으로 치유하려 했던 데 기인한다. 이 책은 바로 이런 문제의 근본 원인을 정면으로 다루고자 기획되었다. 고용 형태가 개선되지 않고는 진정한 의미의 복지국가를 기대하기 힘들다. 그렇다면 일자리의 악화가 실제로 의미하는 바를 적확하게 인식해야 한다. 이런 분석에 기초해 바람직한 사회권을 발전시키고 복지국가 제도를 마련하는 데 중요한 이론적·정책적 시사점을 제공하는 것이 이 책의 주요 목적이다.

이 연구는 지금까지 주로 노동 및 노동권에 초점이 맞추어져 진행되어 온 비정규직 연구에서 사회권을 새롭게 조명했다는 점에서 의의를 찾을 수 있다. 표준 고용 관계의 위기라는 근본적인 문제를 고려하지 않은 채 실시되는 복지국가 정책은 그 한계가 뚜렷하다. 기존 사회보험 및 사회보장 체제의 적용률을 높이는 차원이 아니라, 변화하는 사회경제적 환경에 적합한 추가적인 사회권 수요의 내용과 범위를 규명해야만, 현재 한국 사회가 겪고 있는 고용 불안과 저임금 일자리의 확대, 소득 불평등의 심화, 생산적 공공재에 대한 저투자 등 저진로 경제의 문제점을 극복하고 높은 효율과 평등을 담보하는 새로운 경제체제 및 그에 필요한 사회적 인프라와 정책적 혁신에 대한 구체적인 방향을 제시할 수 있다.

이 책은 2010년 정부(교육과학기술부)의 재원으로 한국연구재단 한국 사회기반연구사업SSK 지원(한국연구재단-2010-330-B00133)을 받은 연구 프로젝트인 "표준 고용 관계의 위기 극복을 위한 고진로 사회권 패러다임의 창출"의 일환으로 기획되었다. 대부분의 장이 주제에 맞춰 새로 쓰였는데,『동향과 전망』82호(2011)에 게재된 "고진로 사회권 패러다임 : 표준 고용 관계의 위기 극복을 위한 시론"에 기반을 둔 2장과,『한국여성학』제28권 3호(2012)에 발표된 "여성의 평등한 노동권을 위한 고용과 복지의 재구조화 : 월스톤크래프트 딜레마의 극복을 위한 대안"을 수정·보완한 5장 등 두 편은 이미 출간된 논문을 바탕으로 했다.

사회과학 연구는 연구자뿐만 아니라 연구를 지켜보고 도와준 많은 다른 연구자와 조사 대상자에게 빚을 진 채로 수행되기 마련이다. 이 작업도 예외가 아니었다. 모두에게 깊은 감사의 말씀을 드린다. 이 책에서 분석된 80명 대상의 심층 면접 조사지와 1,020명 대상의 질문지를 작성하는 과정에서 공동 연구자인 동의대학교 사회복지학과 권승 교수, 시민건강증진연구소 건강형평성연구센터장 김명희 박사, 일본 간사이대학 사회과학부 다카요시 쿠사고 교수가 각각 일과 생활의 균형, 일자리에서의 건강과 스트레스, 복지 영역별 중요도와 달성도 부분을 작성하는 데 기여해 주었다.

또한 공동 연구진과 더불어 연구 초기부터 총 다섯 명의 자문 위원과 워크숍 참여자에게도 연구 방향을 설정하고 조율하는 데 많은 도움을 받았다. 한양대학교 법대 강성태 교수는 연구 초기 사회권의 법적 개념과 범위에 대해, 그리고 서울사이버대학교 노인복지학과 정영애 교수는 여성주의적 관점이 사회권에 어떻게 포함되어야 하는가에 대해 귀중한 조언을 해주었으며, 보건사회연구원 강신욱 연구위원, 울산대학교 사회학과 이성균 교수, 한신대학교 교양학부 전병유 교수는 연구진이 미처 살피지 못한 심층 면접 가이드와 질문지 구성 및 내용상의 문제점을 마치 자신의 연구처럼 꼼꼼하게 검토해 주었다. 연구 진행 과정에서 개최된 워크숍에서 발표해 주신 한국노동연구원 황덕순 박사는 노동과 복지의 문제를 다시금 생각해 보게 했으며, 한국비정규노동센터 이남신 소장은 수치로 나타난 비정규직의 사회권 관련 태도를 제대로 해석할 수 있도록 비정규직의 일상과 노동에 대한 생생한 현실을 알려주었다.

이 SSK 연구 프로젝트에 참여해 준 이화여대 사회학과 대학원생 연구 조교들에게도 고마운 마음을 전한다. 같은 문제의식을 공유한 대학원생은 교수의 연구에 가장 큰 힘이 되는 존재이다. 연구 프로젝트가 시작된 이후 지금까지 계속 참여하고 있는 박사 수료생 정성진은 과제 운영은 물론 자료를 수집하고 분석하는 과정에서 큰 도움을 주었으며, 연구 초기에 참여해 석사 학위를 받고 졸업한 권지현과 석사 수료생 김수연, 그리고 이후 합류한 박사과정생 유은경과 석사과정생 전주현도 연구 진행에 필요한 역할을 열심히 수행해 주었다.

마지막으로 이 책의 출간을 가능하게 해준 후마니타스의 안중철 편집장과 윤상훈 편집자 및 관계자 여러분께도 진심으로 감사드린다.

2012년 11월
이주희

제1부

고진로 사회권 패러다임

이론과 실제

1장

문제 제기

표준 고용 관계의 쇠퇴와
새로운 고진로 사회권 패러다임의 필요성

우리는 이중 구조화dualization의 과정을 목격하고 있다. …… 노동자는 1차 노동 시장 혹은 2차 노동시장에 우연히 고용되는 것이 아니라, 그들이 가진 경제적·정치적·사회적 자원으로 인해 그렇게 되는 것이다(Emmenegger et al. 2012, 10-12).

1. 연구 배경

자본주의의 황금기가 지나고 경제활동의 세계화가 진행되면서 거의 모든 산업국가에서 고용 불안과 노동의 쇠퇴가 진행되고 있다. 한국에서도 예외가 아니었다. 국가적 차원에서의 세계화 전략이 본격화되었던 1990년대 초반부터 서서히 진행되어 온 노동시장의 유연화는 1990년대 후반 외환 위기를 겪은 이후 더욱 급격하게 정상적인 고용 관계를 잠식하기 시작했다. 전통적 의미의 표준 고용 관계Standard Employment Relationship는 "안정적이며 사회적으로 보호받는 전일제 근로로, 기본적인 임금과 노동조건이 노동법과 사회보장법, 단체협약에 의해 규제되는 일자리"를

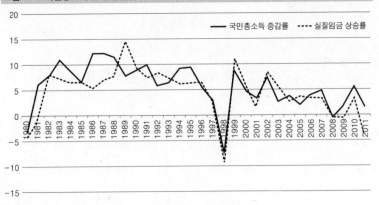

그림 1-1 | 국민총소득 및 실질임금 상승률 (1980~2011년)

자료 : 한국노동연구원(1999; 2006; 2009; 2010; 2012).

의미한다(Bosch 2004). 이런 표준 고용 관계에 있는 정규직 노동자의 비중은 2002년 72.6퍼센트에서 2011년에는 65.8퍼센트까지 감소했으며, 그로 인해 비정규직 노동자의 비중이 전체 노동자의 3분의 1을 상회했다. 비정규직의 증가 및 내부 분화도 일부 우려할 만한 추세를 보이고 있다. 근로계약을 정하지 않고 일거리가 생겼을 때 며칠 혹은 몇 주를 일하는 일일 근로가 전체 비정규직에서 차지하는 비중이 약 8년간 5퍼센트가량 상승했으며 파견 및 용역 근로 또한 완만한 증가세를 보이고 있다(한국노동연구원 2012).

한국 사회의 발전 패러다임은 표준 고용 관계의 쇠퇴와 더불어 최근 10여 년간 두 차례의 경제 위기를 겪으면서 더욱 확실히 위기에 직면했다. 〈그림 1-1〉에서 살펴볼 수 있듯이 1998년과 2008년을 전후해 경제성장률이 점진적으로 둔화됨에 따라 실질임금 상승률이 더 가파르게 감소하고 있는데, 이는 경제성장을 이유로 더는 사회권의 제공을 미룰 수 없게 되었음을 뜻한다. 한편, 외환 위기를 계기로 실업과 빈곤이 증가하

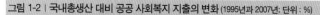

그림 1-2 | 국내총생산 대비 공공 사회복지 지출의 변화 (1995년과 2007년; 단위 : %)

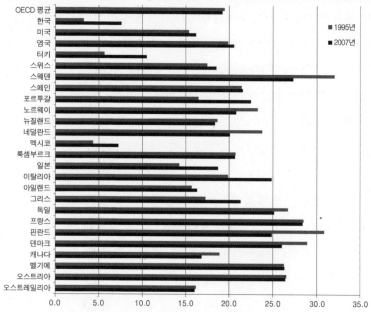

자료 : OECD 웹사이트(http://www.oecd.org) StatExtracts, Social Expenditure Database(SOCX) 항목.

면서 국내총생산GDP 대비 공공 사회복지 지출의 비율도 3.2퍼센트에 불과했던 1990년대 중반에 비해 2007년에는 7.6퍼센트로 증가했지만, 이는 20퍼센트에 가까운 경제협력개발기구OECD 국가들의 평균 규모의 절반에도 못 미치는 수치이다(〈그림 1-2〉 참조). 따라서 정부 규모 및 지출이 일부 증가했다는 사실이 과거의 발전 패러다임을 대체하는 새로운 사회권 패러다임이 등장했음을 의미하지는 않는다. 이는 한국의 국가가 '발전'을 추동하던 과거에서 벗어나 시민사회의 '사회권' 요구를 만족시키는 선진 복지국가로의 역할 변동을 하지 못했기 때문이기도 하지만, 사회적으로도 바람직한 사회권의 내용과 규모에 대한 합의 및 요구가 부재했기 때문이기도 하다.

한국 사회에서 지향하고자 하는 사회권의 기본 틀에 대해 합의하기가 쉽지 않았던 더욱 근본적인 이유는 무엇보다도 전 세계적으로 기존 복지국가 모델이 기초한 노동인구 및 기업 조직에 급격한 변화가 진행되고 있다는 점과 연결된다. 경제활동의 세계화가 이루어지고 그에 따라 경쟁이 격화되면서 근대 복지국가의 기반이었던, 한 직장과 한 산업에서 꾸준히 일하다 은퇴하는 고용 모델의 적합성이 약화되었다. 사회보장법은 노동시장에 대한 중대한 입법적 개입이었으며, 사회적 시민권의 이상적 형태와 포괄적 의제는 주로 고용을 기반으로 마련되었다(Deakin 2002). 따라서 세계적인 경제 환경의 변화와 충격 앞에 적절한 완충 기제 없이 노출된 한국의 경우, 고용 형태의 급격한 변화를 수용할 수 있는 사회권 패러다임을 확립하는 데 더 큰 어려움을 겪었던 것이다.

2. 고용 형태에 따른 삶의 질과 사회권 관련 기존 연구

정규직 고용 모델과 표준 고용 관계의 쇠퇴는 현대 산업사회의 공통된 특징인 노동시장의 유연화에서 비롯되었으며, 제조업에서 서비스업으로 산업구조가 변화된 것이 이 같은 압력의 배경이다. 제조업에서는 생산기술이 발전하면서 '고용 없는 생산'이 이루어지는 반면(신동면 2007), 서비스업에서는 제조업처럼 생산성이 증진되기가 어렵기 때문에 주로 저임금·임시직 일자리가 확대된다. 한국의 경우도 전체 취업자 중 제조업 취업자의 비중은 1980년 21.6퍼센트에서 2011년 16.3퍼센트로 감소하면서 정체하고 있는 반면, 서비스업 취업자의 비중은 같은 기간 37퍼센트에서 69.2퍼센트로 급증하고 있다(통계청 각년도).[1] 이는 단순한 보호나 정규직화 차원을 넘어, 비정규직을 기존의 표준 고용 관계 내에서 발전적으로 통합할 수 있는 사회권 보장 방안을 모색할 필요가 있음을 의미한다.

외환 위기 이후 비정규직 증가가 가속화되면서 이와 관련된 연구가 지난 10여 년간 급증한 것은 사실이나, 이는 주로 노동 및 노동권 차원에서 이루어져 왔다. 연구 초기에는 비정규직이 증가한 원인과 그 규모에 관심이 집중되었고(채구묵 2002; 김유선 2003; 안주엽 외 2001; 2002; 2003), 비정규직이 점차 확산되면서 비정규직을 보호할 방안을 논의하는 데까지 확장되었다. 이는 노동법 차원의 논의(이호근 2006; 이철수 2005)와 정규직 노동조합과의 관계를 통해 비정규직에 대한 보호와 통합을 논의하는 노사 관계 차원의 논의(정이환 2003; 이택면 2005; 주무현 2004; 은수미 2007)로 구분된다. 비정규직의 사회권에 대한 연구(이병훈 2009)도 있었으나, 주로 노동의 질이 악화되는 문제와 기존 사회보험의 적용률이 낮다는 점이 지적되었을 뿐 비정규직의 삶의 질이 변화한 데 대한 다차원적인 진단은 부족했다.

비정규직에 대한 연구에서 이들의 삶의 질과 사회권에 대한 논의가 부족했던 만큼, 삶의 질과 사회권 지표 관련 연구에서도 비정규직은 주된 분석의 초점이 아니었다. 가장 대표적인 복지 실태 조사인 한국복지패널(한국보건사회연구원·서울대사회복지연구소 2007; 2008; 2009)의 경우 차상위 계층과 빈곤층 등 저소득층에 중점을 두고 생활 실태를 조사하고 있으며, 유럽연합에서 논의되어 온 사회적 배제 개념을 한국에 적용하려 한 강신욱 외(2005)의 연구에서도 빈곤층이 경험하는 배제의 영역이 주된 관심 분야였다. 한편, 고용의 질과 고용 상태에 대한 상세한 지표를 개

1_ 한국표준산업분류가 변경되면서 제9차 분류 기준에 따라 계산된 2004년 이후 수치는 2003년 이전과 비교했을 때 약간의 시계열상 오차가 나타날 수 있다.

표 1-1 | 삶의 질 지표 및 사회권 관련 기존 국내 연구 검토

선행 연구, 개발 지표	연구 목적	주요 연구 영역	연구 내용 및 평가
한국복지패널[1]	저소득층의 경제활동 및 생활 실태와 복지 욕구 파악	복지 욕구, 사회복지 수급, 경제 상황, 노동, 정치사회적 인식 등의 영역 조사	• 소득 보장을 받는 빈곤 계층이 주 대상 • 지표별 인과관계 연구 필요 • 사회적 배제 극복 정책 효과 측정 필요
한국노동패널[2]	패널 표본을 대상으로 노동시장에 관한 미시 자료를 얻기 위함	경제활동, 노동시장 이동, 소비, 교육 훈련, 사회생활, 노사 관계, 생활 만족도 등 노동시장에서의 시계열적 변화 과정 추적 조사	• 노동시장에서의 개인의 위치 변화 과정에 따른 만족도 지표 변화 포함 안함 • 고용 형태와 관련된 다차원적인 고용의 질 만족도 측정 항목 필요
사회적 배제의 지표 개발 및 적용 방안 연구[3]	사회적 배제 계층에 대한 다차원적 사회 지표 개발 및 측정	경제, 노동, 교육, 주거, 사회적 참여 등의 부문별 배제 개념을 지표로 개발·측정	• 사회적 배제의 경험 및 유입이 다차원적 • 사회적 배제를 구성하는 각 영역들 간의 상호 관계 및 관련 정책의 개발 등은 향후 과제
고용의 질 : 거시, 기업, 개인 수준에서의 지표 개발 및 평가[4]	'고용의 질'에 대한 인구 및 노동력 집단에서의 거시·중위·미시 차원의 개념과 지표의 개발 및 측정	고용 기회·안정, 노동환경, 능력 개발, 평등 고용, 일과 가정의 양립, 참여·발언, 사회보장, 만족도 등을 지표로 개발 및 측정	• 정규 노동 계층의 고용의 질 중심 • 4대 보험 중심의 사회보장 지표 사용 • 임금수준보다 고용 안정성이 중요 • 정책 투입·과정·산출 경로를 분석할 수 있는 지표 개념 확립 및 개발 필요
'고용의 질' 측정지표 개발에 관한 연구[5]	노동시장에서 고용의 질 변화 추이를 측정하기 위한 EQI 개발 및 측정	고용 기회, 고용 안정성, 고용 평등, 노동조건, 보상, 능력 개발, 노사 관계 영역에서 지표 개발 및 시계열적 측정	• 상용 노동 계층 중심의 지표 개발 및 측정 • 다양한 EQI 개발 및 비교 분석이 필요 • 시계열적 EQI를 결정짓는 지표 개발
한국인의 삶의 질 수준에 관한 연구[6]	다각적인 '삶의 질 지표'로 국가별 상대적 수준 파악	보건, 경제, 교육, 직업, 환경, 정보화 등으로 정리 및 측정	• 다양한 삶의 질 지표를 체계적으로 정리 • 노동 관련 지표의 경우 주관적 만족도 측정
OECD 국가의 행복지수 산정 및 비교[7]	NIW(National Index of Well-being)를 기초로 OECD 회원국 행복 수준 측정	경제적 요인, 자립, 형평성, 건강 등의 지수 측정	• 국제 비교 가능한 삶의 질 지표 활용 • 사회정책 판단의 기초 자료 • 사회 연대성의 정책적 노력 필요

자료 : 1 한국보건사회연구원·서울대사회복지연구소(2007; 2008; 2009); 2 한국노동연구원(1999; 2006; 2009; 2010; 2012); 3 강신욱 외(2005); 4 방하남 외(2007); 5 어수봉·조세형(2006); 6 장영식 외(2007); 7 윤강재·김계연(2010).

발한 연구(방하남 외 2007)의 경우에도 건강과 가족 등 다양한 삶의 질의 차원과 관련해 심층 분석이 시도되지는 않았다.

　　좀 더 일반적인 삶의 질 지표를 다룬 기존 연구의 경우, OECD 등 해외 지표와의 비교 연구를 목적으로 만들어져 한국의 사회경제적 변화의 특성이 잘 반영되지 못한 경향이 있으며, 객관적 지표를 보완해 줄 주관적 지표의 개발 수준이 낮다(윤강재·김계연 2010). 삶의 질 지표가 객관적·주관적 차원 모두를 측정하도록 구성되어야 하며, 이런 질적인 정

표 1-2 | 삶의 질 지표 및 사회권 관련 기존 해외 연구 검토

선행 연구, 개발 지표	연구 목적	주요 연구 영역	연구 내용 및 평가
GPI (Genuine Progress Indicator)[1]	GPI는 국가 내 사회경제 수준을 종합적으로 측정	소득분배, 가구, 자원 봉사, 범죄, 사회적 비용, 환경 등의 영역을 측정·합산해 지수화	• 삶의 질은 경제와 사회 수준을 모두 측정 • 국가 내 고용 및 계층별 차이를 두지 않음
OECD Social Indicator[2]	GDP로 측정하기 어려운 OECD 소속 국가의 객관적 사회복지 수준과 주관적 만족도 기준을 표준화	개인의 일반 상황, 자활, 형평성, 건강, 사회 통합 등을 측정	• 사회 발전의 변화 방향 및 향상 정도에 대한 계량적 증거를 제시 • 만족도의 모호성과 고용의 질적 측면 간과 • 중간 계층 등이 취약 계층으로 이동하는 현상 및 예방 자체에 대한 지표 개념 및 측정 부족
HDI (Human Development Index)[3]	건강, 지적 능력 등을 계발해 삶의 질 수준을 높이는 것을 목적으로 함	건강한 삶, 지식, 적정한 생활의 수준을 네 가지 지표로 지수화해 측정	• HDI는 행복 수준 측정을 '개인의 능력 계발 차원으로 확장 • HDI의 경우 지표가 단순하고 과소 • 각 국가의 사회경제적 맥락 및 구조가 반영되지 않음
CIW (Canadian Index of Well-being)[4]	CIW는 GDP의 한계를 넘어 캐나다의 삶의 질을 측정, 각 주요 분야들의 내적 연관성에 초점	삶의 수준, 건강, 환경의 질, 교육, 숙련 수준, 시간 사용, 지역사회의 생명력, 민주주의 참여, 문화와 여가 분야를 측정	• 소득분포, 부의 분포, 고용 평등, 주택, 장기 실업률 등의 지표 개발 및 지표 연계성 측정 및 분석 • 민주주의 참여와 관련, 투표율 및 특정 정당 지지, 생활, 건강, 문화 등을 연계해 분석하고 측정함 • 계층별·고용 형태별 연계 분석의 필요성 • 캐나다의 경우 GDP보다 CIW가 낮은 것으로 나타남
DW (Decent work)[5]	모든 사람들이 자유·평등·인권·안전이라는 보편적 조건하에서 생산적인 일을 할 수 있는 기회를 촉진	고용 기회, 고용 안정, 작업환경, 사회보장, 사회적 대화, 경제사회적 맥락 등 고용 관련 열한 가지 영역의 29개 지표를 개발·측정	• DW의 경우 일부 지표는 국가에 따라 적용하기 어려움 • 기존 4대 보험 중심의 사회보장지표 확장 필요 • 지속 가능한 괜찮은 일자리에 대한 사회경제적 맥락 고려
MPSE (Monitoring Poverty and Social Exclusion)[6]	영국의 사회적 배제 계층에 대한 분석과 및 정책 개발	소득, 경기변동, 삶의 질, 주거 등의 영역에서 사회적 배제와 빈곤 수준을 측정	• 사회적 배제 계층과 경기변동, 소득, 삶의 질의 연관성 연구 • 경기 성장기에도 빈곤율 및 실업률 증가

자료 : 1 Talberth et al.(2006); 2 OECD(2006); 3 UNDP(1996); 4 Institute of Wellbeing(2004); 5 ILO(1999); 6 The Policy Institute(1998).

보를 다학문적으로 활용해야 한다는 점은 지금까지의 연구 경험을 통해 많은 연구자가 이미 합의한 바 있다(Sen 1999; Hagerty et al. 2001). 주관적 지표만으로 실태를 충분히 파악할 수 없다는 것만큼이나, 객관적 지표만으로 구성된 삶의 질 지수 또한 사회적 삶의 다양한 양태를 포착할 수 없게 하기에 한국 사회에 새롭게 등장하는 사회권 수요를 제때 정확히 살피기 힘들 수 있다(〈표 1-1〉·〈표 1-2〉 참조).

표준 고용 관계의 쇠퇴와 관련해 그동안 가장 많이 언급되어 온 연구로는 고용과 복지가 연계된 유연 안정성flexicurity 모델이 대표적이다. 주로 네덜란드와 덴마크의 경험에 기초해 유럽연합 국가 전반에 확산된 이 모델의 특징은 노동시장의 유연화와 그에 따른 소득 상실을 보완할 수 있는 사회보장제도 강화이다. 하나의 모델로 지칭되고는 있으나, 덴마크에서는 정규직에 대한 탈규제와 적극적 노동시장 정책이 병행된 반면, 네덜란드에서는 노동시장에 대한 규제 수준이 높게 유지된 채 단시간 노동이 전략적으로 확대되는 등 차이가 있다(권형기 2007). 이 모델을 한국 상황에 적용하기 위한 연구가 많았음에도(김학노 2004; 정원호 2005; 이호근 2006) 이 모델이 아직 보편화되지 못한 것은 강한 사회적 합의의 전통(정희정 2007)과 높은 사회보장 수준을 요구하는 이 모델을 이식하기에 적합한 사회적 기반이 한국 사회에 갖춰져 있지 않기 때문이다. 이런 선행 연구의 경험은 한국적 상황에 맞는 기초적 사실이 축적되고 그에 따른 이론이 수립되는 과정을 통해 사회권 모델이 개발되어야 한다는 점을 함의한다.

3. 고진로 경제를 위한 새로운 사회권 패러다임의 필요성 : 서구 모형과의 비교

앞서 말했듯이 실업과 빈곤을 증가시킨 1990년대 말의 외환 위기는 경제성장을 이유로 더는 사회권의 제공을 미룰 수 없게 되었음을 명백히 한 사건이었다. 하지만 앞서 살펴본 바와 같이, 비정규직을 주제로 한 연구에서 기존 사회권 논쟁을 재구성함으로써 변화된 고용 환경에 적합한 새로운 이론적 패러다임을 제시하려는 시도는 거의 없었다. 비정규직 확대, 저출산과 고령화, 제조업에서 서비스업으로의 생산력 이동 등에서 나타나듯, 과거에는 성공적이었던 발전 패러다임의 구조적 기반이 상당 부분 무너지고 있는 현 상황에서는, 이 같은 교착상태를 극복하고 사회 전반의 복지와 지속 가능한 발전을 통합하는 방향성을 제시할 새로운 사회권 패러다임이 더욱 절실히 요구된다. 현재 한국 사회가 직면한 고용 불안, 생산적인 공공재에 대한 저투자, 저임금 일자리 확대, 빈곤의 장기화 등은 전형적인 저진로low road 사회의 특징을 반영한다. 이 책의 주된 목적은 표준 고용 관계의 위기를 극복할 수 있는 새로운 고진로high road 사회권 패러다임을 정립하는 것이다. 고진로 개념은 주로 높은 효율과 평등을 담보하는 경제체제를 얻을 수 있는 전략적 차원에서 논의되어 왔지만, 이를 사회권의 영역에까지 확장해 설명하는 시도는 거의 없었다.

고진로 전략은 단지 일자리의 수뿐만 아니라 일자리의 질적 수준을 높이고, 공공재와 기타 소프트웨어적 인프라에 투자하고, 환경친화적 생산 관행을 확립하는 한편, 교육과 훈련을 보장하고, 공공 지출을 효율적으로 시행하며, 민간 부문과 공공 부문이 협력해 파트너십을 구축하는 데 깊은 관심을 기울인다. 새로운 사회권 패러다임이 이런 고진로 전략에 기초해야 하는 이유는 경제 위기가 상시화되고 있는 세계경제의 특성상 경제 부문과 공공 부문의 질적 혁신을 담보하지 않은 상태에서 사회권을 보장하는 데는 근본적인 한계가 있기 때문이다. 한국에서 통용되는 기존 사회권 개념이 탈경계적 확장을 거쳐야만 고진로 전략을 받아들일 수 있다. 즉 경제적 약자에게 사후적으로 제공되는 재분배나 탈상품화 정책의 범위를 넘어 모든 시민에게 만족스럽고 적절한 사회적 삶의 기회를 확장시킬 수 있는 정책을 포괄해야 하며, 예방적 차원의 지원 방식과 민간 부문의 활성화를 가져올 수 있는 다양한 지원 방식 모두를 함의할 수 있어야 한다.

이런 사회권 패러다임을 확립하기 위해서는 주로 해외, 특히 서구 이론의 영향 속에서 진행되어 온 한국의 복지국가와 사회정책에 대한 기존 연구의 틀을 수정할 필요가 있다. 사회적 영역으로 시민권이 확장되는 것을 의미하는 사회권 개념이 서구 자본주의 산업사회의 발전과 궤를 같이해 온 만큼 서구 이론을 수용·검토하는 것이 어느 정도 불가피하며, 궁극적으로는 한국의 사회 발전 전략을 세우는 데 도움이 될 것이라는 입장도 존재한다(김연명 2009, 35). 이런 접근이 지금까지 한국 사회정책 연구의 저변을 확대하고 더욱 바람직한 복지 모델에 대한 비교 정책적 지식을 심화하는 데 기여한 점은 인정되나, 서구의 경제 발전 수준 및 궤적과는 전혀 다른 한국만의 특색이 충분히 반영된 이론적 발전을 기대할 수 없다는 점은 한계로 지적된다.

실제로 최근 가장 주목받은 사회권 논의는 영미권의 자유주의적 복지국가 모델에 유럽의 사회민주주의적 가치를 접목한 제3의 길(Giddens 1998)로서의 사회 투자 국가론이다. 이와 관련해 계급 정치가 미발달한 한국적 상황에서 현실적으로 도달할 만한 목표로서 수용할 수 있다며 그 가능성을 긍정적으로 보는 찬성론자(김연명 2009; 양재진·조아라 2009)와 좀 더 평등한 분배 정책과 보편적 서비스를 강조하는 반대론자(김영순 2009)로 나뉘어 논쟁이 진전된 바 있다. 그러나 이런 흥미로운 논쟁이 한국적 상황의 특수성과 표준 고용 관계에서 이탈한 노동인구의 복지 수요 및 욕구를 정확히 추정하지 않은 채 추상적인 이념적 입장의 차이가 부각된 형태로 진행된 것은 아쉽다. 새로운 사회권의 전망이 유럽형 보편적 복지국가와 영미형 사회 투자 국가의 이분법을 뛰어넘어야 하는 이유는 한국 사회의 복지 기반이 이들과는 전혀 다르다는 점에 기인한다. 한국은 계급 정치가 미발달해 유럽식 사회권과 복지국가를 발전시

표 1-3 | 새로운 고진로 사회권 패러다임과 서구 모델들의 비교

	유럽형 보편적 복지	영미형 사회 투자론	고진로 사회권 패러다임
경제 전략	수요 중심	공급 중심	수요 및 공급 중심
기회의 평등	강조 (양)	강조 (양)	강조 (질)
주요 재분배 시기	노년기	이동기	생애 과정적 접근
국가·시민사회	활성화/구분	활성화/구분	활성화/통합
목적	형평성	효율성	형평성과 효율성

키는 것이 제한되는 한편, 영미권보다 시장 원칙이 확립된 수준이 낮은 탓에 사회 투자 전략이 시행되더라도 같은 효과를 기대하기 어렵다.

또한 유럽형 보편적 복지 및 영미형 사회 투자론 모두 급변하는 현대사회의 구조 변동에 대응하기 어려울 수 있다. 〈표 1-3〉에 제시된 고진로 사회권 패러다임은 이들의 문제점을 해결하고 통합하려는 방향에서 접근한다. 경제 세계화로 인해 국가의 정책 자율성이 제한되고는 있으나, 경제 및 금융 위기가 되풀이되는 현상은 수요 차원에 대한 새로운 관심을 기울일 것을 요구한다. 또한 새로운 사회권 패러다임은 기회의 평등의 질적 차원을 중시한다. 기회의 평등은 개인의 생애 과정 전반에 걸쳐 제공되어야 할 뿐만 아니라, 그 과정에서 학습과 발전이 이루어지고 개인적 삶의 질과 사회적 관계가 제고될 수 있는 것이어야 한다. 그러기 위해서는 유럽형 복지국가와 같이 노년기에 관대한 연금을 제공해 집중적인 재분배를 실시하거나, 영미형 사회 투자론이 주장하는 대로 아동기의 빈곤을 감소하는 데만 관심을 가질 수는 없다. 새로운 사회권에서는 생애 과정 전반에 걸쳐 최적의 재분배가 이루어질 수 있는 방안이 추구된다.

전통적인 복지국가 및 사회 투자 국가 모델에 모두 제기될 수 있는 비판은 국가–시민사회 관계가 시혜자와 수혜자로 구분된다는 점이다. 두 모델 모두 노동 연계 복지와 적극적 노동시장 정책, 민간 부문과의 파트너십을 시행하고는 있지만, 국가와 시민사회의 경계를 없애는 데 중점을 두지는 않았다. 새로운 사회적 시민권은 국가와 시민사회 간 체계적인 협력과 상호 소통을 중시한다. 더욱 효율적인 집행을 위해 정부는 민간 부문의 관행을 벤치마킹할 수 있으며, 민간 부문 역시 정부로부터 공공적 가치를 학습할 수 있는 것이다. 정부가 지출에만 의존하기보다는 민간 부문 내 행위자들 간 네트워크를 형성하고 공동체 활동을 촉진함으로써 상당한 사회적 서비스를 창출할 수도 있다.

이런 사회권 패러다임은 유럽형 복지국가에서 중시한 가치인 형평성과 사회 투자론에서 강조한 효율성을 모두 추구한다. 사회권을 제공하는 데 나타나는 형평성과 효율성 사이의 상쇄 효과는 사회정책을 다루는 사회과학자들이 오랫동안 관심을 기울여 온 영역이었다(Okun 1975; Lindbeck 1981; Pontusson 2005). 사회적 경제체제를 가진 유럽 국가에서 강조되는 형평성과 자유주의적 영미권 국가의 높은 효율성과 양립될 수 없는 것으로 여겨지곤 했으나, 이 두 가지 선진국 유형의 경험을 알고 있는 한국 사회는 이를 양립하기 위한 사회적 엔지니어링의 기초를 닦기에 유리한 위치에 있다. 이는 효율성과 형평성을 기계적으로 양립한다거나 하나의 목적이 다른 목적을 위해 어느 정도 훼손된다는 것을 인정한다는 의미가 아니다. 각 사회권의 영역에 따라 형평성의 증진이 어떻게 효율성을 확장할 수 있는지에 대한 발상의 전환이 필요하다는 것이다.

4. 책의 구성

새로운 사회권 패러다임은 철저하게 현실에 대한 분석에 기초해 구축되어야 한다. 이는 그저 현실에 걸맞은 수준으로만 제도를 디자인하겠다는 것이 아니라 사회적 현상 및 이를 발생시킨 기제를 정확히 이해해야만, 그 현상의 문제점을 해결할 수 있는 이론적 전망과 시스템 구축에 적실성이 갖춰질 수 있음을 의미한다. 이 연구는 기존에 다루지 못한 사회권 모델의 미시적 기초에 대한 심층적인 조사와 연구를 실시했다. 사회권 모델을 도입하려면 구체적인 정책 방향을 구상하는 데 반영될 수 있는 대상자의 삶의 질, 그리고 삶의 질을 구성하는 다차원적인 영역 간 상관관계에 대한 깊이 있는 자료와 지식이 필요하기 때문이다. 그래서 이 책은 다음과 같이 구성되었다.

먼저 제1부에서는 경제 세계화 이후 실시된 주요 사회권 논쟁을 발전적으로 통합함으로써 새로운 고진로 사회권 패러다임의 주요 구조를 소개한다. 기본적인 연구 문제를 제시한 1장에 이어, 2장에서는 복지 계약주의와 기본 소득이라는 두 가지 이론적 전망을 비교 분석함으로써 각각의 한계를 극복할 수 있는 새로운 사회권 패러다임의 주요 특성을 논의한 후, 표준 고용 관계가 점진적으로 쇠퇴하고 있는 한국의 현 상황에 적합한 사회권 패러다임의 필요성과 구성 요인, 그리고 이에 입각한 정책 방향을 탐색한다. 제1부의 마지막 장인 3장에서는 제2부와 제3부에서 사용하고 있는 실태 분석 자료가 어떤 방법을 통해 수집·분석되었는지를 상세히 소개하고 구체적인 분석 방법을 제시한다. 이 연구에서 사용되는 분석 자료는 80명을 대상으로 한 심층 면접 자료와 1,020명을 대상으로 한 질문지 조사 자료로 구성된다.

제2부의 주제는 일자리의 사회 정치social politics로, 일자리의 특성이 어떻게 삶의 질과 행복도, 사회·정치의식에까지 영향을 미치는지를 심층적으로 분석한다. 4장에서 분석하는 일자리 특성에는 3장에서 소개하는 고용 형태에 따른 범주 외에 고진로 사회권이 지향하는 좋은 일자리의

추상적 구성 요인 역시 포함된다. 한국인이 어떤 일자리를 가지고 있으며, 또한 미래에 어떤 일자리를 희망하는가를 파악하는 작업은 고진로 사회권을 정립하기 위한 기초 자료로 활용될 수 있다. 5장에서는 일과 생활의 균형을 잡을 수 있게 할 평등한 여성 노동권 확보 문제와 정책 과제를 살펴본다. 마지막 6장에서는 일자리에 따른 사회·정치의식을 분석함으로써 현재 진행 중인 비정규직화가 노동자의 집합적·정치적 역량에 어떤 영향을 미치는지를 검토한다.

    제3부에서는 고용 형태와 복지 태도 간 상관관계를 본격적으로 파악한다. 지금까지 복지 의식이나 태도에 대한 연구가 주로 계층이나 계급을 독립변수로 분석해 왔다면, 이 연구는 고용 형태를 주요 독립변수로 삼고, 일자리와 계층 및 다른 유관 변수들 간의 상호작용 효과까지 파악한다는 점에서 구별된다. 7장은 삶의 주요 영역별 중요도, 주요한 복지 영역별 중요도 및 달성 정도 평가, 비정규직과 기본 소득에 대한 고용 형태별 태도 비교, 그리고 복지 만족도의 영향 요인에 대한 분석으로 구성되어 있다. 8장에서는 고용·의료·보육·교육 등을 비롯해 열 가지 주요 복지 영역에 대해 정부의 책임 정도와 시민으로서의 책무 유무에 대한 응답 내용을 분석하고, 관련된 항목별로 정부 지출 및 본인의 세금 추가 부담 의향 간의 상관관계를 파악한다. 9장에서는 고진로 사회권 의식을 간접적으로 시사하는 주요 종속변수에 고용 형태, 계층, 일자리 특성, 복지 및 한국 사회에 대한 평가, 정치적 진보성을 포함한 사회·정치의식 등 유관 요인이 통계적으로 얼마나 유의한 영향을 미치는지를 분석하고 그 함의를 논의한다. 마지막 10장은 결론으로, 연구의 주요 내용을 요약한 후 고진로 사회권의 가능성과 향후 과제를 정리한다.

2장

고진로 사회권 이론과 한국의 현실

기술의 급격한 발전과 서비스 고용의 확대는 사회적 위험 구조를 크게 변화시켰으며 이는 이전에 보지 못했던 새로운 승자와 패자를 만들어 내고 있다. 평범한 생산직 혹은 저기술 노동자는 복지 자본주의 시대에 먹고살 수 있는 임금과 안정적인 일자리를 보장받았다. 그러나 이는 21세기에 더는 가능하지 않다(Esping-Andersen 2002a, 2).

1. 경제 세계화 이후의 사회권 논쟁

전 세계적인 노동시장 유연화와 표준 고용 관계의 쇠퇴, 복지국가의 위기는 사회적 시민권에 대한 본격적인 논쟁을 촉발했다. 이런 논쟁의 핵심에 놓여 있는 것이 사회학자 마셜(Marshall 1950)의 논의이다. 그는 사회권은 "아주 기초적인 경제적 복지로부터 사회적으로 지배적인 기준에 따라 충만하고 문명화된 삶을 살 수 있는 권리까지 포괄하는" 광범위한 권리로 정의했는데, 이 사회적 시민권 개념은 제2차 세계대전 직후 정착되기 시작한 서구의 케인스식 복지국가를 뒷받침하는 이념적 근거가 되었다. 마셜이 사회권 이론을 통해 자본주의사회의 근간을 이루는 계급적 격차나 불평등을 날카롭게 비판한 것은 사실이지만,[1] 동시에 그는 노동자의 삶의 질을 높이고자 하는 조치들이 시장의 자유를 간섭해서는 안 된다는 점을 강조하면서 사회권이 절대적 평등을 목적으로 하지 않는다고 명확히 주장했다. 이 같은 맥락에서 그는 이런 권리가 보호되기 위한 시민의 의무 역시 무시되어서는 안 된다는 점을 지적한다. 납세나 교육, 국방의 의무와 같은 기본적 의무와 더불어 그가 가장 중시한 시민의 의무는 "최선을 다해 본인의 능력껏 일할 의무"(Marshall 1950, 80)이다. 이는 그의 이론에서 사회권의 수급 조건이자 의무로서의 일이 언제나 중심적 지위를 차지했음을 시사한다.

그러나 마셜의 사회권 이론은 어떤 조건에서 어떤 의무를 수행해야 하는가에 대한 깊이 있는 논의를 결여하고 있으며, 국가의 역할을 경제적 분절화의 근원적 원인을 해결하기보다는 불평등이 발생하고 나서 그 사후적 조치를 마련하는 데 한정했다는 비판에서 자유롭지 않다(Dwyer 2000). 이처럼 시민의 의무에 대해 애매모호한 태도를 보이고, 불평등을 발생시키는 시장 기제를 묵인하는 모습은 경제 세계화로 복지국가의 위기가 심화되는 상황에서 이에 대한 비판 또한 깊어지면서 다음과 같은 두 가지 상반되는 반응을 낳았다. 우선 서구 복지국가에 대해 비판적인 보수적 정치 세력 혹은 공동체주의자는 시민의 권리에 부응하는 의무가 더욱 강조될 필요가 있다고 주장한다. 이에 반해 사회권을 특정한 사회적 의무, 즉 근로의무를 충족한 사람들에게만 조건부로 주어지는 권리

1_ 이는 사회 서비스와 관련된 언급에서 잘 나타나 있다. 마셜에 따르면 사회 서비스가 확충되어야 하는 이유는 단순히 소득 평준화를 위해서가 아니다. 사회의 위험과 불안을 줄이고, 건강한 자와 병든 자, 실업자와 비실업자, 노인과 젊은이 등 다양한 집단의 삶을 평준화함으로써 문명화된 사회의 질을 전반적으로 높여 윤택하게 만들기 위한 것이다. 그에게는 소득 평준화보다 지위 평준화가 사회적 시민권에 내재된 더 중요한 목적인데, 이를 위해서는 반드시 보편적 사회 서비스가 제공되어야 한다. 특정한 집단에 제한된 서비스는 "계급 간 격차를 없애기보다는 오히려 더 만들어 낼 수 있기 때문"이다(Marshall 1950, 56-67).

라는 식으로 협소하게 정의하는 데 반대하는 진보 세력은 점점 어려워지는 노동시장에서 수많은 시민을 사회권의 혜택으로부터 배제했다며 비판한다.

1) 시민의 의무를 강조하는 복지 계약주의의 부상

복지 계약주의Welfare Contractualism는 복지를 적극적인 구직 혹은 지속적인 노동 등의 조건이 충족된 경우에만 선택적으로 지급하는 것을 의미한다(Offe 1992). 복지 계약주의의 부상은 1970년대 초반 이후 악화된 인플레이션, 기술 변화, 국가의 재정 위기로 인해 기존 복지국가를 지탱해왔던 완전고용이 무너지고, 그 결과 복지 지출이 확대되어 온 추세와 연관되어 있다. 개인주의적 시장 경쟁을 선호하는 신자유주의자는 원칙적으로 의무를 중시하지 않는다. 납세와 국방처럼 기초적이며 필수적인 의무를 제외하고는, 개인의 자유를 침해할 수 있는 의무 또한 시민의 사회적 권리와 마찬가지로 기피 대상이기 때문이다. 그럼에도 시장 자유주의자조차 의무를 강조하거나 부각한 데는 이데올로기적 공격을 펼쳐 복지국가의 예산을 삭감하는 한편, 시민의 책임성 결여를 이유로 복지국가의 도덕성을 와해하려는 의도가 있었다.

반면에 공동체주의자가 의무에 관심을 갖는 이유는, 사회적 공정성을 유지하는 방안으로 공동의 정체성에 기반을 둔 자율적 참여 능력을 지닌 시민이 각자의 의무를 수행할 것을 중시하기 때문이다. 이는 공동체를 되살리고자 하는 다른 관심에서 제기되었지만(Janoski 1998), 결국은 신자유주의와 유사한 결론, 즉 권리는 그에 뒤따르는 책임과 의무를 수행한다는 조건을 충족할 때 제공되어야 한다는 것으로 귀결했다(Dwyer 2000). 신자유주의의 정치적 영향력이 광범위하게 확대되던 1980년대의 고실업 상황에서 복지 개혁을 추진해야 했던 신좌파는 이런 공동체주의자의 사회철학을 수용하는 쪽으로 정책을 전환한다. 즉 시민사회는 권리에 상응하는 책임과 의무를 다하는 덕성을 갖춘 자유 시민으로 구성되어야 한다는 것이다. 신좌파의 이데올로기적 선회[2]는 영국의 신노동당, 독일과 덴마크의 사회민주당, 미국의 민주당을 통해 복지를 제공하는 데 시장의 실용적 역할을 강조하고 근로의무를 복지 수급권과 연계하는 다양한 워크페어 정책으로 확산되었다. 신좌파는 이런 의무에 대한 반대급부로 기회의 평등을 강조했다. 만일 시민이 일할 의무를 수행한다면 만족스러운 삶의 질을 유지할 수 있는 평등한 기회를 향유할 권리를 보장한다는 것이다.

복지 계약주의의 가장 큰 문제점은 권리와 의무의 균형을 강조하는 레토릭과는 달리, 실제로는 권리보다 의무를 우선시했으며, 더 나아가 평등한 기회권을 제공하는 데 실패했다는 점이다. 워크페어를 통해 노동자의 삶의 질이 오히려 빈곤선 이하로 더 추락한 미국 사례가 이를 명징하게 보여 준다(White 2000, 515). 워크페어에도 불구하고 가장 취약한 노동자는 여전히 사회적으로 배제되어 있었다(Handler 2003). 따라서 재분배 정책이 결여된 워크페어는 노동자에게 징벌적 정책에 불과할 수 있다(White 2000). 기초적인 소득수준이 보장되지 않고 일할 의무만 강요되는 상태에서 시장에 나간 노동자는 수많은 불안정한 저임금 일자리 속에서 삶의 질이 하락하는 경험을 하기 때문이다. 결국 복지 계약주의는 포디즘 아래 안정적이었던 노동시장이 쇠퇴하면서 등장한 복지 철학

2_ 토니 블레어(Tony Blair)는 1990년대 초반 이미 이런 변화를 다음과 같이 요약하고 있다. "현대적 의미의 시민권은 권리를 제공하지만 그 대가로 의무를 요구하며, 기회를 제공하지만 책임도 강조한다……"(Blair 1996, 126; Dwyer 2000, 274에서 재인용).

이지만, 바로 그런 표준 고용 관계의 쇠퇴가 문제의 원인이라는 점을 무시함으로써 불안정한 일자리를 더욱 양산했다. 점점 더 어려워지고 있는 노동시장 상황에서 일의 유지에 기초한 수급권은 더욱더 많은 사람들을 사회정책에서 배제한다(Sjolberg 1999). 또한 시장의 효율성을 저해하지 않아야 한다는 점을 중시하는 과정에서 사회권을 시장에 종속시키는 정책적 방향이 더욱 강화되었으며, 이로 인해 복지 계약주의는 마셜의 사회권 이론을 한층 후퇴시킨 것으로 비판받아 왔다.

2) 조건 없는 시민의 권리 : 기본 소득

신자유주의의 확산과 복지 계약주의의 부상은 좌파 이론가들로 하여금 조건 없는 기본 소득basic income의 도입을 더욱 본격적으로 논의하게 만드는 중요한 계기가 되었다. 판 파레이스(Van Parijs 1992)는 기본 소득을 개인에게 다른 소득의 유무나 현재 혹은 과거의 노동 성과와 상관없이 일정 수준의 소득을 보장해 주는 정책으로 정의한다. 복지 계약주의에서 일자리의 위기를 저임금 일자리를 확대하는 것으로 해결하려 한 것과 대조적으로, 기본 소득 논의는 불안정한 일자리로부터 시민의 복지 수급권을 완전히 분리시키려는 의도에서 시작되었다. 기본 소득 논자는 세계화 이후 상당수의 하위 계급이 일자리 자체에 접근할 수 없게 되었다는 사실에 주목한다. 그러면서 기본 소득이 주어져야 하는 근거를 시민의 기본적 권리에서 찾는다.

기본 소득은 마셜의 사회권 이론을 기반으로 해 기존 복지국가의 문제점을 상당 부분 해결할 수 있는 장점을 가지고 있다. 무엇보다도 이전의 복지국가에서 오히려 복지 수혜의 필요성이 낮은 핵심적인 일자리에 종사하는 사람과 그 가족에게 혜택이 집중되는 경향을 바로잡고, 공식적인 시장에서의 유급 노동이 아닌 다양한 시민 참여 활동과 돌봄 노동에 종사하는 사람에게도 소득을 지불하는 원칙을 세움에 따라 노동의 개념을 확장해 적용할 수 있게 되었다(Offe 1992). 이처럼 일하지 않을 권리를 보장하면 저임금의 불안정한 일자리가 증가하는 것을 막을 수 있으며(Baker 1992), 소득재분배를 통해 어느 정도 결과의 평등을 가져오는 기회의 평등 또한 제고할 수 있다. 이렇게 되면 기술이 도입되는 데 따른 노동자의 저항과 산업 갈등, 임금 인상 욕구가 감소하고 유효수요가 안정화되는 효과도 기대할 수 있다(Goodin 1992). 이런 장점들이 있기에 기본 소득은 한국에서도 2000년대 이후 상당한 학문적 관심의 대상이 되어 왔다. 곽노완(2007; 2008)과 이명현(2006; 2007)은 서구, 특히 유럽에서 진행된 기본 소득 논쟁을 각각 경제철학과 사회보장 정책의 두 차원에서 한국에 적극적으로 소개해 왔으며, 김교성(2009)은 한국복지패널 자료를 분석해 기본 소득 도입에 따른 빈곤 완화 및 소득재분배 효과를 살피고 재원 조달 방식에 대한 상당히 구체적인 방안을 제시한 바 있다.

기본 소득은 복지 계약주의와는 달리 사회권을 시장과 독립적으로 보장할 방안이기는 하지만, 이에 대해서도 많은 비판이 제기되어 왔다. 신자유주의하에서 기본 소득을 도입하는 것은 정치적으로 불가능하고, 그 결과 예산을 획득하기가 어렵다는 지적은 가장 현실적인 문제 제기일 수는 있으나, 흥미로운 비판이라고 할 수는 없다. 실제로 확장된 일의 개념에 근거해 노동 유지 조건이 완화된 수정형 기본 소득안들을 시행하는 방안이 논의되면서 좀 더 실행 가능한 형태로 재구성되고 있기도 하다(Purdy 1994). 기본 소득의 좀 더 근본적인 문제점은 소득이 불평등하거나 부족하다는 이유만으로 개인이 사회로부터 배제되는 것은 아니라는 점과 연관된다. 기본 소득은 일하지 않을 권리를 보장하기 위해 일할 권리, 즉 삶의 발전을 가능케 하는 직업 접근성을 훼손할 수 있다.

기본 소득으로 저임금 일자리가 확산되는 것은 막을 수 있겠지만, 노동 시장의 양극화를 주어진 현실로 받아들임으로써 이중 노동시장을 영구화할 가능성도 높아지기 때문이다. 더욱 완전하고 전면적인 평등은 사회적으로 유의미한 활동을 통해 공동체에 참여할 것을 필요로 하지만, 기본 소득에서 공동체에 대한 호혜적 의무를 상정하지도 않는다(Gorz 1992).

3) 복지 계약주의와 기본 소득의 발전적 통합 : 사회권 논쟁의 시사점

복지 계약주의가 중시하는 시민의 의무가 그 자체로 조명받지 못한 이유는, 이것이 복지국가에 대한 이데올로기적인 공격의 도구로 사용되어 왔다는 점이 크다. 하지만 보울스와 진티스(Bowles and Gintis 1999)는 권리에 따른 의무가 강조되는 호혜성을 복지국가의 중요한 원칙으로 인정하는데, 그 이유는 바로 인간이 시장 원칙만 추종하는 '자기중심적 행위자'Homo economicus도 아니지만 그렇다고 '무조건적인 이타주의자'Homo reciprocans도 아니기 때문이다. 따라서 강한 호혜성은 의무를 환기하는 데 그치지 않고 공정함과 나눔의 근거가 될 수도 있다. 보울스와 진티스는 기존의 다양한 실험 및 연구 결과를 통해 사람들은 공공재에 기여하고 협력하면서 이런 기여와 노력에 무임승차하는 것을 불공정하다고 평가하며, 더 나아가 이런 무임승차자를 처벌하면 자신에게 피해가 돌아올지라도 이를 감수하면서까지 처벌하려는 경향이 있다고 파악했다. 이런 호혜성은 사람들의 동질성이 크고 사회적 거리가 적을수록 강해졌다. 로스타인(Rothstein 1998)도 보편적 복지국가의 정치 논리에 대한 그의 연구를 통해 사람들은 비록 본인이 수혜자가 되지 못한다 하더라도 다른 수혜자들이 그 프로그램의 비용을 부담할 수 있는 합리적인 기여를 하고 있다고 믿는다면 매우 강하게 재분배 정책을 지지할 수 있음을 밝힌 바 있다. 이는 시민의 사회적 권리를 보장할 때 사회 내 다른 구성원들의 의견과 우려 역시 균형 있게 감안해야 한다는 콕스(Cox 1998)의 의견과도 상통하는 부분으로, 보편적 복지국가 역시 강한 호혜성 원칙하에 운영되고 있음을 시사한다.

화이트(White 2000; 2003)는 보울스와 진티스의 논지를 기반으로 해 권리에 상응하는 의무를 상정하는 호혜성과 기초적 욕구에 대한 관대함이 공존할 수 있다고 주장하며, 일정한 조건이 충족된다면 복지 계약주의가 성립할 수 있다는 논의를 전개했다. 그에 따르면, 시민이 자신이 속한 공동체에 생산적 기여를 할 의무를 지니려면 우선 빈곤으로부터 고통 받지 않고, 시장 경쟁에서 보호받으며, 적절한 일자리에서 차별받지 않고 일할 권리가 보장되어야 한다. 지금까지 특히 영미권 국가에서 존재해 온 복지 계약주의는 대부분 이런 조건이 충족되지 않았다. 이 같은 권리가 보장되지 않은 채 현재 워크페어 형태로 진행 중인 복지 계약주의는 문제가 많을 수 있으나, 이 관점에 내재한 호혜성의 원칙만은 사회권 개념을 구성하는 중요한 요소로 포함될 필요가 있음을 시사하는 바이기도 하다. 한국 사회에서 일종의 사회적 보험의 기능을 했던 계(契) 등을 봐도 강한 호혜성의 기초적 형태를 발견할 수 있다.

한 가지 주목할 만한 점은 화이트가 이런 논의를 전개하면서 다양한 노동의 형태, 즉 시장 노동과 돌봄 노동을 평등하게 처우하고, 고등교육을 받거나 구직하는 과정 등에서 합리적 선택의 범위를 보장해 줄 수 있는 일정한 소득과 자산의 제공, 부와 유산에 대한 고율의 과세 등 기본 소득 논자의 논리도 포괄하고 있다는 점이다. 결국 그의 결론은 복지 제도를 개혁하는 가장 공정한 방향은 복지 계약주의도 기본 소득도 아닌, 이 둘의 발전적 통합이라는 것이다. 표준 고용 관계가 쇠퇴하는 상황에서 기본 소득이 도입된다면 불평등을 예방하고 재분배를 촉발하는 강력한 효과를 발휘할 것으로 예상된다. 돌봄 노동과 시민의 자발적 봉사 및 참여 활동도 보상받을 수 있는 노동에 포함한다는 점에서 공식 노동 바깥에 존재하는 다양한 무급 노동에 대한 제도를 발전시키는 초석이 될 수도 있다. 호혜성 원칙 아래 기본 소득이 선별적으로 적용된다면 이 또한 사회권의 가장 중요한 구성 요인으로 포함되어 보장될 수 있다.

그러나 두 관점은 시민 참여에 대한 구체적인 구상이 결여되었다는 점에서 아쉬움이 남는다. 오페(Offe 1984)의 서구 복지국가에 대한 가장 창의적인 비판은 바로 복지국가의 정치적·이데올로기적 통제 기능과 연결되어 있었다. 복지국가는 노동자계급의 생활 영역을 일과 생산, 시민권과 국가 등으로 나누어, 실제로는 기능적으로 긴밀히 연결되어 있는 두 영역이 분리되어 있다는 잘못된 이미지를 만들어 낸다. 그 결과 복지국가가 대처해야 하는 문제는 일과 생산의 영역에서 발생한 문제 탓에 발생한다는 사실을 정확히 이해할 수 없게 한다는 것이다. 따라서 복지국가 자체도 일과 생산의 영역에서 발생하는 문제에 의해 물적·제도적으로 제약되는 만큼 사회보장의 개념에는 시민권의 확장뿐만 아니라 생산과정에서의 노동자 참여권도 전제되어야 한다는 그의 비판은 매우 설득력이 있다. 특히 세계화를 거치며 국민국가의 정책 형성 자율성이 점차 제한받고 있는 현 상황을 고려했을 때, 이 같은 참여권이야말로 오페가 언급한 생산 영역뿐만 아니라 지역사회나 다른 정책 영역에서 복지국가의 정책의 수요를 형성하고 정책을 실행하는 과정에서 점점 더 많이 요구되어야 하는 중요한 사회권의 구성 요인이 될 수 있다.

2. 고진로 사회권 패러다임의 구성 요인

표준 고용 관계의 쇠퇴가 복지국가의 위기와 연결되어 있는 이유는 안정적인 고용과 유급 노동이 오랫동안 복지의 원천이었기 때문이다. 포디즘하 위계적 기업 조직의 전일제 일자리로 대표되는 표준 고용 관계는 오랜 기간 사회경제적 위험에서 노동자를 보호하고, 사회적 불평등을 감소시켜 왔으며, 동시에 노동자의 기술을 향상하고 조직 몰입도를 높여 경제적 효율성을 제고하는 데에도 긍정적으로 기여해 왔다(Bosch 2004). 그런 점에서 고용 관계는 노동자의 경제적 의존 상태와 복지국가가 제공하는 사회적 보호 간의 근본적인 교환이 발생하는 핵심적인 장소로 볼 수 있다. 노동자는 고용 관계에서의 종속적 지위를 복지국가가 제공하는 사회권으로 상쇄해 온 것이다(Supiot 1999).

생산성이 지속적으로 증가되리라고 기대하기 어려운 서비스 경제가 등장하면서 모든 상황이 바뀌었다. 경제 세계화와 경제통합으로 인해 저기술·생산직 일자리가 감소해 저학력·저기술 노동자의 사회적 배제가 심각해진 한편, 서비스 경제는 소수의 전문 기술 서비스직과 더불어 유통 서비스와 개인 서비스 등 저부가가치 노동 집약적 서비스직을 양산했다(Esping-Andersen 2001). 한국에서 일자리 위기는 저학력층에 한정되지 않는다. 이전의 고학력 대졸 노동자들이 기대할 수 있었던 대기업 내부 노동시장에서의 일자리마저 점점 사라지고 있을뿐더러 이들이 가진 기술이 빠른 속도로 낙후되고 있어 재진입할 수 있는 일자리의 양과 질이 매우 낮은 편이다. 한국에서도 경제 위기를 계기로 사회보험 등 사회 안전망이 확충되기는 했지만 노동자와 사용자가 기여할 것을 전제하는 사회보험과 유연화된 노동시장 간의 제도적 비정합성으로 인해 그 효과는 크게 제한되었다(양재진 2003). 이는 표준 고용 관계가 쇠퇴한 현

표 2-1 | 고진로 사회권의 구성 요인 : 복지 계약주의 및 기본 소득 전망과의 비교

	복지 계약주의	기본 소득	고진로 사회권
고용의 질	재상품화	탈상품화	재상품화·탈상품화
노동이동 및 선택의 자유	낮음	중간	높음
불평등의 예방	제한된 아동기 소득재분배	소득재분배	소득재분배 및 사회권 각 영역에서의 참여를 통한 예방
기회의 평등	형식적 평등	제한된 실질적 평등	생애 전반에 걸친 실질적 평등
시민 참여의 보장	없음	시민 참여는 가능하나 제도화 미비	시민 참여의 실질적·제도적 보장
국가-시민사회 관계	형식적 활성화	부분적 활성화	실질적 활성화

실을 감안하지 않거나, 오히려 쇠퇴를 유도하는 맥락에서 실시된 복지 제도의 한계를 잘 보여 주는 사례이다.

따라서 새로운 사회권 개념에서는 과도기적 상황에 적절한 보호망을 제공하는 동시에, 양질의 일자리를 강조하는 고진로 경제를 지향해야 한다. 전 세계적으로 시장 경쟁에 따른 압박이 심해지면서 모든 국가는 저임금을 전제한 가격경쟁력을 중시하는 저진로 전략과, 상품의 다양성과 질을 중시하는 고진로 전략 사이에서 선택을 요구받게 되었다 (Piore 2002). 저진로 전략은 임금과 노동조건, 고용 안정성을 악화시키고 궁극적으로는 사회 서비스와 같은 공공재가 조달되기 어렵게 하지만, 고진로 전략은 고기술 노동자와 협력적 노사 관계를 필요로 하는 만큼 안정적인 고임금 일자리를 통해 높은 기업 수익과 근로소득, 그리고 다양하고 풍부한 공공재의 제공을 담보할 수 있는 전략이다. 현대사회의 사회권 패러다임이 고진로 경제 모델에 기초해야 하는 이유는 이 모델이 좋은 일자리를 창출할 수 있을 뿐만 아니라, 복지를 제공하는 데도 지속 가능한 성장을 담보할 수 있는 경제 전략이 반드시 필요해서이기도 하다. 오페(Offe 1984)가 지적한 바와 같이, 복지국가의 정책은 국가의 재정 위기에 항상 취약하며, 1970년대 유럽의 재정 위기가 상당수의 사회 서비스를 중단시킨 데서 알 수 있듯이 사회정책과 사회 서비스는 재정 상황에 따른 부침을 겪는다. 경제 위기가 상시화되고 있는 세계경제의 특성상 경제 부문과 공공 부문의 질적 혁신을 담보하지 않은 상태에서 사회권을 보장하는 데는 근본적인 한계가 있다. 이런 고진로 사회권의 핵심적인 구성 요인은, 앞서 살펴본 복지 계약주의 및 기본 소득과 비교한 〈표 2-1〉에 요약정리되어 있다.

1) 고용의 질 : 재상품화와 탈상품화의 유기적 결합

노동시장이 중심-주변으로 양극화되면서 비정규직 일자리가 증가하고 있는 현실에서, 복지 계약주의에 따라 섣불리 근로의무를 강조한다면 빈곤이 악화되고 저임금·저기술 일자리가 양산될 수 있다. 하지만 기본 소득처럼 탈상품화에 중점을 두다 보면 일할 의무를 지나치게 배제한 나머지 일할 권리조차 부분적으로 부정당하는 문제에 직면한다. 따라서 고진로 사회권은 하나같이 중요한 목표인 재상품화와 탈상품화를 동시에 추구하는 전략을 택한다. 시민의 의무로서 재상품화를 요구하기 위해서는 적절한 임금과 고용조건이 제공되는 일자리를 충분히 찾을 수 있도록 노동력의 시장 의존을 경감할 수 있는 탈상품화가 필수적으로 요구되기 때문이다. 일정 수준의 탈상품화는 시장에서 열악한 저임금 일자리가 지나치게 확산되는 것을 막는 데 유용한 기제이기도 하다.

하지만 탈상품화가 보장되더라도 시장에 적절한 고용 기회가 충분하지 않다면 재상품화가 이루어질 수 없기 때문에 국가가 적절하게 개입할 필요가 있다. 유급 노동이 복지를 창출하는 가장 확실한 도구라는 점은 여전히 적용되는 원칙이다. 국가 부문에서 제공되는 일자리라고 하더라도 적절한 일자리가 되기 위해서는 사부문에 고용될 기회가 높아지도록 직무를 향상할 기회가 주어지는 한편, 고용 안정성이 보장되어야 한다. 또한 국가는 공공 보육 인프라를 충분히 구축하고, 실업자를 위한 일자리를 창출할 뿐만 아니라, 사부문의 일자리가 표준 고용 관계의 장점을 살리면서도 변화된 생산 환경에 필요한 유연성을 갖출 수 있도록 제도적·정책적으로 지원해야 한다. 이런 유연성은 한 노동자가 생활 혹은 재교육의 필요에 따라 전일제와 시간제, 혹은 휴직을 스스로 선택할 수 있는 자율적인 노동시간 결정권이 제공되는 한편, 기능적 유연성을 제고할 수 있는 작업장 조직 체계를 구축하는 데 지원이 이루어져야만 비로소 확보될 수 있다.

2) 생애 전반에 걸친 실질적인 기회의 평등과 불평등의 예방

고진로 사회권은 기회의 평등의 질적 차원을 중시한다. 이는 청소년기의 한 시기에 얼마나 풍부한 경제적·사회적 자본을 축적하는지에 따라 이후 삶의 기회의 상당 부분이 결정되는 우리 사회에서 어떻게 재기할 기회를 마련할 수 있는가의 문제의식과도 밀접한 관계가 있다.

에스핑 안데르센(Esping-Andersen 2001)이 지적했듯이, 저임금·저부가가치 노동시장을 완전히 없애는 일은 불가능할 뿐만 아니라 바람직하지 않을 수도 있다. 사회보장 수준이 높고 사회보험 체제의 높은 고정비용이 사용자에게 부과될 때, 저임금 서비스 일자리가 노동시장에서 사라지면서 실업률이 높아질 수 있기 때문이다. 따라서 적어도 이런 일자리에 종사하는 이들이 평생을 저임금의 덫에 걸려 이동의 기회를 갖지 못하는 상황을 막고 생애 전반을 통한 일자리 이동 기회를 높이는 것이 중요하다. 평생교육에 대한 투자와 더불어, 교육의 효과가 나타나지 않는 집단을 대상으로 관대한 소득 보장 정책이 병행해 시행된다면 저임금 서비스 일자리를 노동시장 진입 초기에 거쳐 가는 일자리로 제한해 그

폐해를 최소화할 수 있을 것이다.

또한 고진로 사회권은 사후적 불평등을 감소할 뿐만 아니라 예방하는 데도 큰 중점을 둔다. 그리고 불평등을 예방하려면 소득 부분만이 아닌 교육·의료·고용 등 사회권의 각 영역에서 문제를 예방할 수 있는 적극적 조치들이 구성되어야 한다는 원칙을 강조한다. 이는 시민들의 사회적 삶의 다차원적인 구성 요인이 서로 어떻게 영향을 미치고 있는지 구체적으로 파악할 것을 전제한다. 노동과 건강 간의 상관관계가 대표적인 예이다. 비정규직의 건강상태가, 여러 요인을 통제한 이후에도 정규직보다 유의미하게 낮은 현 상황(Kim et al. 2008)은 비정규직의 일자리가 정규직보다 더 많은 위험에 노출되고 예방 관리 체계에서 배제되어 있음을 시사한다. 비정규직화가 단기적으로 기업의 비용을 줄이는 데 기여할 수는 있겠지만, 결국 이들의 건강이 악화되어 노동시장에서 활동할 수 없게 된다면 궁극적으로 사부문의 제한된 혜택에 비해 훨씬 더 큰 비용을 공공 부문에서 지불하게 될 수 있다는 점에서 이런 예방적 조치는 사회권의 중요한 구성 요인으로 주목받을 필요가 있다.

3) 사회권의 핵심적 구성 요인인 참여권과 국가-시민사회 관계의 활성화

고진로 사회권은 국가의 사회권 보호 능력을 높이고 그 과정에서 효율성이 확보되는지를 중시하지만, 시민사회 자체의 역량을 확보해 문제를 해결하는 것도 지향한다. 실제로 국가가 사회권을 제공할 능력과 그 방식 역시, 정책 대상자인 시민사회가 삶의 영역별 기회 수준을 어떻게 판단하는지를 비롯해 사회의식과 정치적 역량, 결사체 활동을 선호하는 정도와 공동체 의식, 사회 서비스 제공 방식에 대한 수요를 보유 여부 등으로부터 큰 영향을 받을 수 있다. 즉 고진로 사회권은 그 수혜자인 시민이 권리의 내용을 구성하는 데 참여할 권한을 보장하는데, 이 같은 참여권은 정치적 영역에 국한되지 않는다. 특히 이런 참여권은 기술 및 생산방식이 급변하면서 고용조건이 자주 바뀌는 작업장 조직 내에서 더욱 많이 요구된다. 조직된 결사체의 참여권이 행사될 경우 국가나 시장에 의해 해결되지 못하는 다양한 규제상의 애로점을 해결할 수 있다. 환경 규제처럼 규제 대상이 불분명한 경우, 직업상의 건강과 안전과 관련된 규제처럼 규제 대상이 너무 많아 정부가 체계적으로 모니터링하기가 힘든 경우, 직업훈련처럼 노동 조직이 가진 정보가 그 훈련의 내용을 결정하는 데 크게 기여할 수 있는 경우 등은 참여권이 고진로 경제를 촉진할 수 있는 방법을 잘 보여 준다(Cohen and Rogers 1995). 시민사회의 참여는 세계화로 인해 국가가 거시 경제적 규제를 수행할 역량을 가늠하기 힘들고, 규제가 성공할 가능성마저 불확실한 현재 상황에서 반드시 필요한 사회권의 구성 요인이다.

복지 계약주의는 노동 연계 복지와 적극적 노동시장 정책, 민간 부문과의 파트너십을 강조하고는 있지만, 국가와 시민사회의 견고한 경계를 없애는 데 중점을 두지는 않는다. 기본 소득 또한 유급 노동에 덜 의존하게 해 자발적인 시민 참여 행위를 수행할 가능성을 높였다고는 하나, 체계적이고 제도화된 시민권 보장 이론을 발전시키지는 못했다. 정부가 지출에만 의존하기보다는 민간 부문 내 행위자들 간 네트워크를 형성하고 공동체 활동을 촉진함으로써 상당한 사회적 서비스를 창출할 수도 있다. 국가와 시민사회가 적극적으로 활성화되고 서로 통합되는 것은, 국가 부문에 대한 신뢰도가 낮아 보편적인 복지국가 서비스에 쓰일 조세에조차 협력적이지 않은 한국 사회에 더욱 긴요한 것이다. 시민사회가 참여해 모니터링한다면 보편적 복지의 질을 담보할 수 있는 가능성 또한 커질 것이다.

3. 고진로 사회권에 비추어 본 한국의 현실과 정책 방향

1) 제한된 탈상품화 : 어떤 조건에서 근로의무를 요구할 수 있는가?

현재 한국 사회의 탈상품화 수준은 고진로 사회권이 목표로 하는 수준에 크게 뒤떨어져 있어서 저임금 일자리가 확산되는 것을 제어하기 힘든 상태이다. 〈표 2-2〉에 나타난 바와 같이 가장 핵심적인 탈상품화 정책인 국민기초생활보장제도의 경우 두 차례나 부양 의무자 기준이 완화되었음에도 광범위한 사각지대가 존재해 총 빈곤 가구의 약 30퍼센트만이 혜택을 받고 있으며, 기초생활보장급여만으로는 생활하기에 부족하다고 응답한 가구가 절대 다수인 91.7퍼센트에 이르고 있다(김태완 외 2010). 빈곤층의 기초생활을 보장하는 국민기초생활보장제도는 노동 능력이 있는 빈곤층이 근로의무를 수행할 것을 전제한다는 점에서 일종의 워크페어 정책이기도 하다. 그러나 빈곤층 미취업자에 대한 취업 지원 사업인 자활 사업은 성공률이 7퍼센트 미만에 불과할 정도로 수급자에 대한 근로 유인 기능이 취약하고 개인의 특성을 고려해 효과적으로 취업을 지원하지 못하고 있는 상황이다(황덕순 외 2010). 또 다른 근로 유인 정책인 근로장려세제ETC는 2008년부터 실시되어 여전히 수혜 가구 수가 매우 적으며, 미취업자의 노동 공급을 증가시키는 동시에 취업자의 노동 공급이 감소되는 폭이 더 커서 노동 유인 효과는 마이너스인 것으로 드러났다(이병희 외 2010). 고용 보험 역시 적용 대상의 약 58.8퍼센트가 사각지대에 있어 탈상품화 기능을 제대로 수행하지 못하고 있다(장지연 외 2010). 특히 비정규직과 5인 미만의 영세 사업장 종사자의 가입률이 매우 낮아 가장 필요로 하는 인구 집단에 대한 지원이 부족한 실정이다.

현재의 낮은 탈상품화 수준을 높이기 위해서는 무엇보다도 기초생

표 2-2 | 대표적 탈상품화 및 워크페어 정책의 현황 및 실태

	국민기초생활보장제도	고용 보험	근로장려세제
제도 내용	최저 생활을 유지하기 어려운 가구에 생계, 의료, 자활 급여 등을 지급	노동자에게 실업 급여와 능력 개발 비용을, 사업주에게는 고용 유지비와 교육 훈련비 지급	일정 금액 이하의 저소득 노동자 가구에 근로소득에 따라 산정된 근로장려금을 지급
지원 실태	총 빈곤 가구의 약 30%가 수급	• 임금노동자 58.9% • 5인 미만 사업장 25.7% • 정규직 67.2% • 비정규직 42.1% • 실업 급여 수급률 39.6%	2009년 59만1천 가구에 가구당 평균 77만 원씩 첫 지급

자료 : 이병희 외(2010, 57)에서 재인용; 장지연 외(2010); 국세청 근로장려세제 웹사이트(http:\\www.eitcgo.kr/eshome)

활보장제도의 적용 대상자를 점차 확대해 가는 한편, 고용 보험의 적용률을 높이는 작업이 시급하다. 또한 두 제도의 혜택을 받지 못하는 비정규직이나 영세 사업장 종사자 등의 저소득층 노동자에 대해서는 실업 부조를 통해 포괄하는 대안이 요구된다(황덕순 외 2010). 노동시장 참여에 생계를 전적으로 의존하고 있는 노동인구가 늘어날수록 저임금 일자리를 감소시키는 작업이 어려워질 뿐만 아니라 이들이 적절한 교육 훈련을 통해 더 나은 일자리로 이동할 가능성도 떨어진다. 그런 점에서 조속히 기초생활보장제도의 적용 대상을 확대하고, 급여를 현실화하며, 실업 부조를 도입하는 한편, 고용 보험의 적용률과 소득 대체 수준을 높여야 할 것이다.

고진로 경제를 도입하기 위해서는 빈곤과 실업을 미리 예방하는 정책도 광범위한 의미의 사회권에 포함되어야 한다. 노동 빈곤을 다룬 최근의 한 연구는 빈곤의 가장 큰 원인이 가구주의 실직임을 보여 준 바 있다(이병희 외 2010). 중소기업에서 적절한 임금이 제공되고 고용 안정을 보장하는 일자리가 만들어지려면 작업장 혁신을 지원하고, 부적절한 원청-하청 관계를 개선하는 한편, 재직 중인 중소기업 노동자에게 실질임금이 보전되도록 지원하면서 기술 훈련 기회를 지속적으로 제공해야 한다.

또한 포디즘 체제에서는 상시적 노동 개념이 보편적이었지만, 이제 여기에서 벗어나 노동자 스스로 생애 전반에 걸쳐 자신이 고용되는 형태를 선택할 권리가 제공되는 것이 바람직하다. 이렇듯 노동의 정의가 확대된다면 기혼 남녀 모두 유급 노동과 (가족에 대한) 돌봄 노동에 종사하는 것은 물론, (일에 종사하지 않고) 교육 훈련을 계속할 수 있다. 이 기간에 사회적으로 보호된다면 일자리 나누기와 고기술 노동력의 충원도 자연스럽게 이루어질 것이다. 이는 현재처럼 비정규직이나 여성 등 일부 인구 집단이 기업 조직에서 요구되는 유연성과 낮은 고용조건을 장기간 감수하는 것보다 훨씬 더 평등한 노동시장을 만들 수 있는 방안이 될 것이다.

2) 생애 주기별 사회보장 및 사회 서비스 제공 실태와 개선 방향

한국 사회에서는 복지 서비스가 생애 주기별로 상당히 불평등하게 지원되고 있다. 〈표 2-3〉에서 가장 두드러지게 나타나고 있는 점은 영·유아기나 아동·청소년기에는 국가로부터의 실질적인 지원이 거의 없는 반면, 노년기에는 국민연금 외에도 (비록 그 액수와 수준이 미미하기는 하지만) 다양한 보편적 사회보장과 서비스가 제공되고 있다는 점이다. 아동기 및 청년기에 그 이후 인생의 기회를 결정할 수 있는 필수적인 기술과 능력이 형성된다는 점에서 이런 불균형을 바로잡을 필요가 있다.

특히 아동·청소년기의 경우 서비스의 양뿐만 아니라 질에 대한 관심도 요구된다. 초등학교와 중학교가 무상교육이기는 하지만 이 시기에 사용되는 막대한 사교육비를 고려할 때, 공교육을 정상화하고, 저소득층을 대상으로 한 다양한 과외 활동 기회가 얼마나 부여되는지 등 제도의 실질적 내용에 대해 관심을 기울이는지가 기회의 평등이 얼마나 구

표 2-3 | 생애 주기별 사회보장 및 사회 서비스 제공 현황

		보편	선별
영·유아기		• 영·유아 예방접종 (무상, 일부 부담)	• 언어 발달 지원
아동·청소년기		• 초등학교 및 중학교 무상교육	• 방과 후 학교 자유 수강권 (국민기초) • 교육 급여 (국민기초)
청장년기	임신·출산	• 임신·출산 진료비 • 출산 축하금 (지역, 자녀 수) • 육아휴직, 산전 후 휴가 급여	• 해산 급여 (국민기초)
	보육		• 보육료 지원[7] 혹은 양육 수당[8]
	취업	• 청년층 뉴스타트 프로그램[1] • 청년고용추진대책 글로벌 청년 • 리더 사업[2] • 해외 취업 연구 • 청년 인턴 • 직업 체험 및 취업 캠프 • 청소년 직장 체험[3] • 전문계 고교 취업 지원 등	• 업그레이드형 자활 급여 (국민기초)
	재직	• 노동자 수강 지원 • 노동자 능력 개발 카드 • 학자금 대부 및 훈련비 등	• 근로장려세제 • 근로 유지형 자활 급여 (국민기초) • 자활 사업 참여자 소득공제 (국민기초)
	실업	• 고용 보험 적용자 • 국가 기간 전략 사업 직종 훈련 지원[4] • 전직 실업자 취업 훈련 • 구직 급여 (상병, 연장) • 직업 능력 개발 수당 • 광역 구직 활동비 • 이주비 (생계유지 수당, 취업 지원) 등	
	재취업	• 조기 재취업 수당	
노년기		• 기초 노령 연금 • 국민연금 • 장기 요양 • 임금 피크제 보전 수당 • 고령자 뉴스타트 프로그램[5] • 고령자 단기 적응 훈련 프로그램[6]	• 노인 돌봄 종합 서비스
생애 전반		• 건강보험	• 국민기초생활보장

주 : 1 개인별 맞춤형 종합 취업 지원 서비스 (비진학 미취업자).
　　2 29세 이하 청년 미취업자.
　　3 15~29세 대졸 제외 미취업 청소년.
　　4 15세 이상 실업자, 비진학 청소년.
　　5 50세 이상 실업자.
　　6 50세 이상.
　　7 기준 소득 이하 가구의 영·유아 중 보육 시설을 이용하는 영·유아에게 보육료 지원.
　　8 기준 소득 이하 가구의 영·유아를 보육 시설에 보내지 않고 양육하는 경우 매달 양육비를 지원 (36개월까지).
자료 : 각 담당 부처 웹사이트.

현될 수 있는지를 결정하기 때문이다. 이와 더불어 소득재분배 기능을 포함한 아동 수당, 현재 저소득 아동에게만 일부 제공되고 있는 아동 발달 지원 계좌 등을 시민 모두에게 제공하는 보편적 정책으로 전환하는 방안도 고려할 필요가 있다. 대학 등의 고등교육기관에 진학하거나 재훈련을 받는 것은 물론 사업 자금으로도 쓰일 수 있는 보편적 기본 자산 basic capital이 일시적으로 제공되는 것만으로도 불평등을 예방할 뿐만 아니라 시민의 교육 수준과 기술력을 향상시켜 고부가가치 산업을 확산하는 데 크게 기여할 것이다. 만일 기본 자산이 당분간 실현하기 어려운 제도라면 단기적으로는 저소득층을 대상으로 한 대학 등록금 대출을 현재보다 더욱 확대하고 반환 조건을 완화하는 한편, 장기적으로는 대학 교육까지 무상화를 추진할 수 있을 것이다.

청년부터 장년기에 이르는 노동 활동 시기에도 취업에 어려움을 겪거나 실직에 처하지 않는 한 사회 서비스의 대상이 되기 어렵다. 그러나 이 시기에도 저임금 일자리의 덫에서 빠져나오기 위해서는 평생교육과 재훈련에 대한 지속적인 투자가 요구된다. 이처럼 아동기·청년기·장년기에 실질적 기회의 평등을 제고할 수 있는 정책의 실효성이 높아질수록 노년기의 불평등을 줄이고 소득재분배를 시행해야 한다는 압박이 줄어들 수 있다. 현재의 국민연금제도는 앞서 살펴본 다른 사회보험과 마찬가지로 사각지대 문제가 심각하다. 자영업 비중이 높은 특수한 현실을 고려해 실제 소득수준을 파악할 인프라가 미흡한 데다가 2008년 이후 경제 위기 상황 등으로 인해 국민연금 지역 가입자의 약 58.2퍼센트가 납부 예외자이며, 장기 체납자도 16.2퍼센트에 달하고 있다(신영석 2011). 기초 노령 연금은 대상자가 만 65세 이상, 소득 하위 70퍼센트 이하 노인으로 광범위한 반면, 급여 수준이 1인 최고 9만 원부터 최하 2만 원으로 제한되어 국민연금을 대체하기는 어려운 수준이다. 노년기의 불평등을 완화하기 위해 시기 제한형 기본 소득을 도입하는 방안 등을 본격적으로 논의할 필요가 있다.

3) 시민 참여권 확립 및 국가-시민사회 관계 활성화 방안

현재 한국 사회에서 시민 참여권을 구체화한 제도를 찾기는 어렵다. 노동조합도 시민의 사회권을 보장하는 데 중요한 결사체 조직이지만, 노동조합 조직률이 1990년대 후반부터 11퍼센트 미만으로 하락하면서 단체교섭으로 보호할 수 있는 노동인구 수 역시 급감했다. 1996년 〈근로자참여 및 협력증진에 관한 법률〉에 의해 30인 이상 사업장에 노사협의회가 설치될 수 있어 생산성 향상, 인력 배치, 경영 방침 등에 대해 노사 협의를 할 수 있게 되었지만, 대부분의 사업장에서 형식적으로만 운영되기에 본래 취지를 살리기 어려운 상황이다. 또한 30인 미만 사업장에 근무하는 다수 노동자에게는 여기에 참여할 권리조차 보장되지 않는 문제도 존재한다.

그러나 〈표 2-4〉에 예시되어 있는 바와 같이 노동시장, 기업 조직, 지역사회에 이르기까지 다양한 영역에서 구체적인 시민 참여가 가능하며, 만일 각 영역별로 체계적인 참여 방식과 제도가 마련된다면 정책 형성 과정에 적절한 정보를 제공하고 직접 참여해 공동 집행하거나 규제함으로써 노동시장의 형평성과 효율성, 기업 조직 내에서의 생산적 협력을 추구하고, 좀 더 나은 절차적 규범을 확립하는 데 기여할 수 있을 것이다. 특히 이처럼 참여에 따른 권리와 의무가 맞물린다면, 지역 경제를 활성화하거나 지방자치단체 차원에서 복지 서비스를 제공할 때 더 큰 효과를 가져다줄 수 있으리라고 기대된다. 앞서 살펴본 바와 같이 참여자들의 사회적 거리가 적고 동질성이 클 경우 호혜성의 원칙에 충실

표 2-4 | 시민 참여 권리와 참여 의무의 구체적 예시

	참여 권리	참여 의무
노동시장	• 일자리 배치·창출 및 정보 제공	• 노동자 : 적극적인 구직 의무 • 사용자 : 정부 및 노조와 협력해 적절한 프로그램 제공
기업 조직	• 고용 안정권 • 직장 협의회 및 고충 처리 절차 참여권 • 적극적 조치	• 기업 조직의 형평성과 생산성 제고에 협조 • 기업체 정보 보안 • 참여하는 모든 집단에 대한 존중
지역사회	• 지역 투자 및 지역 간 형평성 제고	• 지역 경제 활성화를 위한 협력

자료 : Janoski(1998, 31, 55)에 기초해 재구성.

한 협력의 가능성이 더욱 증가할 수 있기 때문이다.

4. 소결

이 장에서는 비정규직이 급증해 복지국가로 이전하는 데 어려움을 겪고 있는 한국 사회에 적합한 새로운 사회권 패러다임이 어떤 내용으로 구성되어야 하는지를 탐색했다. 마셜의 사회권 이론은 포디즘하 완전고용의 시기에 충분한 역할을 한 바 있으나, 점점 더 많은 노동인구가 표준고용 관계에서 제공되는 기업 복지와 사회보험의 수혜로부터 벗어나고 있는 현실에는 부적합한 것으로 여겨지고 있다. 그렇다고 적절한 소득 보장 없이 일할 의무만 강조하는 복지 계약주의나 기존의 이중 노동시장이 악화될 우려가 있는 기본 소득이 한국 사회의 대안이 되기는 어렵다. 이 장에서는 이런 문제의식 아래 재상품화와 탈상품화를 유기적으로 결합시킴으로써 기존 표준 고용 관계의 장점을 살리면서도 변화된 생산 환경에 필요한 유연화를 가능하게 하는 고진로 사회권을 새로운 대안으로 제시했다. 고진로 사회권은 사회권 각 영역의 참여를 기반으로 하기에 불평등 예방과 생애 전반에 걸친 기회 평등을 보장할 수 있다. 아울러 시민 참여권이 확립됨에 따라 시민사회 자체의 역량을 높여 문제를 해결할 기회가 제공될 수도 있다.

고진로 사회권 패러다임에 비추어 한국의 복지 현실이 얼마나 뒤떨어졌는지를 살펴볼 수 있었다. 무엇보다도 노동력의 기술력을 낮추고 건강을 악화할 우려가 큰 노동시장 유연화를 중단하고, 기존 비정규직 일자리의 질을 제고해 고기술·고부가가치 경제 부문을 확산하는 정책 방향을 수립하는 것이 시급하다. 단기간에 생산성을 향상하기 어려운 저기술·저부가가치 서비스직의 경우 노동시장 진입 초기의 일자리로 한정하는 한편, 이 부문 역시 훈련과 재교육을 통해 점진적으로 생산성을 향상시키는 작업이 요청된다. 동시에 노동력을 일시적 혹은 영구적으로 상실한 빈곤 인구가 배제되는 복지 사각지대 문제를 점진적으로 해소하고, 급여 수준을 현실화하는 작업이 수반되어야 할 것이다.

생애 주기에 따른 전반적인 기회의 평등을 보장하기 위한 정책은 특히 부족했다. 물론 풍요로운 노년을 위한 대책도 미흡하지만, 더욱 중요한 것은 아동·청년기의 교육 기회와 질의 평등, 그리고 노동시장에서 실패한 중장년기를 대상으로 한 실효성 있는 대책이 거의 없다는 점이다. 생애 주기에 따른 실질적 기회의 평등을 보장하려면, 돌봄이나 재훈련, 봉사 활동 등을 포괄할 수 있도록 노동 개념을 확대하고, 아동과 청년, 그리고 확대된 노동에 종사하는 사람들에게 제한된 기간이라도 기본 소득을 제공해 교육을 받고 재기할 기회를 안정적으로 제공하는 정책이 필요하다. 비록 지금처럼 복지 수준이 낮다면 정책의 실현 가능성이 불확실해 보일 수도 있으나, 정책이 시행되었을 때 나타날 순기능과 효과를 밝혀내는 다양한 연구 작업이 이어진다면 실효성 있는 대안을 마련해 갈 수 있을 것이다.

시민 참여권 확립 분야는 앞으로 훨씬 많은 연구와 실험이 필요할 만큼 제도화가 가장 뒤처져 있다. 그렇기에 다양한 복지 영역에서의 예방적 효과와 사회권 패러다임의 전환적 발전을 기대할 만한 분야이기도 하다. 복지 수혜자가 수동적인 지위에 머물러 있는 것이 아니라 능동적 주체로서 삶의 질을 제고하고 참여 민주주의를 활성화하는 데 기여할 수 있기 때문이다. 예전처럼 국가가 단독으로 정보를 모아 규제하기에는 경제와 사회의 각 영역에서의 세계화가 충분히 진행되었고, 이로 인해 많은 불확실성에 노출되고 있다. 국가가 지역사회의 노사정과 시민단체 및 다른 자발적 결사체와의 협력을 창의적인 방식으로 제도화한다면 적은 비용을 들여 많은 복지를 창출할 방안이 다양하게 마련될 수 있을 것이다.

| 3장 |

고용 형태별 삶의 질 실태와
사회권 수요에 대한 자료 및 연구 방법

1. 자료

사회권의 구성 요인들이 실행 가능한 정책으로 발현되기 위해서는 구체적인 실태 조사가 필요하다. 지금까지의 복지 및 사회권 관련 조사에서 주된 분석 대상은 대개 빈곤층과 차상위 계층이었다. 이 연구는 사회권이 전체 시민을 대상으로 한 보편적 권리라는 입장에서 연구 대상에 모든 임금노동자와 비임금노동자, 비경제활동 인구를 포함한다. 대개 충분한 보호를 받고 있는 노동 집단인 정규직은 사회정책적 관심을 받지 못했다. 그러나 정규직도 언제든 일어날 수 있는 경영상의 정리 해고 등에서 완전히 자유롭지는 않다. 정규직의 삶의 질과 사회권에 대한 수요 역시 비정규직과의 비교적 목적으로 사회권 연구에 활용될 중요한 정보이기에 제대로 분석될 필요가 있다. 이 책은 2011년부터 2012년까지 약 2년간에 걸쳐 마련된 두 가지 자료를 분석에 사용한다.[1]

1_ 연구팀은 중복되는 조사를 방지하고 기존 연구에서 살펴볼 수 없는 내용을 심층 면접 조사지에 포함하기 위해 가장 대표적인 선행 연구인 한국노동연구원의 한국노동패널과 한국보건사회연구원의 한국복지패널에서 설문 항목을 미리 살펴보았다. 분석한 결과, 한국노동패널 조

1) 심층 면접 조사

주로 비정규직을 대상으로 한, 사회권에 대한 심층 면접 조사는 비정규직의 실태를 광범위하게 살핀 기초 자료를 확보하는 동시에, 이 조사 이후 실시할 질문지 조사의 예비 조사로 활용할 목적으로 실시되었다. 2011년 4월부터 6월 초까지 총 80명을 조사했다. 양적인 응답 내용은 통계 프로그램으로 분석할 수 있도록 데이터베이스DB화하고 심층 면접 내용은 문항별로 녹취해 분석했다.

심층 면접 대상자는 연구 목적에 부합하는 응답자를 포함하기 위해 신중하게 선정되었다. 특히 비정규직 범주 내에서도 다양한 고용 형태에 따른 사회권 요구를 살펴보기 위해 간접 고용, 임시 계약직, 일용직, 특수 고용직 등의 대상자들을 포함했고, 비정규직에 비해 안정적인 고용 상태라고 인식되지만 여전히 고용 불안을 느끼는 노동인구로 볼 수 있는 정규직을 비롯해 자영업자, 실업자, 은퇴자에 대한 심층 면접도 진행했다. 면접 대상자들은 수도권 지역인 서울 및 경기, 부산과 경남 지역의 20~60대로 구성되어 있으며, 비정규직에 여성의 비중이 훨씬 큰 현실을 반영하기 위해 여성이 남성보다 과대 표집되었다. 심층 면접자의 인구 사회학적 특성은 〈표 3-1〉에서 자세히 소개했고, 구체적인 사례별 정보는 〈표 3-2〉에서 요약했다.

사에서는 사회보험 및 개인 보험 가입 여부, 납입 주체 및 납입 여부와 수급 여부, 수급액 등을 파악하고 있었고, 한국복지패널 조사에서는 한국노동패널에서 조사하는 내용 외에 사회보험 미납 이유, 미납 기간 등의 내용을 포함하고 있었다. 그러나 두 자료 모두 현재 사회보험 제도의 가입 및 수급 현황 정도만 살펴볼 수 있을 뿐 사회권의 주체인 응답자들의 의견, 예를 들어 기존 사회보험에 대한 평가 및 요구 사항, 그리고 고용 형태가 변함에 따라 사회보험 외에 새롭게 등장할 수 있는 사회권의 내용에는 어떤 것이 있는지 등을 구체적으로 파악하기는 어려웠다.

표 3-1 | 심층 면접 대상자의 인구 사회학적 특성 (총 80명)

인구학적 특성

대상자 특성		비중(%)	사례 수
성별	남성	31.3	25
	여성	68.8	55
연령	20대	25.0	20
	30대	26.3	21
	40대	23.8	19
	50대	17.5	14
	60대 이상	7.5	6
학력	중졸 이하	8.8	7
	고졸 이하	27.5	22
	대졸 이하	50.0	40
	대학원 졸 이상	12.5	10
	기타	1.3	1
가구주 여부	가구주	38.7	31
	가구주 아님	61.3	49
혼인 상태	미혼	47.5	38
	결혼	48.8	39
	이혼	2.5	2
	사별	1.3	1

고용 관련 특성

대상자 특성		비중(%)	사례 수
직업	일반 생산직	11.3	9
	기술직	6.3	5
	사무직	18.8	15
	영업 및 판매직	21.3	17
	관리직	2.5	2
	전문직	16.3	13
	실업	1.3	1
	명예퇴직	1.3	1
	자영업	2.5	2
	단순 노무직	16.3	13
	기타	2.5	2
산업	제조	15.4	12
	서비스	83.3	65
	기타	1.3	1
고용 형태	정규직	10.0	8
	간접 고용(용역 및 파견)	15.0	12
	임시 계약(1년 미만/1년 이상)	47.5	38
	일용직	10.0	8
	특수 고용	10.0	8
	자영업	2.5	2
	실업 및 은퇴	2.5	2
	기타	2.5	2
노동시간 형태	전일제	74.4	58
	시간제	10.3	8
	기타	15.4	12

표 3-2 | 심층 면접 대상자의 사례별 정보

사례번호	성별	연령	학력	구체적 업무	고용 형태(노동시간)	혼인상태	배우자 취업 여부	18세 이하 자녀 수	본인 소득	가구 소득
1	여	50	고졸 이하	식당 주방일	일용직	결혼	비정규직	0	140	300
2	남	50	고졸 이하	식당 주차	일용직	결혼	비정규직	0	130	350
3	여	23	고졸 이하	백화점 의류 매장 점원	간접 고용	결혼	자영업자	0	153	300
4	여	45	고졸 이하	식당 홀 서빙	일용직	결혼	정규직	2	160	400
5	남	48	고졸 이하	회사 택시 운전사	정규직	결혼	비정규직	2	150	250
6	남	62	대졸 이하	보험 설계사	간접 고용(기타)	결혼	정규직	1	300	700
7	여	49	대졸 이하	보험 설계사	특수 고용(기타)	결혼	자영업자	1	300	700
8	남	51	고졸 이하	대리운전	특수 고용(기타)	결혼	자영업자	0	150	600
9	남	48	대졸 이하	공원 관리 (청소·조경 등)	임시 계약	결혼	정규직	2	150	350
10	여	51	고졸 이하	방독면 공장 포장 및 분류	정규직	결혼	비정규직	0	160	350
11	여	43	고졸 이하	콜센터 상담사	임시 계약	결혼	정규직	1	130	360
12	여	37	대졸 이하	보험 설계사	임시 계약	미혼		0	150	500
13	여	26	대졸 이하	과외 교사	기타(시간제)	미혼		0	30	300
14	여	64	중졸 이하	환경미화원	간접 고용	결혼	은퇴	0	100	100
15	남	26	대졸 이하	컴퓨터 프로그래머	임시 계약	미혼		0	160	400
16	남	36	대졸 이하	잉크 인쇄	정규직	미혼		0	250	450
17	여	30	대졸 이하	전화 상담사	간접 고용	미혼		0	155	240
18	남	60	고졸 이하	물류·유통	자영업	결혼	가정주부	0	250	300
19	남	33	대졸 이하	보험 설계사	특수 고용(기타)	미혼		0	200	800
20	여	43	기타	공인중개사	자영업	이혼		2	100	100
21	남	67	대졸 이하	공원 관리인	임시 계약	사별		0	100	100
22	여	40	대학원 졸 이상	프로젝트별 고용	임시 계약(기타)	미혼		0	300	300
23	여	30	대졸 이하	가정 과목 중등 교사	임시 계약(시간제)	미혼		0	190	900
24	여	54	중졸 이하	산모 도우미	일용직	결혼	실업	0	100	300
25	여	32	대학원 졸 이상	K암센터 연구원	임시 계약	미혼		0	150	250
26	여	31	대졸 이하	경리	임시 계약	미혼		0	100	250
27	여	29	대졸 이하	어린이집 교사	임시 계약	미혼		0	170	330
28	여	25	대졸 이하	정부 중앙 부처 직원	임시 계약	미혼		0	120	120
29	여	30	대학원 졸 이상	탈북자 지원 재단 사무직	임시 계약	미혼		0	106	400
30	남	29	대졸 이하	K제화 사무직 (인사부)	임시 계약	미혼		0	270	1000
31	남	24	대졸 이하	S시 직원	임시 계약	미혼		0	130	400
32	여	48	고졸 이하	양복 재단실	간접 고용	결혼	비정규직	0	95	200
33	여	38	대졸 이하	유치원 교사	임시 계약	결혼	비정규직	2	130	430
34	남	45	고졸 이하	가구 제조업	간접 고용	결혼	비정규직	2	300	300
35	여	50	중졸 이하	전자 회사 (핸드폰 충전기)	간접 고용	결혼	자영업자	0	120	800
36	여	50	고졸 이하	전자 회사 (핸드폰 충전기)	간접 고용	결혼	정규직	0	115	465
37	여	50	고졸 이하	전자 회사 (핸드폰 충전기)	간접 고용	이혼		0	120	120
38	여	53	중졸 이하	봉제 공장	일용직	결혼	정규직	0	120	320
39	여	50	중졸 이하	봉제 공장	정규직	결혼	자영업자	0	100	350
40	여	34	대졸 이하	회계사 사무실	임시 계약	미혼		0	200	340

사례 번호	성별	연령	학력	구체적 업무	고용 형태 (노동시간)	혼인 상태	배우자 취업 여부	18세 이하 자녀 수	본인 소득	가구 소득
41	여	24	대졸 이하	국제회의 통역사	일용직	미혼		0	200	200
42	여	22	대졸 이하	웨딩 사진사	임시 계약(시간제)	미혼		0	400	2000
43	여	22	대졸 이하	성우	임시 계약	미혼		0	180	
44	여	28	대졸 이하	패션 잡지 에디터	임시 계약	미혼		0	35	600
45	여	24	대졸 이하	의류 회사 디자이너	임시 계약	미혼		0	125	600
46	여	29	대졸 이하	홍차 회사 영업 사원	임시 계약	미혼		0	150	150
47	여	38	고졸 이하	의류 매장 판매 사원	임시 계약	결혼	정규직	0	120	300
48	여	48	고졸 이하	백화점 의류 매장 매니저	임시 계약	결혼	비정규직	0	200	500
49	남	49	대졸 이하	건설 회사 현장 소장	임시 계약	결혼	자영업자	0	300	500
50	남	46	대졸 이하	백화점 의류 매장 판매 사원	임시 계약	결혼	비정규직	2	150	370
51	여	43	대졸 이하	공인중개사 사무소 직원	임시 계약(시간제)	결혼	실업	1	100	100
52	남	40	대졸 이하	자동차 부품 판매	임시 계약(시간제)	미혼		0	100	200
53	여	23	대졸 이하	대학 교직원	임시 계약	미혼		0	130	600
54	남	38	대졸 이하	자동차 부품 판매	임시 계약(시간제)	미혼		0	100	200
55	남	34	대학원 졸 이상	B시 발전 연구소 연구 인턴	임시 계약	미혼		0	130	250
56	남	50	고졸 이하	주물공장	기타(기타)	결혼	가정주부	1	150	150
57	여	32	대학원 졸 이상	학교 복지사	정규직	미혼		0	100	
58	여	34	고졸 이하	공인회계사 사무소 직원	정규직	결혼	정규직	2	177	400
59	여	42	대졸 이하	학습지 교사	특수 고용(시간제)	결혼	정규직	1	150	450
60	여	51	대졸 이하	정수기 코디	특수 고용(기타)	결혼	정규직	0	230	1000
61	여	29	대졸 이하	병원 행정	임시 계약	미혼		0	250	500
62	여	29	대학원 졸 이상	서울 소재 S대학 연구처 근무	임시 계약	결혼	정규직	1	150	550
63	여	29	대학원 졸 이상	컨설팅 회사 홍보부	임시 계약	미혼		0	180	500
64	여	27	대졸 이하	유치원 교사	임시 계약	미혼		0	220	1500
65	여	27	대졸 이하	도서관 사서	임시 계약	미혼		0	180	500
66	여	28	대졸 이하	건축설계사	일용직	미혼		0	80	400
67	여	31	대학원 졸 이상	사회복지사	임시 계약	미혼		0	170	170
68	여	31	대졸 이하	독서 지도사	간접 고용(시간제)	미혼		0	150	400
69	여	43	고졸 이하	보험 설계사	특수 고용	미혼		0	300	300
70	여	49	중졸 이하	봉제 공장	일용직	결혼	실업	1	160	160
71	여	63	중졸 이하	건물 환경미화원	간접 고용	결혼	무직	0	100	500
72	여	43	대졸 이하	학습지 교사	특수 고용(기타)	미혼		0	200	
73	남	42	고졸 이하	학교 시설 관리	정규직	결혼	가정주부	4	300	300
74	남	57	고졸 이하	초등학교 경비	임시 계약(기타)	결혼	비정규직	0	180	500
75	남	57	대졸 이하	전직 은행 근무	실업 및 은퇴	결혼	가정주부	0	500	650
76	남	64	고졸 이하	아파트 경비	간접 고용(기타)	결혼	가정주부	2	104	104
77	남	32	대졸 이하	자동차 판매	특수 고용	미혼		0	250	500
78	남	32	고졸 이하	전직 부동산 영업	실업 및 은퇴	미혼		0	0	100
79	여	40	대학원 졸 이상	S시 공무원	임시 계약	결혼	무직	1	330	330
80	남	33	대학원 졸 이상	이미지 센서 회사	정규직	결혼	학생	1	400	400

2) 질문지 조사

앞서 설명한 심층 면접 및 예비 조사 결과를 바탕으로 해 2012년도에는 총 1,020명을 대상으로 질문지 조사를 실시했다. 이 조사는 2012년 1월 초에서 2월 중순까지 전국적으로 지역·성·연령을 고려해 주민등록 인구 현황 자료에 비례해 할당된 표집에 기초해 수집되었다. 〈그림 3-1〉에 나타난 바와 같이, 심층 면접 조사에서는 총 80명 중 비정규직을 83퍼센트로 더 많이 표집했으나, 질문지 조사에서는 정규직과 비정규직 간 삶의 질, 그리고 사회권 의식과 태도를 체계적으로 비교연구하기 위해 정규직 29퍼센트, 비정규직 31퍼센트, 그리고 전체 인구구성의 대표성을 높이기 위해 비임금노동자 20퍼센트, 비경제활동자 18퍼센트, 실업자 2퍼센트로 표본을 구성했다.

전체 조사 대상자의 구체적인 인구 사회학적 특성이 〈표 3-3〉에 나타나 있다. 남성과 여성의 비중은 거의 같은 수준이며, 연령대도 20세 이하부터 60대 이상까지 골고루 분포되어 있다. 학력을 보면 중졸 이하가 12.3퍼센트로 상당히 적은 편이었고, 고졸과 대재 이상은 비슷한 비중으로 표집되었다. 미혼이 21.7퍼센트이고 나머지는 기혼자였는데, 이 중 이혼이나 별거, 사별을 경험한 사람이 7.1퍼센트 포함되어 있었다. 평균 가구 소득은 398.8만 원으로 2012년 8월 통계청에서 발표한 2012년 2/4분기 가구당 월평균 소득 394.2만 원(통계청 보도자료 2012/08/17)과 상당히 유사하다. 계층과 관련해서는 대부분의 응답자가 중층(51퍼센트) 혹은 하층(44.7퍼센트)으로 응답해, 빈민층(3.6퍼센트)과 상층(0.6퍼센트)은 상당히 적었다.

〈표 3-4〉는 임금노동자 총 609명에 대한 고용 형태별 상세 정보를 담고 있다. 학력은 정규직이 높아 대재 이상의 경우 비정규직이 40.8퍼

그림 3-1 | 1차 연도 및 2차 연도 조사 대상자의 고용 형태별 특성

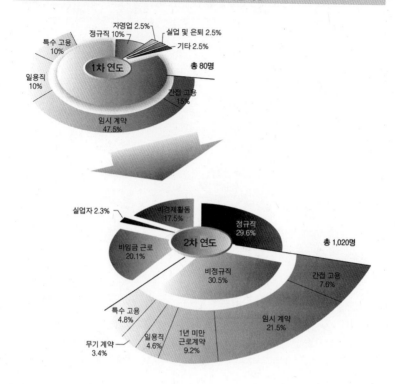

센트인 반면에 정규직은 69.1퍼센트였다. 특히 중졸 이하의 학력으로 정규직에 고용된 경우는 1.7퍼센트에 불과해 약 14퍼센트가 중졸 이하의 학력인 비정규직과 대비되었다. 임금노동자 중 반수가량을 차지하고 있는 비정규직의 유형별 분포를 살펴보면 임시 계약직이 42.1퍼센트로 가장 많았으며, 1년 미만 계약직이 18퍼센트, 간접 고용직이 14.8퍼센트로 그 뒤를 이었다. 특수 고용직(9.3퍼센트), 일용직(9.0퍼센트), 무기 계약직(6.8퍼센트)은 모두 10퍼센트 미만으로 다른 비정규직 유형에 비해 대표성이 떨어지는 편이다. 전일제 대비 시간제 노동은 총 13.8퍼센트

표 3-3 | 조사 대상자의 인구 사회학적 특성 (총 1,020명)

대상자 특성			비중(%)	사례 수
성별	남성		49.5	505
	여성		50.5	515
연령	20대 이하		18.4	188
	30대		20.6	210
	40대		22.3	227
	50대		19.0	194
	60대 이상		19.7	201
학력	중졸 이하		12.3	7
	고졸		42.5	22
	대재 이상		45.3	40
혼인 상태	미혼		21.7	221
	기혼 유배우		71.3	727
	이혼·별거·사별		7.1	72
가구 소득 (월평균 398.8만 원)	100만 원 미만		5.0	51
	100만~300만 원		27.2	276
	300만~500만 원		38.1	388
	500만 원 이상		29.7	302
계층 인식	빈민층		3.6	37
	하층		44.7	456
	중층		51.0	520
	상층		0.6	6
경제활동 상태 구분	임금노동	정규	29.6	302
		비정규	30.5	311
	비임금노동		20.1	205
	실업자		2.3	23
	비경제활동		17.5	179

였는데, 대부분이 비정규직에 속해 비정규직 내에서의 시간제 비중은 26퍼센트에 이른다.

정규직 내에서 가장 많은 직종은 사무직(56.7퍼센트)과 전문·관리직 (17.8퍼센트)이었고, 비정규직 내에서 가장 많은 직종은 판매·서비스직 (44.1퍼센트)과 단순 노무직(28.9퍼센트)이었다. 정규직 내에서 가장 대표적 인 업종은 제조·건설업(29.2퍼센트)이었고, 비정규직이 가장 많이 고용된 업종은 도소매·음식·숙박업이었다. 민간 회사의 비중이 80퍼센트가량 으로 대다수를 구성하고 있었고, 정규직은 10~1백 명 규모(54.4퍼센트)에, 그리고 비정규직은 10명 미만(48.2퍼센트)의 영세 업체에 가장 다수가 고

표 3-4 | 임금노동자의 주요 일자리 특성 : 정규직과 비정규직 비교 (총 609명; 단위 : %; 괄호 안은 사례 수)

특성			정규	비정규	전체
학력	중졸 이하		1.7 (5)	13.8 (43)	7.9 (48)
	고졸		29.2 (87)	45.3 (141)	37.4 (228)
	대재 이상		69.1 (206)	40.8 (127)	54.7 (333)
고용 형태	정규직		100.0 (298)	-	48.9 (298)[1]
	비정규직	무기 계약	-	6.8 (21)	3.4 (21)
		임시 계약	-	42.1 (131)	21.5 (131)
		1년 미만 계약	-	18.0 (56)	9.2 (56)
		일용직	-	9.0 (28)	4.6 (28)
		간접 고용	-	14.8 (46)	7.6 (46)
		특수 고용	-	9.3 (29)	4.8 (29)
시간제 노동 형태			1.0 (3)	26.0 (81)	13.8 (84)
직업	전문·관리직		17.8 (53)	5.1 (16)	11.3 (69)
	사무직		56.7 (169)	11.3 (35)	33.5 (204)
	판매·서비스직		8.1 (24)	44.1 (137)	26.4 (161)
	생산직		15.8 (47)	10.9 (34)	13.3 (81)
	단순 노무직		1.7 (5)	28.9 (89)	15.4 (94)
업종	농림어·광업		0.0 (0)	2.9 (9)	1.5 (9)
	제조·건설업		29.2 (87)	11.3 (35)	20.0 (122)
	금융·보험업		9.7 (29)	7.4 (23)	8.5 (52)
	도소매·음식·숙박업		8.4 (25)	28.0 (87)	18.4 (112)
	기타[2]		52.7 (157)	50.5 (157)	51.6 (314)
직장 유형	민간 회사		74.2 (221)	84.9 (264)	79.6 (485)
	정부 및 공공 기관		19.8 (59)	11.3 (35)	15.4 (94)
	비영리·비정부		4.4 (13)	1.6 (5)	3.0 (18)
	기타 및 소속 없음		1.7 (5)	2.3 (7)	2.0 (12)
직장 규모	10명 미만		20.1 (60)	48.2 (150)	34.5 (210)
	10~100명		54.4 (162)	40.2 (125)	47.1 (287)
	100~1,000명		19.5 (58)	10.3 (32)	14.8 (90)
	1,000명 이상		6.0 (18)	1.3 (4)	3.6 (22)
경력	1년 미만		7.0 (21)	23.8 (74)	15.6 (95)
	1~5년		25.5 (76)	37.3 (116)	31.5 (192)
	5~10년		22.5 (67)	18.3 (57)	20.4 (124)
	10년 이상		45.0 (134)	20.6 (64)	32.5 (198)
노조 가입			19.8 (59)	1.0 (3)	10.2 (62)
주당 노동시간(시간)*			46.0 (8.8)	46.1 (15.5)	46.0 (12.7)
월평균 근로소득(만 원)*			271.6 (137.1)	137.1 (94.0)	202.7 (134.9)

주 : 1 총 정규직 302명 중 사용 가능한 298명의 사례만 분석함.
  2 전기·가스·증기 및 수도 사업, 하수·폐기물 처리, 원료 재생 및 환경 복원업, 운수업, 출판·영상·방송·통신 및 정보 서비스업, 부동산업 및 임대업, 전문 과학 및 기술 서비스업, 사업 시설 관리 및 사업 지원 서비스업, 교육 서비스업, 보건업 및 복지 서비스업, 예술·스포츠 및 여가 관련 서비스업, 협회 및 단체, 수리 및 기타 서비스업, 가구 내 고용 활동 및 달리 분류되지 않은 자가소비를 위한 재화 및 서비스 생산 활동, 국제 및 외국 기관.
  * 평균값(괄호 안은 표준편차).

용되어 있었다. 정규직의 경우 45퍼센트가 10년 이상 경력이었던 반면, 비정규직은 60퍼센트 이상이 5년 미만의 경력이었다.

노조 가입률은 10.2퍼센트로, 2010년 기준 조직률인 9.7퍼센트(한국 노동연구원 2012)와 크게 다르지 않았는데, 노조 조합원의 절대다수가 정규직이었고, 비정규직의 조직률은 1퍼센트에 불과했다. 주당 평균 노동 시간은 정규직과 비정규직 모두 46시간, 월평균 근로소득은 정규직이 271.6만 원, 비정규직이 137.1만 원으로, 2011년 기준 실제 정규직 월 평균 임금 총액 238.8만 원보다 약 30만 원이 높았던 한편, 비정규직의 임금은 실제 총액 134.8만 원(한국노동연구원 2012)과 거의 비슷했다.

2. 연구 방법

이 연구는 고용 형태에 따른 실태 및 의식 차이를 되도록 정밀하게 파악하기 위해 〈표 3-5〉에 나타난 바와 같이 정규직과 비정규직, 고용 형태와 계층, 그리고 비정규직 내 6개 유형에 따른 분석 내용을 필요할 때마다 각 장에서 제시했다. 〈표 3-5〉에 나타난 계층 변수는 피조사자가 자신이 속해 있다고 주관적으로 판단한 계층으로 분석되었는데, 정규직 상층의 근로소득이 가장 높아 472만 원이었으며, 중층은 297만 원, 하층은 227만 원이었다. 반면에 비정규직은 본인을 중층으로 분류하더라도 소득이 147만 원으로, 하층의 근로소득 134만 원과 큰 차이가 없었다. 빈민층의 소득은 86만 원으로 비정규직 하층과도 차이가 상당했다. 비정규직 중 자신을 상층으로 분류한 조사 대상자는 없었고, 정규직 중 자신을 빈민층으로 분류한 4개 사례의 경우 근로소득의 편차가 너무 크고 정확성이 떨어져 분석에서 제외시켰다. 가구 소득의 경우 정규직 중

표 3-5 | 고용 형태별 주요 인구 사회학적 특성 비교

		성별 (%)		연령	학력[1]	노동시간	근로소득 (만 원)	가구 소득 (만 원)	사례 수
		남성	여성						
정규		59.0	36.3	40.3	5.2	46.0	271.6	461.7	298
비정규		41.0	63.7	44.3	4.4	46.1	137.1	367.6	311
t/χ^2		***		***	***		***	***	
정규	상층	0.9	0.7	49.0	5.2	52.4	472.0	717.0	5
	중층	31.9	24.4	40.3	5.4	45.6	296.6	518.9	174
	하층	26.3	11.1	39.9	4.9	46.0	227.6	368.6	119
비정규	중층	15.0	25.9	41.8	4.8	45.4	146.8	469.7	121
	하층	24.2	35.2	44.8	4.2	46.4	134.2	312.1	177
	빈민층	1.8	2.6	60.6	3.0	48.0	86.1	173.3	13
F/χ^2		***		***	***		***	***	
정규		59.0	36.3	40.3	5.2	46.0	271.6	461.7	298
무기 계약		2.7	4.4	34.9	4.5	46.2	114.6	290.3	21
임시 계약		16.2	28.1	42.0	4.6	46.9	143.1	388.6	131
1년 미만 계약		8.0	10.7	43.0	4.4	46.0	122.8	388.0	56
일용직		2.9	6.7	46.0	3.7	35.2	65.5	278.8	28
간접 고용		8.3	6.7	55.9	3.9	53.0	124.3	265.9	46
특수 고용		2.9	7.0	43.7	4.9	42.1	242.4	536.6	29
F/χ^2		***		***	***		***	***	
전체		55.7	44.3	42.3	4.8	46.0	202.7	413.4	609

주 : 1 명목 변수 범주(무학, 초등, 중등, 고등, 2년제 대학, 4년제 대학, 대학원 재학 이상에 각각 1~7점 부여)를 연속
변수로 사용할 때의 평균값이며, 값이 클수록 평균 학력이 높음을 나타냄.
*** $p < .001$, ** $p < .01$, * $p < .05$

층과 비정규직 중층의 소득 격차는 상당히 줄어들어, 정규직 중층이
519만 원, 그리고 비정규직 중층이 470만 원의 소득을 기록했다.

지나치게 세분화해 분류할 경우, 몇몇 범주에 충분한 사례 수가 포
함되지 않기도 했다. 정규직 상층의 경우 5개 사례밖에 없어 해석할 때
주의할 필요가 있다. 비정규직 유형 내에서도 무기 계약직(21개 사례), 일
용직(28개 사례), 그리고 특수 고용직(29개 사례) 등은 이 비정규직 유형을
충분히 대표하지 못한다는 점을 감안해야 한다. 특히 특수 고용직의 경
우 학력이 거의 정규직에 가깝고, 근로소득과 가구 소득 모두 비정규직
보다는 정규직에 가까운 사례가 과다 표집된 문제가 있었다. 상세 분석
을 실시해 보니 금융 및 보험업 종사자가 16개 사례로, 도매 및 소매업

종사자 7개 사례와 함께 특수 고용직의 대다수를 차지했다.

이 연구는 단순 교차 분석뿐만 아니라 다중 회귀분석[OLS]과 로지스틱 분석 및 다항 로지스틱 분석을 통해 일자리와 복지 의식에 미치는 영향 요인을 파악했는데, 이 경우 정규직 모델과 비정규직 모델로 나누어 각 고용 형태별로 종속변수에 미치는 영향 요인이 어떻게 차이가 나는지를 살펴보았다. 양적 분석이 종료된 이후에는 필요에 따라 심층 면접 대상자의 면접 내용을 활용해 양적 수치가 의미하는 바를 좀 더 천착해 보고자 했다.

제2부

일자리의 사회 정치

4장

일자리 실태와 삶의 질, 그리고 행복도

[질문자 : 당신이 생각하는 행복한 인생이란?] 자신이 원하는 일을 열심히 하면서 인정받고, 안정적인 고용 환경에서 일을 성취해 가고, 가족 구성원과 따뜻하고 원만한 관계를 가지고 문화와 여가 생활을 잘 영위해 가는 것이죠(사례 57, 정규직 학교 복지사).

[질문자 : 당신이 생각하는 불행한 인생이란?] 아침부터 밤까지 미싱 작업에서 벗어날 수 없는 인생, 지금의 내 인생을 불행하다고 생각해요, 나는(사례 70, 일용직 봉제사).

1. 연구 문제

2011년 비정규직의 임금은 정규직의 56.4퍼센트였다. 각종 사회보험 가입률도 정규직의 절반에 불과하다. 전반적인 생활 만족도에 미치는 하위 영역 만족도 중 가장 영향력이 큰 영역은 직장 생활에 대한 만족도(김왕배 1995, 124)라는 연구 결과가 있는 만큼, 일자리가 개인의 삶의 질과 행복도에 미치는 영향은 지대하다. 하지만 비정규직을 다룬 연구가 많이 축적되어 왔음에도, 여전히 정규직과 비정규직의 일자리는 구체적으로 어떻게 다른지 자세히 알려져 있지 않다. 주로 비정규직과 정규직의 임금과 노동조건의 격차에 관심이 집중되었기 때문이다.[1]

1990년대 말 외환 위기를 계기로 평생 고용을 보장해 온 작업장 관행이 변화했다. 그 영향을 살펴본 몇몇 연구는 비정규직의 확대가 임금과 노동조건 문제를 넘어 노동자의 삶의 질과 정신 건강에도 상당한 영향을 끼칠 수 있음을 짐작하게 한다. 박재규(2001)는 2001년 실시한 사업장 실태 조사를 통해 구조 조정에서 살아남은 노동자의 삶의 질을 조사했는데, 정리 해고나 명예퇴직 등 수량적 유연성 도입에 따른 경험이 많은 노동자일수록, 또 노동강도가 강화된 경험이 있는 노동자일수록 삶의 질이 심각하게 하락한 것으로 드러났다. 또한 사회계층이 높은 노동자일수록 삶의 질 변화가 긍정적이었다고 한다. 1999년 17개 공기업 노동자를 대상으로 실시된 이경용·박해광(2000)의 연구 결과도 이와 유사하다. 구조 조정이 실시되면서 작업 조건이 악화된 것은 노동자의 사회심리적 건강에 부정적 영향을 미친 것으로 확인되었다. 일은 단순히 소득을 얻는 도구가 아니라 자기 발전과 만족, 사회참여의 근원이기 때문이다(Gallie 2002).

그렇다면 우리는 정규직·비정규직처럼 계층화된 일자리의 어떤 격차에 주목해야 하는가? 노동시장에서 비정규직에 종사하는 외부자와 안정적인 정규직 일자리를 가진 내부자의 격차가 중요한 것은 이런 격차가 사회적 보호와 정치적 통합에서의 격차로 직결될 수 있기 때문이다

1_ 이런 경향은 노동경제학 분야에서 특히 두드러진다. 외환 위기 직후 한국노동패널의 1998년과 1999년 자료를 사용해 실시된 안주엽(2001)의 연구에서는 비정규 노동과 정규 노동의 시간당 임금격차가 35퍼센트이며, 임금 결정 요인을 통제한 뒤에도 임금격차가 19퍼센트에 이른다는 사실을 밝혀냈다.

(Hausermann and Schwander 2012, 30-31). 이 장은 이런 문제의식 아래 정규직과 비정규직 일자리의 차이점을 되도록 다양한 차원에서 상세히 검토하고자 한다. 여기에 더해 정규직 일자리에는 과연 문제가 없는지도 탐구한다. 비록 정규직이 기본적인 고용조건에서는 비정규직보다 상태가 나을지라도, 장시간 노동과 과중한 업무에서 자유롭지는 않기 때문이다. 이 연구는 객관적인 지표 외에도 일자리에 대해 갖고 있는 기대 수준과 미래에 대한 예상에도 주목했다. 이를 통해 과연 실재하는 격차가 어느 수준으로 재생산될 가능성이 있는지 가늠할 수 있을 것이다.

2. 고용 형태별 일자리 격차 실태

1) 정규직과 비정규직의 일자리 인식 및 특성 차이

가장 기본적인 일자리의 조건은 본인의 역량과 일치하는 일자리에서 적절한 임금을 받으며 고용 불안 없이 일할 수 있는가이다. 충분히 예측할 수 있듯이, 일자리가 학력 및 경력과 일치하는 정도, 본인의 노력과 성과에 비추어 본 임금의 적정성 정도를 살폈을 때 정규직이 비정규보다 현저히 긍정적이었다(〈표 4-1〉참조). 소수인 정규직 상층을 제외하고는 계층이 낮아질수록 각 고용 형태 별로 일자리에 대한 긍정적인 답변이 하락하는 것을 관찰할 수 있다. 특히 비정규직 빈민층의 경우 본인의 임금수준이 적정한가에 대한 긍정적 응답률은 정규직 중층의 가장 높았던 응답률 72.4퍼센트의 과반에도 못 미치는 30.8퍼센트로 가장 낮았다.

한편, 일자리 상실의 두려움을 느끼는 정도는 정규직(24.8퍼센트)과

표 4-1 | 고용 형태별 일자리 인식과 일자리 특성 (단위 : %)

		일자리에 대한 인식			일자리 특성[1]						사례 수
		학력 및 경력과 일치 정도	임금수준[2]	일자리 상실 두려움[3]	시간 운영 자율성	업무 내용, 전반적 방향 결정 및 재량권	업무 내용 다양성	업무 내용 흥미로움	항상 새로운 일 배움	노력에 따른 보상 차이	
정규		84.6	63.4	24.8	5.7	6.0	5.9	5.8	6.0	4.3	298
비정규		57.9	45.3	31.8	5.3	5.0	4.4	4.6	4.6	4.0	311
t/χ^2		***	***			***	***	***	***		
정규	상층	60.0	40.0	20.0	6.4	6.2	8.2	8.4	9.0	2.8	5
	중층	89.1	72.4	20.1	6.0	6.2	6.1	6.1	6.1	4.4	174
	하층	79.0	51.3	31.9	5.2	5.6	5.5	5.3	5.7	4.3	119
비정규	중층	58.7	51.2	23.1	6.0	5.6	4.8	5.1	4.9	4.3	121
	하층	57.1	42.4	36.2	5.0	4.8	4.2	4.5	4.5	3.9	177
	빈민층	61.5	30.8	53.8	2.7	2.7	2.9	1.8	2.3	3.4	13
F/χ^2		***	***		**	***	***	***	***		
정규직		84.6	63.4	24.8	5.7	6.0	5.9	5.8	6.0	4.3	298
무기 계약		33.3	61.9	19.0	6.2	5.4	5.0	5.1	4.7	3.6	21
임시 계약		58.8	31.3	35.1	5.4	5.2	4.6	5.1	5.1	4.1	131
1년 미만 계약		53.6	55.4	35.7	5.2	4.6	3.8	4.1	4.1	3.1	56
일용직		64.3	46.4	21.4	4.3	3.4	3.0	3.1	2.8	3.5	28
간접 고용		69.6	47.8	39.1	4.2	4.2	4.3	3.7	3.6	2.5	46
특수 고용		55.2	72.4	17.2	7.3	7.4	5.6	5.8	6.1	8.2	29
F/χ^2		***	***		***	***	***	***	***		
전체		70.9	54.2	28.4	5.5	5.5	5.1	5.2	5.3	4.2	609

주 : 1 평균값(0~10)이 높을수록 좋은 일자리 특성이 본인 일자리와 일치함.
2 노력과 성과에 대비한 임금의 적정성에 대한 긍정 응답 비율.
3 일자리를 잃거나 직장을 바꿔야 할지 몰라 두렵느냐는 질문에 대한 긍정 응답 비율.
*** p<.001, ** p<.01, * p<.05

비정규직(31.8퍼센트)의 차이가 앞서 살펴본 두 문항에 비해 적었고, 통계적으로도 유의하지 않았다. 고용 불안이 비정규직의 문제만이 아니라 정규직 역시 이에 상당 부분 노출되어 있음을 보여 주는 결과이다. 정규직 하층의 경우 31.9퍼센트가 일자리 상실에 대해 두려워해 비정규직 중층의 23.1퍼센트보다도 높았으며, 비정규직 하층의 36.2퍼센트와 비교해도 약 4퍼센트포인트 차이에 불과한 것으로 드러났다. 그러나 역시 불안과 두려움이 가장 높은 집단은 비정규직 빈민층으로, 과반수인 53.8 퍼센트가 이 문항에 그렇다고 답했다.

정규직과 6개 범주로 세분화된 비정규직의 유형별 응답에서는 비정규직 내부에서도 상당히 흥미로운 격차가 있음을 확인했다. 본인의 일자리에 대한 인식이 가장 낮은 집단은 임시 계약직이었다. 이들은 1년 미만 계약직보다도 임금수준에 대한 만족도가 낮았으며, 일자리 상실의 두려움 역시 35.1퍼센트로, 가장 높은 간접 고용직(39.1퍼센트)과 1년 미만 계약직(35.7퍼센트)과 비교해도 차이가 크지 않았다. 반면에 특수 고용직은 학력 및 경력과의 일치도에서만 긍정적인 응답률(55.2퍼센트)이 높지 않았을 뿐, 임금수준이나 일자리 상실 두려움과 관련된 응답 내용은 정규직보다 더 나은 것으로 나타났다. 물론 이는 특수 고용직 표본이 제조업 생산직이나 단순 노무직보다는 금융 및 보험업과 도소매업의 서비스 및 판매 종사자로 편중된 사실과 연결해 조심스럽게 해석되어야 한다. 무기 계약직은 학력과 경력 일치도에서 가장 낮은 33.3퍼센트의 긍정 응답률을 보여 주었을 뿐 나머지 문항에서는 정규직과 유사한 특성을 나타낸다. 일용직의 경우 단기적인 고용이라는 특성에도 불구하고 일자리 상실에 대한 두려움(21.4퍼센트)은 상대적으로 적었으며, 그보다는 임금수준에 대한 만족도가 46.4퍼센트로 다른 유형의 비정규직에 비해 더 낮았다.

　　〈표 4-1〉에 함께 나타나 있는 여섯 가지 일자리 특성은 노동과정에 대한 자율성과 재량권을 비롯해, 다양하고 흥미로우며, 항상 새로운 일을 배울 수 있고 노력에 따른 보상 차이가 있는 좋은 일자리 특성 네 가지로 구성되어 있다. 정규직이 비정규직에 비해 모든 면에서 일자리의 질이 더 나았는데, 먼저 살펴보았던 일자리에 대한 인식에 비해 고용 형태별 격차가 더욱 뚜렷하게 나타났다.

　　하지만 각 문항에 대한 응답별로 차이가 컸다. 가령 시간 운영의 자율성보다 업무 내용이나 전반적인 업무 방향에 대한 재량권을 정규직이 비정규직보다 통계적으로 유의한 수준에서 더 많이 가지고 있었다(0점은 전혀 통제력이 없는 경우, 10점은 완전한 통제력을 가진 경우로 평균값이 높을수록 통제력이 더 크다). 정규직 역시 시간에 대한 자율성은 그다지 높지 않아 비정규직과 마찬가지로 5점대에 머물렀고 그 차이 역시 통계적으로 유의하지 않았다. 업무 내용이나 전반적인 업무 방향에 대한 자율성은 정규직이 6점으로, 5점을 기록한 비정규직보다 통계적으로 유의미한 수준에서 확실히 더 높았다.

앞서 언급한 네 가지 좋은 일자리 특성과 관련해서는, (차이가 크지 않은) 노력에 따른 보상 차이를 제외하고는, 계층을 뛰어넘는 고용 형태에 따른 일자리 격차가 더욱 분명히 드러났다. 이 역시 0점에서 10점까지 척도로 측정되었는데, 평균값이 높을수록 좋은 일자리 특성이 본인 일자리의 특성과 일치한다. 업무 내용의 다양성, 흥미로움, 새로운 일을 배우고 있어야 하는 정도에서 정규직은 모두 6점 내지는 이에 가까운 점수를 기록한 반면, 비정규직은 4점대에 머물렀다. 정규직 상층 일자리는 좋은 일자리 특성 네 가지 중 보상 차이를 뺀 나머지 세 가지 특성에서 8~9점에 이르는 높은 평균 점수를 보였고, 중층은 6점대, 하층은 5점대 중반의 점수를 기록했다. 반면에 비정규직은 중층이라 하더라도 정규직 하층보다 못한 5점 전후의 평균 점수를 보인 한편, 비정규직 하층은 4점대, 비정규직 빈민층은 2점 전후의 최하 점수를 기록했다. 이는 비정규직 일자리가 계층이나 소득과 상관없이 재미없고 단순하며, 새로운 기술 발전의 기회를 얻기가 매우 어려운 일자리로 구성되어 있음을 시사한다.

비정규직 유형별 점수에서도 흥미로운 차이가 발견된다. 시간 운영 및 업무 내용에 대한 자율성과 재량권, 그리고 좋은 일자리 특성 네 가지에서 모두 높은 평균값을 보이는 집단은 보험 등 판매직에 주로 종사

표 4-2 | 고용 형태별 일자리 특성 중요도

		일자리 특성 중요도[1]										
		보상 수준 (높은 임금)	복지 혜택	일자리 안전성	승진 가능성과 발전 기회	업무 시간 자율성	업무 내용 자율성	일과 생활 균형 가능	근무 환경	사회적 인정	노조 결성, 단체 행동 가능성	사례 수
정규		8.5	8.0	8.7	7.6	7.2	7.2	7.2	7.8	7.5	5.9	298
비정규		8.4	7.7	8.3	6.5	6.7	6.7	6.8	7.6	6.9	5.3	311
t			*	**	***	**	**			***	**	
정규	상층	8.8	9.2	9.2	9.2	8.8	8.0	8.8	8.8	9.2	4.2	5
	중층	8.6	8.2	8.8	7.8	7.4	7.3	7.4	8.0	7.6	6.2	174
	하층	8.2	7.7	8.5	7.2	6.9	6.9	6.9	7.6	7.2	5.6	119
비정규	중층	8.3	7.6	8.1	6.5	7.0	6.9	7.0	7.8	7.0	5.7	121
	하층	8.4	7.8	8.3	6.5	6.6	6.7	6.9	7.6	6.9	5.1	177
	빈민층	9.0	7.9	8.8	4.4	5.1	5.0	4.7	6.5	5.3	4.2	13
F			*	*	***	***	***	***		***	**	
정규직		8.5	8.0	8.7	7.6	7.2	7.2	7.2	7.8	7.5	5.9	298
무기 계약		9.2	8.3	8.8	7.8	7.2	7.3	7.5	8.4	7.9	5.2	21
임시 계약		8.3	7.7	8.2	6.5	6.7	6.7	6.8	7.6	7.0	5.4	131
1년 미만 계약		8.1	7.6	8.1	5.9	6.3	6.3	6.7	7.4	6.4	4.7	56
일용직		8.9	7.6	8.2	5.4	6.0	6.0	6.2	7.2	6.3	4.9	28
간접 고용		8.6	7.9	8.6	6.7	6.6	6.9	6.8	7.7	6.8	5.6	46
특수 고용		8.0	7.4	7.8	7.0	7.9	7.7	7.6	8.0	7.1	6.2	29
F		*			***	***	***	**		***		
전체		8.4	7.9	8.5	7.0	7.0	7.0	7.0	7.7	7.2	5.6	609

주 : 1 평균값(0~10)이 높을수록 해당 특성이 중요하다고 생각함.
*** p<.001, ** p<.01, * p<.05

하고 있는 특수 고용직으로, 특히 시간 운영이나 노력에 따른 보상이라는 차원에서는 정규직보다 더 낮다고 평가했다. 반면에 일용직과 간접 고용직, 1년 미만 임시 계약직의 평균 점수는 비정규직 유형 내에서도 하위권에 속한다.

〈표 4-2〉를 통해 현재 상태와는 별개로 정규직과 비정규직이 어떤 일자리 특성을 더 우선시하고 중요하게 생각하는지를 살펴볼 수 있다. 여기서 검토할 일자리 특성은 임금 등 보상 수준과 복지 혜택, 고용 안정, 승진 기회, 업무 시간 및 내용상의 자율성, 일과 생활의 양립 가능 여

부, 근무 환경, 사회적 인정, 노동조합 활동과 단체 행동의 가능성 등의 열 가지로 구성되어 있다. 이 항목들 역시 0점부터 10점까지의 척도로 측정되었는데, 평균값이 높을수록 해당 특성을 중요하다고 평가했음을 뜻한다.

질문지 조사의 응답자가 가장 중시하는 특성은 임금 등 보상 수준과 일자리의 안정성으로 정규직과 비정규직 모두 8점대의 높은 점수를 기록했다. 그러나 이 두 특성에 대해 좀 더 높은 점수를 부여한 것은 정규직으로, 특히 일자리의 안정성에서는 8.3점의 중요도를 부여한 비정규직보다 통계적으로 유의한 수준에서 더 높은 8.7점이었다. 계층별, 그리고 세부 비정규직 유형별로 분석한 결과도 크게 다르지 않으나, 보상 수준에 대해서는 무기 계약직이 9.2점, 그리고 일용직이 8.9점으로 정규직을 포함한 다른 유형에 비해 임금수준을 상당히 중요하게 평가하고 있었다. 무기 계약직은 임시 계약직보다 고용 안정성이 일정 수준 개선된 것은 사실이나 임금은 비정규직이었을 때와 거의 차이가 없거나 오히려 다른 임시 계약직보다도 낮은 '중규직'이기 때문에, 그리고 일용직은 고용 안정성을 확보할 수 있는 수단이 다른 비정규직에 비해 적기 때문에 이를 상쇄할 만한 보상 수준을 중시한 것으로 보인다.

한편 정규직과 비정규직 모두 가장 덜 중시하는 일자리 특성은 노동조합 결성과 단체 행동의 가능성으로 나타났다. 5점이 보통인 상태에서 정규직은 5.9점, 비정규직은 5.3점의 중요도라고 평가했는데, 비정규직이 노동조합과 단체교섭의 보호를 더 필요로 한다는 점을 고려한다면, 이런 격차가 나타난 원인에 대해 좀 더 구체적으로 파악할 필요가 있다. 계층별로도 (정규직 상층을 제외한다면) 형편이 어려워질수록 점수가 하락하는 것을 확인할 수 있다. 또한 비정규직의 6개 유형 중 1년 미만 계약직이나 일용직처럼 고용 불안이 좀 더 심한 집단이 4점 후반대의 낮은 점수를 기록했다. 이는 하층일수록, 또 정규직 고용 형태에서 더 많이 벗어나 고용 불안이 심할수록 노동조합이나 노조 활동을 통해 노동조건이 개선되는 경험을 할 수 없었기 때문인 것으로 보인다.

보상 수준이나 일자리의 안정성만큼은 아니지만, 복지 혜택과 근무 환경 역시 상대적으로 중요하다는 평가를 받은 일자리 특성이다. 대체로 계층별, 비정규직 유형별 격차는 크지 않았다. 근무 환경에 대한 비정규직 빈민층의 중요도가 유일한 예외였는데, 다른 집단보다 1점 이상 낮은 6.5점이었다.

업무 시간과 내용의 자율성, 승진 가능성과 발전 기회, 일과 생활의 균형 가능 여부, 사회적 인정 등 나머지 다섯 가지 특성에 대해 정규직은 7점대 초중반, 비정규직은 6점대 후반으로 평가했다. 이 조사에서 실시한 10개 특성 중 중간 정도의 중요성을 가진 것으로 나타났다. 계층별 고용 형태 격차도 통계적으로 유의한 것으로 나타나 정규직과 비정규직 중에서도 상대적으로 나은 계층이 이 같은 특성을 더 중요하게 평가했고, 비정규직 유형별로도 무기 계약직과 특수 고용직이 다른 유형보다 정규직과 비슷하게 높은 중요도를 부여한 것으로 나타났다.

2) 정규직과 비정규직의 노동 의욕 및 노동시간 격차

노동시장 유연화의 가장 큰 장점으로 비정규직과 같은 유연한 고용 형태가 노동 의욕(일자리 유지 의사)이 적거나 더 적은 시간 동안 일하려는 사람에게 기회를 줄 수 있다는 점이 강조되어 왔다. 하지만 〈표 4-3〉에 나타난 분석 결과는 이런 설명을 지지하지 않는다. 일할 필요가 없더라도 직장이나 일자리를 계속 유지할 의사에서는 정규직과 비정규직 간에 통계적으로 유의한 차이가 없었다. 계층별로 세분화된 고용 형태별 격

표 4-3 | 고용 형태별 노동 의욕 및 노동시간 감축 의사 (단위 : %)

		일자리 유지 의사[1]	노동시간 감축 의사[2]	원하는 노동시간[3]	사례 수
정규		78.9	20.5	36.1	298
비정규		75.2	21.5	38.2	311
t/χ²					
정규	상층	100.0	20.0	40.0	5
	중층	75.9	19.0	33.9	174
	하층	82.4	22.7	38.8	119
비정규	중층	78.5	21.5	37.4	121
	하층	73.4	22.0	38.7	177
	빈민층	69.2	15.4	38.0	13
F/χ²					
정규직		78.9	20.5	36.1	298
무기 계약		76.2	28.6	43.2	21
임시 계약		76.3	23.7	37.7	131
1년 미만 계약		75.0	25.0	37.1	56
일용직		67.9	10.7	23.3	28
간접 고용		76.1	17.4	43.0	46
특수 고용		75.9	17.2	39.0	29
F/χ²					
전체		77.0	21.0	37.2	609

주 : 1 일할 필요가 없더라도 직장이나 일자리를 계속 유지할 의사.
　　 2 소득이 줄어든다는 점을 감안하고도 노동시간을 감축할 의사.
　　 3 평균값. 소득이 줄어든다는 점을 감안하고도 노동시간을 감축했을 경우 원하는 주당 노동시간.
　　 *** p<.001, ** p<.01, * p<.05

차를 살펴보면 비정규직 중층의 일자리 유지 의사가 78.5퍼센트로 정규직 중층의 75.9퍼센트보다 오히려 높다. 정규직 하층보다 비정규직 빈민층의 일자리 유지 의사가 낮은 주된 이유는 이들의 평균연령이 60.6세로 매우 높기 때문인 것으로 보인다. 여러 비정규직 유형 중 일용직의 일자리 유지 의사가 현저히 낮은 이유는 이들의 평균연령 또한 46세로 간접 고용직을 제외하고는 가장 높았고, 이 유형의 여성 노동자 비중도 특수 고용직과 비슷한 64.3퍼센트로 높은 편이며, 또한 임금 및 다른 일자리 특성이 그 밖의 비정규직보다도 상대적으로 나쁘다는 점 등이 복합적으로 작용한 것으로 보인다.

소득이 감소하는 것을 감안하고도 노동시간을 줄이고 싶은 의사가 있는가와 관련된 응답의 차이는 더더욱 없었다. 조사 대상자 중 임금노동자의 노동시간은 정규직 46시간, 비정규직 46.1시간으로 거의 차이가 없었다. 앞에서 노동 의욕이 가장 낮았던 두 집단인 비정규직 빈민층과 일용직은 아이러니하게도 감축 의사가 가장 없는 것으로 드러났는데, 아마도 이는 빈민층의 경우 노동시간 감축에 따른 소득 감소를 감당하기 어려운 계층이고, 일용직은 현재 비정규직 중 가장 적은 35.2시간을 일하고 있어 현 상태보다 더 감축하기가 어렵기 때문일 것이다. 한편, 노동시간 감축 의사가 있는 경우일지라도 원하는 노동시간은 비정규직이 38.2시간으로 36.1시간인 정규직보다 2시간가량 더 많았다. 계층별로는 정규직 중층이 33.9시간으로 가장 낮았고, 비정규직 유형별로는 일용직이 23.3시간으로 다른 유형과 비교했을 때 격차가 매우 컸다.

질문지 조사와 별개로 진행된 심층 면접 조사 결과를 분석하면서, 비정규직의 노동 의욕 유무에 영향을 미치는 요인을 좀 더 구체적으로 살펴볼 수 있었다. 노동 의욕이 있는 경우는 특수 고용직 대리운전 기사인 51세 남성(사례 8)처럼 "일을 안 하는 것은 죽어 있는 것과 같은 것"이기 때문이거나, 일용직 산모 도우미인 54세 여성(사례 24)처럼 "나는 일에서 만족감을 얻으니까, 일할 때는 지겹고 쉬고 싶지만 막상 쉬면 지겨워"지기 때문이라는 등 상대적으로 단순한 이유였던 반면, 일을 하지 않아도 될 상황이라면 하지 않겠다는 응답자들이 밝힌 이유는 매우 다양했다.

우선 지금까지 너무 많이 일했거나 스트레스 때문이라는 의견이 다수였다. 임시 계약직으로 패션 잡지사에 근무하고 있는 28세 여성(사례 44)은 "불규칙하고 과중한 일에 넌더리가 나서 이제 푹 쉬고 싶다."는 의견을 주었고, 일용직 봉제사인 49세 여성(사례 70)은 "현재 너무 지치고 피곤해서" 일을 그만두고 싶다고 했다. 임시 계약직 중학교 교사인 30세 여성(사례 23)은 "학교에서 스트레스를 너무 받아서 일을 하고 싶지 않"다고 했고, 정규직 학교 복지사인 32세 여성(사례 57)은 "그냥 좀 경쟁적이고 치열한 삶에서 탈피하고 싶은 마음 때문에" 일하고 싶지 않다고 답변했다.

결혼이나 육아 등의 사유도 많이 거론되었다. 임시 계약직 보험 설계사인 37세 여성(사례 12)은 "사실은 결혼해서 애를 키우고 싶"고, 임시 계약직 유치원 교사인 38세 여성(사례 33)은 "일 때문에 100퍼센트 가정에 충실하지 못하는 것 같"아서, 임시 계약직 의류 매장 판매 사원인 38세 여성(사례 47)은 "직장의 일과 가사를 양립하는 것이 너무 힘들고, 남자는 집안일에 그다지 도움이 안 되기 때문"에 만일 가능하다면 일하고 싶지 않다는 의견을 주었다. 임시 계약직으로 병원 행정 관련 업무를 보는 29세 여성(사례 61)은 현재 결혼하지는 않았지만 "만일 결혼해 아이가 있을 경우 양육비가 급여보다 많아질 것이므로" 하지 않겠다고 한다.

그러나 여행이나 자원봉사, 공부, 자기 계발 등 기본 소득 논자들이 주장하는 것처럼 다른 차원의 자아실현을 모색하겠다는 의견도 다양하게 제시되었다. 현재 정규직으로 방독면 공장에서 포장 및 분류 일을 하고 있는 51세 여성(사례 10)은 "마음이 맞는 사람과 여행 다니고, 봉사 활동 하면서 지내고 싶다."는 바람을 토로했는데, 이는 임시 계약직 회계사 사무실 직원인 34세 여성(사례 40)과 임시 계약직 성우인 22세 여성(사례 43)의 소망이기도 했다. 좀 더 배우고 싶다는 의견은 상대적으로 고학력자에게서 많이 발견되었다. 정규직으로 잉크 인쇄 관련 업체에서 일하고 있는 36세 남성(사례 16)과 임시 계약직으로 S대학 연구처에서 일하고 있는 29세 여성(사례 62)은 공통적으로 "공부나 취미 같은 하고 싶은 것을 더 하기 위해", 그리고 임시 계약직으로 컨설팅 회사 홍보부에서 근무하는 29세 여성(사례 63)은 "내가 관심 있는 분야를 배울 시간에 투자하고 싶어서", 임시 계약직 도서관 사서인 27세 여성(사례 65)은 "공부하기를 위해, 일하는 시간이 정해지지 않는 삶을 살고 싶다."고 했다.

노동 의욕과 관련된 의견은 어떤 면에서 노동시간 감축 의사와 상당히 유사한 사유를 공유한다. 노동시간을 유지하겠다는 의사를 밝힌 이들은 대체로 소득 감소를 우려하거나 적정한 시간 동안 일하고 있다고 생각하기 때문에 만족한 반면, 노동시간을 감축하고 싶다는 이들은 스트레스와 과로, 양육 시간 확보 등을 주된 이유로 꼽았다. 특히 간접 고용직으로 양복 재단실에서 일하는 48세 여성(사례 32)은 여성 생산직 노동자들의 과도한 연장 근무 문제를 제기했는데, 저임금 문제와 그 때문에라도 잔업할 수밖에 없는 비정규직의 고충을 다음과 같이 토로했다.

> 당연히 100퍼센트 줄이고 싶지. 여자 생산직들 근무시간이 너무 많아. 나야 요즘은 조금씩 일하려 하는데, 어떤 아줌마들은 매일같이 불평도 없이 3시간씩 연장 근무하기도 하거든. 너무 힘든데 일하는 시간 대비 소득은 너무 적고. 잔업 수당이 기본급의 1.5배인데, 기본급 자체가 완전히 최저임금 수준이어서 잔업을 많이 해도 수당이 별로 안 올라가. …… 우리 회사는 젊은 남자 직원에 비해 생산직 아줌마들 소득이 너무 적어.

노동시간을 줄이고 싶은 주된 원인이 과로라는 점만은 고졸 이하의 생산직이든 대학원 졸 이상의 전문직이든 마찬가지였다. 앞에서 이미 일하는 대신 공부를 하고 싶다는 의견을 제시했던, 임시 계약직으로 컨설팅 회사 홍보부에서 근무하는 29세 여성(사례 63)은 노동시간을 줄이고 싶은 이유를 다음과 같이 말했다.

당연히 줄이고 싶지. 아침부터 오후 늦게까지 일한다는 게, 하루에 몇 시간이야? 온종일 일하면 사람을 지치게 해서 집중도도 떨어져. 좀 줄여 주면 더 효율적으로 짧지만 집중해서 일할 수 있지 않을까? 인생이 짧은데 이렇게 직장 갔다 오면 아무것도 할 수 없게 지쳐 가지고. 이건 아니지.

3) 정규직과 비정규직의 일자리 환경 격차

일자리 환경의 차이는 스트레스를 받는 정도와 일이 얼마나 건강에 해로운가에 대한 설문 내용을 중심으로 검토했다. 정규직 역시 스트레스와 나쁜 노동환경에서 자유로울 수 없다. 물론 비정규직이 더욱 낮은 임금을 받으며 더 열악한 노동조건 속에서 일하고 있지만, 정규직에게는 책임이 더 큰 업무가 주어질 수 있고 경력 유지 및 발전을 위한 긴장 상태를 더 많이 느낄 수 있기 때문이다. 〈표 4-4〉에서 이런 사실을 확인할 수 있도록 고용 형태별 스트레스 수준과 원인을 살폈다.

비록 통계적으로 유의미한 차이는 아니지만 업무로 인해 스트레스를 받는다는 응답률이 정규직 75.2퍼센트, 비정규직 70.4퍼센트로 정규직에게서 좀 더 높게 나타났다. 이는 우리나라 임금노동자 10명 중 7명 이상이 고용 형태와 상관없이 일자리에서 스트레스를 받고 있음을 뜻한다. 더욱 흥미로운 차이는 스트레스를 받는 원인에서 나타났는데, 정규직이 상사 및 동료와의 갈등(43.8퍼센트), 지나친 성과 압박과 업무 과중(20.5퍼센트), 고객과의 갈등(17퍼센트) 순으로 스트레스를 받고 있다고 응답한 반면, 비정규직은 고객과의 갈등(28.3퍼센트), 상사 및 동료와의 갈등(24.7퍼센트), 낮은 임금(18.7퍼센트) 등으로 스트레스를 받고 있었다. 그밖에 소수가 지적한 원인을 살펴보면 정규직이 비합리적 조직 문화로 인한 스트레스를 비정규직보다 더 받는 한편, 비정규직은 정규직에 비

표 4-4 | 고용 형태별 스트레스 수준 및 원인 (단위 : %)

		스트레스 있음[1]	스트레스 원인									사례 수
			상사 및 동료와의 갈등	고객과의 갈등	비합리적 조직 문화	낮은 업무 권한, 직무 범위 모호	차별, 따돌림	성과 압박, 업무 과중	고용 불안	낮은 임금	기타	
정규		75.2	43.8	17.0	4.5	4.0	0.0	20.5	3.1	6.3	0.8	298
비정규		70.4	24.7	28.3	1.8	5.5	0.5	13.2	5.9	18.7	1.4	311
χ^2			***									
정규	상층	80.0	50.0	50.0	0.0	0.0	0.0	0.0	0.0	0.0	0.0	5
	중층	71.3	46.0	11.3	4.8	5.6	0.0	26.6	1.6	4.0	0.1	174
	하층	80.7	40.6	22.9	4.2	2.1	0.0	13.5	5.2	9.4	2.1	119
비정규	중층	67.8	26.8	26.8	1.2	6.1	0.0	17.1	8.5	11.0	2.5	121
	하층	72.9	21.7	31.0	2.3	5.4	0.8	11.6	3.9	22.5	0.8	177
	빈민층	61.5	50.0	0.0	0.0	0.0	0.0	0.0	12.5	37.5	0.0	13
χ^2			**									
정규직		75.2	43.8	17.0	4.5	4.0	0.0	20.5	3.1	6.3	0.8	298
무기 계약		81.0	11.8	58.8	0.0	0.0	0.0	5.9	0.0	23.5	0.0	21
임시 계약		77.1	28.7	22.8	1.0	10.9	0.0	9.9	7.9	18.8	0.0	131
1년 미만 계약		60.7	26.5	32.4	2.9	0.0	0.0	2.9	8.8	20.6	5.8	56
일용직		53.6	46.7	13.3	0.0	0.0	0.0	20.0	0.0	20.0	0.0	28
간접 고용		60.9	17.9	28.6	7.1	3.6	3.6	7.1	0.0	28.6	3.6	46
특수 고용		82.8	8.3	33.3	0.0	0.0	0.0	50.0	8.3	0.0	0.0	29
χ^2		*	***									
전체		72.7	34.3	22.6	3.2	4.7	0.2	16.9	4.5	12.4	1.1	609

주 : 1 직장에서 스트레스를 받고 있다고 응답한 비율.
　　*** p〈.001, ** p〈.01, * p〈.05

해 고용 불안에서 발생하는 스트레스가 더 컸다.

　직업에서의 스트레스를 계층별로 살펴보면 정규직 하층이 80.7퍼센트로 가장 높았다. 비정규직 중에서도 중층이나 빈민층보다 하층이 72.9퍼센트로 높은 편이었다. 비정규직 유형에 따른 분류에서 스트레스가 가장 높은 집단은 특수 고용직으로 82.8퍼센트, 그다음 높은 집단은 무기 계약직으로 81퍼센트에 이르렀는데, 이는 정규직 평균(75.2퍼센트)과 비교했을 때 상당히 높은 수준이다.

　심층 면접을 통해 살펴본 비정규직의 스트레스 원인은 상당히 다양했으나, 주된 원인은 역시 비정규직 지위와 관련된 내용이었다. 임시 계약직으로 병원 행정 업무를 보는 29세 여성(사례 61)은 "비정규직이어서 계속 근로를 할 수 있을지 (때문에) 스트레스를 받고 또 정규직과 같은 일을 하면서 차별을 받는다고 생각하기 때문"에 어려움을 겪고 있었으며, 임시 계약직으로 컨설팅 회사 홍보부에서 일하는 29세 여성(사례 63)은 "비정규직이어서 소속감은 떨어지는데, 그런 위치에서 정규직과 다름없는 일들이 주어지다 보니까 거기서 오는, '내가 왜? 나도 정규직과 똑같은 일 하는데.'라는 생각이 쌓이다 보니까 스트레스가 이어지는 것 같은" 생활에 대해 토로했다. 같은 일을 하면서 훨씬 적은 임금을 받는 문제가 단순히 소득 격차를 늘릴 뿐만 아니라 비정규직의 정신 건강도 심각하게 해치고 있다는 사실을 살펴볼 수 있는 대목이다.

차별이나 따돌림으로 인한 문제가 스트레스의 원인이 되는 경우는 비정규직 가운데서도 극소수(0.5퍼센트)였으나, 심층 면접 조사에서는 일터에서 차별이나 부당한 대우를 받은 경험이 있는 조사 대상자가 21.6퍼센트에 달했고, 소수였다고는 해도 그 내용이 상당히 심각했다. 임시 계약직 중학교 교사인 30세 여성(사례 23)은 학교에서 임시직 교사들을 대상으로 성희롱이 되풀이됨에도 제대로 문제를 제기할 수 없는 현실에 대해 다음과 같이 분개하고 있다.

학교에서 성희롱당하는 경우도 되게 많아요. (유부남인데) 사귀자고 하는 거죠. 술집 가서 더듬고. 대처는…… 그냥 참고 지나가요. 기간제 교사는 1년 하고 갈 거니까 막판에 술 사준다고 해서 강제로 그러기도 하고. 그냥 참게 되죠. 여자는 또 소문나고. (항의를) 해본 적 있어요. 작년에는 교감·교장에게 진술서 써서 냈어요. 공개 사과 요구하고. 공개 사과 하면 선생이 망신이지. 알고 보니 (가해자가) 교장 조카이고, 그래서 넘어가고…… 비공식적으로만 사과했죠.

비정규직은 복리 제공에서도 상당한 차별을 겪고 있었다. 앞에서 성희롱 문제를 이야기했던 여성(사례 23)은 퇴직금을 지불하지 않기 위해 계약 기간을 하루 줄이는 편법에 대해 다음과 같이 문제를 제기했다.

임금 같은 경우, 기간제도 호봉이 오를 수 있어요. 계약 기간을 3월 1일에서 2월 28일까지로 하면 기간이 1년이니까 퇴직금도 받을 수 있는데, 어떤 학교는 퇴직금 안 주려고 3월 2일부터 하는 경우도 많아요. 1년을 채워야 1호봉이 올라가는데 하루 모자라서 호봉이 못 오르는 경우도 있어요. 그나마 강사는 호봉도 안 올라요.

복리 제공상의 차별 중에서 자주 언급되었던 내용은 건강검진 등 의료 복지와 관련된다. 임시 계약직 K암센터 연구원인 32세 여성(사례 25)은 비정규직이라는 이유로 직원에게 제공되는 예방접종조차 받지 못한 경험을 다음과 같이 이야기한다.

회사가 병원이다 보니 직원들에게 공짜로 예방접종 같은 걸 해주는데, 정규직 임시직은 해주고 파견직, 외부 업체 직원은 안 되고. 근데 우리는 임시직·파견직도 아니어서 물어봤더니 어쩔 줄을 몰라 하면서, 인원수가 몇 명 안 돼서 생각해보지 않았다는 거야.

한편 임시 계약직으로 서울 소재 S대학 연구처에서 근무하는 29세 여성(사례 62)도 복리 혜택과 관련해 미묘한 차별을 다음과 같이 지적한 바 있다.

의료 혜택 있지. 정규직은 1년에 한 번씩 건강검진 하는데 비정규직은 2년에 한

표 4-5 | 고용 형태별 노동환경 (단위 : %)

| | | 일이 건강에 해로움[1] | 문제 요인 | | | | 사례 수 |
			물리적 환경[2]	인간공학적 환경[3]	시간 환경[4]	사회적·조직적 환경[5]	
정규		25.2	33.3	9.3	29.3	28.0	298
비정규		25.7	33.8	15.0	32.5	18.8	311
χ^2							
정규	상층	40.0	0.0	50.0	50.0	0.0	5
	중층	21.3	29.7	8.1	32.4	29.7	174
	하층	30.3	38.9	8.3	25.0	27.8	119
비정규	중층	21.5	34.6	7.7	34.6	23.1	121
	하층	26.6	36.2	17.0	27.7	19.1	177
	빈민층	53.8	14.3	28.6	57.1	0.0	13
χ^2							
정규직		25.2	33.3	9.3	29.3	28.0	298
무기 계약		19.0	0.0	25.0	0.0	75.0	21
임시 계약		27.5	36.1	11.1	33.3	19.4	131
1년 미만 계약		23.2	53.8	0.0	46.2	0.0	56
일용직		42.9	41.7	33.3	8.3	16.7	28
간접 고용		28.3	15.4	23.1	53.8	7.7	46
특수 고용		6.9	0.0	0.0	0.0	100.0	29
χ^2				**			
전체		25.5	33.5	12.3	31.0	23.2	609

주 : 1 현재 하고 있는 일이 건강에 해롭다고 생각하는가에 대한 긍정 응답 비율.
2 소음, 먼지, 유해 물질, 조명, 습도, 온도 등이 여기에 속함.
3 불편한 자세, 반복 작업, 무거운 물건 들기 등이 여기에 속함.
4 장시간·야간·교대 근무, 업무 속도, 부족한 휴무 등이 여기에 속함.
5 인간관계, 스트레스, 감정 노동 등이 여기에 속함.
*** p<.001, ** p<.01, * p<.05

번씩이고, 걔들은 삼성의료원 가서 하는데 우리는 왜 보건소나 동네 병원에서 하라 그래? 그런 게 너무 제한이 많아. 우리도 이번부터는 삼성의료원 가서 하라고는 했지만…….

〈표 4-5〉에는 하고 있는 일이 건강에 미치는 영향을 고용 형태별로 조사한 결과가 요약되어 있다. 일이 건강에 해롭다는 응답에 긍정적으로 답한 비율은 정규직이 25.2퍼센트, 비정규직이 25.7퍼센트로 이 역시 고용 형태에 따른 차이가 거의 없었다. 고용 형태와 상관없이 노동자

4명 가운데 1명꼴로 노동자가 해로운 노동환경에서 일한다는 것을 알 수 있다.

세부 문제 요인별로 살펴볼 때 정규직과 비정규직의 격차가 더욱 분명히 드러난다. 소음이나 먼지, 유해 물질 등 물리적 환경과 장시간 근무나 교대 근무, 업무 속도 등 시간 환경에서는 정규직과 비정규직의 차이가 그다지 크지 않았지만, 불편한 자세, 반복 작업, 무거운 물건 들기 등 인간공학적 환경으로 인한 문제를 겪은 비율은 비정규직(15퍼센트)이 정규직(9.3퍼센트)보다 더 높았다. 반면에 인간관계나 스트레스, 감정 노동 등의 문제는 정규직(28퍼센트)이 비정규직(18.8퍼센트)에 비해 더 크게 경험하는 것으로 드러났다.

고용 형태에 따른 계층별 특성에서 주목해야 할 집단은 비정규직 빈민층으로, 다른 집단보다 현저히 높은 53.8퍼센트가 일이 건강에 해롭다고 응답하고 있는데, 특히 인간공학적 환경과 시간 환경이 문제 요인이라는 비율이 높았다. 한편, 정규직 하층과 비정규직의 중층 및 하층은 물리적 환경이 유해하다는 답변 비율이 높았고, 정규직 중층은 시간 환경과 사회조직적 환경의 해로움이 다른 집단보다 높은 것으로 나타났다.

비정규직 유형별로도 차이가 뚜렷한데, 무기 계약직은 주로 인간공학적 환경(25퍼센트)과 특히 사회 조직적 환경(75퍼센트) 때문에 고통스러워 하고 있었다. 1년 미만 계약직은 물리적 환경(53.8퍼센트)과 시간 환경(46퍼센트) 때문에 집중적으로 건강에 나쁜 영향을 받고 있다고 응답했다. 일용직의 경우 비정규직 유형 중 가장 높은 42.9퍼센트가 일이 건강에 해롭다고 응답했는데, 이들은 주로 물리적 환경(41.7퍼센트)과 인간공학적 환경(33.3퍼센트) 때문에 고통을 겪고 있었다. 간접 고용직은 건강에 해를 끼치는 환경을 물었을 때 압도적으로 시간 환경(53.8퍼센트)을 들었다. 특수 고용직은 다른 집단에 비해 극소수인 6.9퍼센트만이 일이 건강에 해롭다고 답했지만, 특수 고용직 전원이 사회적·조직적 환경으로부터 피해를 입고 있다고 지적했다.

이 주제와 관련해서도 심층 면접 조사 내용을 통해 비정규직이 겪고 있는 작업 환경상의 문제점을 더 구체적으로 살펴볼 수 있었다. 제조업 영세 사업장에서는 주로 먼지나 소음이 문제가 되고, 백화점 등 유통 업체에서는 온종일 서서 일하는 직업 특성에 따른 신체적 통증이 심하고 먼지가 있어도 제대로 환기되지 않는 밀폐된 공간에서 장시간 근무하는 것이 문제였다. 흥미로운 점은 이처럼 각자의 문제점이 다르더라도 이들이 문제에 대처하는 방식은 하나같이 몹시 수동적이라는 점이었다.

이는 질문지 조사에서 노동환경을 묻는 문항에 뒤이어 해로운 노동환경 문제를 해결할 방안을 물었을 때 응답한 내용에서도 확인된다. 정규직과 비정규직 모두 압도적 다수가 '개인이 요령껏 대처한다'(정규직 57.9퍼센트, 비정규직 51.3퍼센트), '개선이 불가능하다'(정규직 22.4퍼센트, 비정규직 27.5퍼센트)로 응답했다. 반면에 '정부가 규제하고 단속을 시행한다'(정규직 7.9퍼센트, 비정규직 10.0퍼센트), '사회적 인식을 바꾼다'(정규직 6.6퍼센트, 비정규직 3.8퍼센트), '개인적으로 사업주나 상급자에게 의견을 밝힌다'(정규직 2.6퍼센트, 비정규직 5퍼센트)라고 의견을 제시한 응답자는 극소수였다. 특히 '노동조합이나 노사협의회를 통해 단체 행동을 한다'라는 문항에 긍정적으로 답한 정규직은 1.3퍼센트, 비정규직은 2.5퍼센트에 불과했다.[2]

그렇다면 어떤 이유로 이처럼 노동환경을 개선하는 데 적극적인 태도를 갖지 못하게 된 것일까? 간접 고용직으로 가구 제조 업체에서 일하는 45세 남성(사례 34)은 본인이 비정규직으로 일하면서 고통을 겪고 있

2_ 이 문항에 응답한 정규직은 76명, 비정규직은 80명이었다. 정규직 중 기타 의견자는 1.3퍼센트였고 비정규직은 기타 의견이 없었다.

으면서도 영세 업체를 운영해야 하는 고용주의 사정을 이해해 마스크를 쓰는 것으로 임시방편적인 해결을 하고 있다.

먼지가 많다. 이를 없애거나 줄이기 위해서 필요한 조치? 할 수 있는 조치가 있어도 못하고 있는 거다. 내가 지금 여기 정식 직원이 못 되고 있는 이유가, 고용주 입장에서는 직원 받으려면 고용 보험 들어야 되지, 산재 들어야 되지, 그리고 환경 평가도 받아야 되거든. 환경 평가 받아서 공장에 뭐 제대로 하려고 설치하고 그러려면 1억 이상 2억 가까이 들어. 돈이 많이 들어가니까, 하고 싶어도 못 하는 거야. 여기는 영세 업체라 그런 거 설치할 수가 없고, 그냥 주먹구구식으로 마스크 쓰고 일할 수밖에 없는 거지(사례 34).

핸드폰 충전기를 만드는 전자 회사에서 간접 고용직으로 일하고 있는 50세 여성(사례 36)도 소음으로 어려움을 겪고 있지만 체념한 채 상황을 개선하려고 노력하지는 않았다. 같은 회사에서 일하는 50세 간접 고용직 여성(사례 37)도 마찬가지였다.

기계 소음, 작은 부품에 계속 시선 고정하고 일해야 해서 시력 감퇴가 생기고, 한 가지 동작으로 계속 일하니까 손목·어깨도 아프다. 회사에서 해줄 수 있는 건 없는 것 같다. 그냥 내가 안경을 쓰고 일하고, 퇴근 후에 운동 다니는 것밖에는 없다(사례 36).

이들의 소망은 중간에 정식으로 쉬는 시간을 갖고 한숨 돌릴 만한 여유를 확보하는 것이다. 물론 현재는 실현 불가능한 소망이다.

기계 소리가 신경에 거슬리고 귀가 아픈 것. 그리고 계속 같은 것에 눈을 고정하고 있어야 해서 시력이 나빠지는 것. 평소에도 눈이 침침하고, 상이 아른 아른거린다. 이를 해결하기 위해 필요한 조치? 일하는 시간 중간중간에 맘 놓고 쉴 수 있는 시간이 조금씩 있으면 좋겠어. 눈 돌려서 딴 것도 좀 쳐다보고 그래야 되는데 계속 조그만 거 하나 쳐다보고 있어야 되니까, 눈이 너무 아픈 것 같아. 물론 지금도 너무 눈 아프면 적당히 요령껏 잠깐 딴 데 쳐다보고 있기도 하고 그렇기는 하지만, 관리자 보는 앞에서 그러고 있을 수는 없잖아. 중간중간에 쉬는 시간이 좀 정식으로 있으면 좋겠다 싶어(사례 37).

임시 계약직으로 백화점 의류 판매 사원인 46세 여성(사례 50)의 다음과 같은 경험에는 비정규직이 나쁜 환경을 개선하겠다는 의욕 없이 지낼 수밖에 없는 사정이 담겨 있다. 문제를 개선하려고 노조의 필요성을 역설하다가 계약 해지의 위험에까지 처했던 것이다.

아무래도 오래 서있다 보니까 관절도 안 좋을 거고 공기가 안 좋다 보니 기관지도 나쁜 것 같고. 휴식 시간이 돼도 제대로 쉴 데가 없다. 휴식 공간이 없네. 회사에서 직원들 처우를 아무래도 개선을 해야 하지. 단일 백화점이니까 크게 노조가 있다거나 한 것도 아니고 직원들도 잘릴까 봐 크게 목소리도 못 내고 그런 게 있지. …… 나는 노조가 있어야 한다고 생각한다. 아무래도 두산(유노조 기업) 다니는 우리 오빠(남편)가 이래저래 말을 많이 해줘서 그런지. 근데 전에 한 번 말 꺼냈다가 사람들이 완전 놀래 가지고 나는 그냥 그대로 잘리는 줄 알았다. 다시는 그런 말 하지 말라고 두세 번 다짐받고 간신히 계속 일하고 있네. …… 직원들이 말을 못하니까 오너가 좀 알아서 잘 배려해 줘야 하는 게 있지.

3. 고용 형태별 삶의 질과 행복도

1) 정규직과 비정규직의 생활수준 및 일 만족도, 행복도 격차

여기서는 고용 형태별로 현재와 미래의 생활수준에 대한 평가, 일 만족도, 현재와 미래의 행복도가 어떻게 차이 나는지를 살펴보고자 한다. 〈표 4-6〉은 생활수준에 대한 정규직의 평가가 비정규직보다 통계적으로 유의한 수준에서 좀 더 높다는 것을 보여 준다. 10점을 가장 높은 수준으로 상정했을 때, 정규직은 현재 생활수준을 5.6점으로, 비정규직은 5.1점으로 평가했으며, 미래 희망하는 수준은 각각 7.9점과 7.4점, 실제 예상 생활수준은 6.6점과 6.0점이었다.

그러나 고용 형태별로 계층에 따른 생활수준 평가를 세분화해 살펴보면 정규직과 비정규직 내에서 상당히 중요한 차이들이 부각된다(〈그림 4-1〉참조). 일단 소득 격차가 명백함에도 근로소득이 3백만 원에 가까운 정규직 중층과 147만 원에 불과한 비정규직 중층의 생활수준 평가 및 미래에 대한 기대와 예측에는 차이가 거의 없다. 이들의 가구 소득이 각각 519만 원과 470만 원으로, 개인 근로소득에서 나타난 격차에 비해 그 정도가 상당히 유사해졌기 때문으로 보인다.[3]

비록 모든 평가 점수가 정규직보다 약간씩 낮기는 하지만, 근로소득이 134만 원인 비정규직 하층과, 그에 비하면 2배에 가까운 228만 원을 받는 정규직 하층과 생활수준에 대한 평가에서 차이를 발견하기 힘들다. 이들의 가구 소득도 각각 369만 원과 312만 원으로, 근로소득에 비

3_ 비정규직의 다수가 여성인 상황에서 이들이 남성 정규직과 결혼해 생활하는 경우가 많기에 가구 소득의 차이가 상당히 줄어든 것으로 추정된다.

표 4-6 | 고용 형태별 생활수준 및 행복도 기대 수준

		생활수준[1]			일 만족도[2]	행복도[3]		사례 수
		현재	미래 실제 예상	미래 희망		현재	향후 3~5년	
정규		5.6	6.6	7.9	6.6	6.7	7.3	298
비정규		5.1	6.0	7.4	6.0	6.4	7.0	311
t		***	***	***	***	**	**	
정규	상층	7.6	6.8	8.0	8.4	7.8	7.4	5
	중층	6.1	7.0	8.2	7.0	7.2	7.9	174
	하층	4.9	6.0	7.5	6.1	6.0	6.7	119
비정규	중층	6.0	6.7	7.8	6.5	7.1	7.7	121
	하층	4.6	5.7	7.2	5.8	6.0	6.6	177
	빈민층	3.9	3.6	6.1	4.3	4.5	4.9	13
F		***	***	***	***	***	***	
정규직		5.6	6.6	7.9	6.6	6.7	7.4	298
무기 계약		4.4	6.3	7.5	6.0	6.2	7.5	21
임시 계약		5.1	6.0	7.4	6.2	6.6	7.2	131
1년 미만 계약		5.0	6.0	7.5	6.0	6.3	6.8	56
일용직		5.0	5.5	7.1	5.4	5.9	6.1	28
간접 고용		5.3	5.5	7.1	5.7	6.1	6.6	46
특수 고용		5.7	6.7	8.0	6.2	6.5	7.5	29
F		***	***	**	***	*	***	
전체		5.4	6.3	7.7	6.3	6.5	7.2	609

주: 1 평균값(0~10)이 높을수록 생활수준이 높음.
　　2 평균값(0~10)이 높을수록 일 만족도가 높음.
　　3 평균값(0~10)이 높을수록 행복도가 높음.
　　*** p<.001, ** p<.01, * p<.05

해 격차는 크지 않다. 반면에 472만 원의 근로소득을 올리는 소수의 정
규직 상층과 86만 원에 불과한 비정규직 하층이 현재 생활수준에 대해
내린 평가는 7.6점과 3.9점으로 매우 차이가 크다. 흥미로운 점은 가장
상이한 이 두 집단 모두 미래에 예상하는 생활수준이 현재보다 낮다는
점에서는 동일한 양상을 보이고 있다는 것이다. 정규직 상층은 8점을
희망했으면서도 현재보다도 0.8점이 낮은 6.8점을, 그리고 비정규직 빈
민층은 6.1점을 희망했으면서도 현재보다 0.3점이 낮은 3.6점을 미래
예상 생활수준으로 표기했다. 나머지 집단은 모두 조금씩이라도 미래의
예상 생활수준을 현재 수준보다는 높게 평가했다. 비정규직 유형별로는

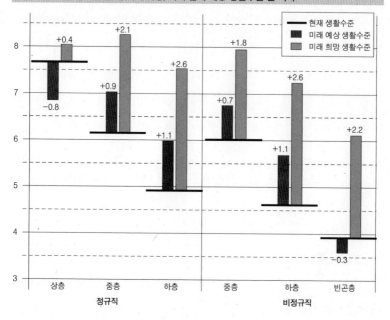

그림 4-1 | 고용 형태별 현재, 미래 희망, 미래 실제 예상 생활수준 간 격차

큰 격차가 발견되지는 않았다.

　〈표 4-6〉에서 일 만족도와 현재 및 미래의 행복도도 비교해 볼 수 있다. 고용 형태별, 계층별, 비정규직 내부 유형별 비교에서 모두 관찰할 수 있는 공통된 특징은 일 만족도가 현재의 행복도와 매우 유사하다는 점이다. 정규직의 일 만족도는 6.6점, 현재의 행복도는 6.7점으로 거의 같았다. 비정규직은 일 만족도가 6점, 현재의 행복도가 6.4점으로 일 만족도보다는 행복도가 약간 높은 것으로 드러났다. 비정규직 내에서 일 만족도와 행복도가 가장 낮은 집단은 일용직으로 각각 5.4점과 5.9점을 기록하고 있다. 이 비교에서 나타나는 또 다른 특성은 일 만족도에서 정규직과 비정규직이 좀 더 뚜렷하게 구분된다는 점이다. 비정규직 중층은 정규직 중층보다 만족도가 뒤떨어졌으며 정규직 하층과 좀 더 유

사하다. 비정규직 빈민층의 만족도는 4.3점으로 정규직 상층의 8.4점보다 무려 4점 이상 차이를 보인다. 비정규직 유형 안에서 가장 만족도가 낮은 집단은 5.4점을 기록한 일용직이었다. 향후 3~5년 이후의 행복도를 묻는 질문에 정규직 상층을 제외한 모든 집단이 현재보다 상당히 개선될 것이라 평가했는데, 현재의 행복도를 가장 낮은 4.5점으로 평가한 비정규직 빈민층의 행복도 개선 폭이 가장 적어 4.9점에 불과했다.

2) 정규직과 비정규직의 일 만족도, 현재 행복도, 미래 행복도의 영향 요인

고용 형태별로 일 만족도와 현재 및 미래 행복도의 기술 통계 수치상 격차가 존재할 뿐만 아니라, 이에 영향을 미치는 요인 역시 정규직과 비정규직이 서로 상이할 수 있다. 여기서는 정규직 모델과 비정규직 모델을 별도로 회귀 분석해 각 고용 형태별로 어떤 기제들이 이들의 만족도와 행복도를 결정하는 데 기여하고 있는지를 비교해 보고자 한다.

〈표 4-7〉은 우선 일 만족도에 영향을 미치는 독립변수들을 제시하고 있는데, 정규직과 비정규직을 대상으로 한 회귀 모델에서 통계적으로 유의미한 변수의 성격이 서로 다르다는 사실을 알 수 있다. 두 모델 모두 R^2의 값이 .3을 넘어, 모델에 포함된 독립변수가 약 3분의 1에 가까운 종속변수 일 만족도의 분산을 설명하고 있었다.

일단 정규직 모델과 비정규직 모델 모두에서 공통적으로 발견되는 사실은 일자리 특성과 관련된 여러 가지 독립변수가 포함된 상태에서 성별·연령·학력 등 주요 인구학적 변수의 통계적 유의성이 없었다는 점이다. 계층 변수의 경우 계층이 올라갈수록 통계적으로 유의한 수준에서 일 만족도가 높아진다는 점도 두 모델에서 모두 확인되었다. 스트레

표 4-7 | 일 만족도에 미치는 일자리 관련 특성의 영향 요인

		정규	비정규	전체
		OLS 계수 (표준오차)		
상수		4.027** (1.178)	4.848*** (.815)	4.701*** (.820)
성별 (남성)		.198 (.230)	−.022 (.216)	.025 (.150)
연령		.020 (.015)	−.001 (.011)	.006 (.008)
학력 (고졸)	중졸 이하	1.235 (.893)	−.106 (.339)	−.059 (.302)
	대재 이상	−.181 (.238)	−.004 (.207)	−.130 (.151)
혼인 상태 (미혼)	기혼 유배우	−.137 (.286)	.125 (.319)	.008 (.206)
	이혼·별거·사별	−.370 (.591)	.369 (.501)	.069 (.366)
계층 인식 (하층)	상층	1.422† (.773)		1.402* (.688)
	중층	.618** (.206)	.370* (.184)	.474 (.133)
	빈민층		−.923* (.466)	−.931* (.460)
직업 (전문 관리직)	사무직	−.037 (.263)	−.410 (.463)	−.151 (.217)
	판매·서비스	.168 (.507)	−.777† (.440)	−.382 (.283)
	생산	.006 (.369)	−.773 (.483)	−.299 (.273)
	단순 노무	−.653 (.991)	−.565 (.464)	−.283 (.322)
업종 (도소매·음식·숙박)	농림어업·광업		.045 (.682)	−.057 (.649)
	제조·건설업	.172 (.451)	−.403 (.386)	−.079 (.263)
	금융·보험업	−.045 (.519)	.108 (.438)	.209 (.303)
	기타	.160 (.440)	.228 (.265)	.137 (.220)
직장 규모 (10명 미만)	10-100명	−.224 (.251)	−.210 (.211)	−.291† (.156)
	100-1,000명	−.003 (.313)	−.166 (.321)	−.023 (.208)
	1,000명 이상	−.123 (.439)	.476 (.808)	−.127 (.358)
직장 유형 (민간)	정부 및 공공 기관	.144 (.285)	−.004 (.344)	.083 (.206)
	비영리·비정부	1.303** (.479)	−.187 (.710)	.675† (.380)
	기타 및 소속 없음	1.665* (.721)	−.412 (.584)	.291 (.439)
경력 (1년 미만)	1-5년	.364 (.391)	.118 (.250)	.182 (.202)
	5-10년	.114 (.411)	.109 (.304)	.056 (.234)
	10년 이상	.196 (.436)	.081 (.320)	.153 (.246)
근로소득 (로그)		.000 (.001)	.001 (.001)	−.031 (.134)
주당 노동시간		−.006 (.012)	.006 (.007)	.006 (.006)
스트레스 (없음)	있음	−.502* (.220)	−.462* (.217)	−.498** (.149)
고용 형태 (정규직)	무기 계약			−.186 (.381)
	임시직		.150 (.366)	−.036 (.196)
비정규 고용 형태 (무기 계약)	1년 미만 계약		.102 (.414)	−.075 (.266)
	일용직		.217 (.475)	−.144 (.387)
	간접 고용		−.037 (.439)	−.265 (.293)
	특수 고용		−.193 (.537)	−.340 (.367)
시간 운영의 자율성		.052 (.057)	.017 (.052)	.026 (.037)
업무 내용에 대한 재량권		−.017 (.069)	.125* (.055)	.069† (.042)
좋은 일자리 특성	다양성	.058 (.057)	−.008 (.050)	.025 (.037)
	흥미로움	.101 (.072)	.199** (.066)	.186*** (.047)
	항상 새로운 일 배움	.072 (.055)	−.034 (.055)	−.008 (.040)
	노력에 따른 보상	.092* (.038)	−.012 (.037)	.023 (.025)
F		3.553***	3.156***	5.753***
R^2		.311	.314	.245
N		294	309	603

주 : *** $p < .001$, ** $p < .01$, * $p < .05$, † $p < 0.1$

스 수준 역시 공통적으로 일 만족도를 유의하게 낮추는 것으로 드러났다. 직장 규모 변수의 경우 통계적 유의도가 없던 두 모델과 달리, 전체 모델에서는 유의하게 나타났는데, 10명 미만의 기업 종사자보다 10~1백 명 사이 규모의 직장에 다니는 조사 대상자의 일 만족도가 더 낮았다.

정규직 모델에서는 직업 변수의 유의미한 영향력이 없었지만 비정규직의 경우에는 전문 관리직 종사자에 비해 저임금 일자리가 많고 외환 위기 이후 비정규직이 급격히 확대된 판매·서비스직에 종사하는 노동자의 일 만족도가 더 낮았다. 직장 유형 변수의 영향력과 관련해서도 정규직과 비정규직 간에 차이가 뚜렷했다. 정규직 모델에서는 민간 기업이나 개인 사업체에서 일하는 경우에 비해 비영리·비정부 기관, 그리고 기타 조직에서 일하는 노동자의 일 만족도가 유의미하게 높았으나, 비정규직 모델에서는 이 변수의 통계적 유의성이 없었고 영향력의 방향도 정규직 모델과 정반대였다.

이 종속변수를 대상으로 한 회귀분석에서 가장 흥미로운 결과는 일자리 특성이 정규직과 비정규직에게 미치는 서로 다른 영향과 관련된다. 업무 시간 및 내용에 대한 재량권을 가지고 있는 것이 정규직에게는 통계적으로 의미 있는 영향력을 미치지 못했지만, 비정규직의 일 만족도는 높이는 것으로 나타났다. 좋은 일자리 특성 중 업무 내용의 흥미로움 역시 비정규직의 일 만족도에만 유의미한 영향력을 가지고 있었다. 반면에 노력에 따른 보상 변수는 정규직의 일 만족도에만 통계적으로 유의미한 수준에서 긍정적인 영향력을 가지고 있었다.

〈표 4-8〉과 〈표 4-9〉는 현재 행복도 및 미래 행복도에 일자리 관련 특성이 미치는 영향력을 보여 준다. 현재의 행복도 종속변수에 대한 회귀분석 결과에서도 정규직 모델과 비정규직 모델 각각에 영향력 있는 변수가 서로 다른 특징이 유지되고 있다. 정규직의 현재 행복도의 경우

표 4-8 | 현재 행복도에 미치는 일자리 관련 특성의 영향 요인

		정규	비정규	전체
		OLS 계수 (표준오차)		
상수		6.867*** (1.776)	6.295*** (1.070)	5.306*** (.828)
성별 (남성)		-.283 (.222)	-.099 (.223)	-.139 (.152)
연령		.001 (.015)	-.022† (.012)	-.010 (.009)
학력 (고졸)	중졸 이하	1.039 (.847)	-.055 (.355)	.223 (.305)
	대재 이상	.227 (.225)	-.129 (.217)	-.018 (.152)
혼인 상태 (미혼)	기혼 유배우	.270 (.272)	.507 (.333)	.330 (.208)
	이혼·별거·사별	.481 (.558)	.408 (.523)	.260 (.369)
계층 인식 (하층)	상층	1.959** (.723)		1.672* (.695)
	중층	1.103*** (.196)	1.054*** (.193)	1.110*** (.134)
	빈민층		-1.240* (.488)	-1.249** (.465)
직업 (전문 관리직)	사무직	.118 (.249)	-1.237* (.486)	-.170 (.219)
	판매·서비스	-.302 (.482)	-1.027† (.460)	-.459 (.286)
	생산	-.186 (.347)	-.484 (.506)	-.249 (.276)
	단순 노무	.589 (.942)	-.729 (.486)	-.155 (.325)
업종 (도소매·음식·숙박)	농림어업·광업		-.069 (.714)	-.427 (.656)
	제조·건설업	-.377 (.428)	-.478 (.405)	-.200 (.266)
	금융·보험업	-.748 (.493)	.173 (.459)	-.176 (.306)
	기타	-.241 (.418)	.103 (.277)	.071 (.222)
직장 규모 (10명 미만)	10~100명	-.248 (.239)	.355 (.222)	-.010 (.158)
	100~1,000명	.084 (.299)	-.083 (.335)	.022 (.210)
	1,000명 이상	-.512 (.417)	.530 (.839)	-.257 (.361)
직장 유형 (민간)	정부 및 공공 기관	.403 (.272)	.039 (.361)	.179 (.208)
	비영리·비정부	.876† (.455)	.354 (.743)	.591 (.384)
	기타 및 소속 없음	1.235† (.684)	-.599 (.611)	-.076 (.444)
경력 (1년 미만)	1~5년	-.204 (.373)	.355 (.260)	.248 (.204)
	5~10년	-.690† (.393)	.997** (.319)	.286 (.236)
	10년 이상	-.398 (.425)	.354 (.330)	.215 (.248)
근로소득 (로그)		-.147 (.265)	.028 (.171)	.058 (.135)
주당 노동시간		.004 (.012)	.013† (.007)	.012* (.006)
스트레스 (없음)	있음	-.426* (.209)	-.526* (.228)	-.481** (.151)
고용 형태 (정규직)	무기 계약			.110 (.385)
	임시직		.241 (.386)	.394* (.198)
비정규 고용 형태 (무기 계약)	1년 미만 계약		.183 (.434)	.190 (.268)
	일용직		.140 (.499)	.263 (.391)
	간접 고용		-.226 (.461)	-.163 (.295)
	특수 고용		-.242 (.561)	.255 (.370)
시간 운영의 자율성		.050 (.054)	-.017 (.054)	-.002 (.037)
업무 내용에 대한 재량권		-.037 (.065)	.059 (.057)	.021 (.042)
좋은 일자리 특성	다양성	.031 (.054)	-.009 (.053)	.014 (.037)
	흥미로움	.006 (.068)	.075 (.069)	.057 (.047)
	항상 새로운 일 배움	-.010 (.059)	-.050 (.058)	-.046 (.040)
	노력에 따른 보상	.050 (.036)	.012 (.039)	.029 (.025)
F		2.970***	2.955***	4.214***
R^2		.274	.300	.235
N		294	309	603

주 : *** p<.001, ** p<.01, * p<.05, + p<0.1

표 4-9 | 미래 행복도에 미치는 일자리 관련 특성의 영향 요인

		정규	비정규	전체
		OLS 계수 (표준오차)		
상수		9.280*** (1.751)	7.050*** (1.126)	6.173*** (.845)
성별 (남성)		.129 (.219)	.235 (.235)	.254 (.155)
연령		-.012 (.014)	-.033** (.012)	-.021* (.009)
학력 (고졸)	중졸 이하	.659 (.835)	-.582 (.373)	-.345 (.311)
	대재 이상	.621** (.222)	.038 (.228)	.250 (.155)
혼인 상태 (미혼)	기혼 유배우	-.178 (.269)	.177 (.350)	-.062 (.213)
	이혼·별거·사별	.391 (.550)	.043 (.550)	.040 (.377)
계층 인식 (하층)	상층	1.166 (.713)		.565 (.710)
	중층	1.045*** (.193)	.690* (.203)	.876*** (.137)
	빈민층		-1.168* (.514)	-1.057* (.475)
직업 (전문 관리직)	사무직	.034 (.246)	-.678 (.511)	-.109 (.224)
	판매·서비스	-.385 (.475)	-.667 (.484)	-.306 (.292)
	생산	.402 (.342)	-.345 (.532)	.087 (.282)
	단순 노무	.109 (.929)	-.439 (.511)	.016 (.332)
업종 (도소매·음식·숙박)	농림어업·광업		.353 (.751)	-.064 (.670)
	제조·건설업	-.792+ (.422)	-.449 (.426)	-.253 (.271)
	금융·보험업	-1.243* (.486)	.494 (.483)	-.095 (.312)
	기타	-.841* (.412)	.109 (.291)	-.059 (.227)
직장 규모 (10명 미만)	10~100명	-.195 (.236)	.488* (.233)	.098 (.161)
	100~1,000명	-.130 (.295)	-.147 (.352)	-.071 (.214)
	1,000명 이상	-.315 (.411)	.200 (.883)	-.091 (.369)
직장 유형 (민간)	정부 및 공공 기관	.409 (.268)	.053 (.380)	.164 (.213)
	비영리·비정부	.537 (.449)	.204 (.782)	.263 (.392)
	기타 및 소속 없음	1.041 (.674)	.595 (.643)	.501 (.453)
경력 (1년 미만)	1~5년	-.042 (.367)	.321 (.273)	.292 (.209)
	5~10년	-.155 (.387)	.893* (.336)	.468* (.241)
	10년 이상	.042 (.419)	.659* (.347)	.451+ (.253)
근로소득 (로그)		-.323 (.261)	-.030 (.180)	-.015 (.138)
주당 노동시간		-.004 (.011)	.018* (.008)	.015* (.006)
스트레스 (없음)	있음	-.507* (.206)	-.306 (.240)	-.377* (.154)
고용 형태 (정규직)	무기 계약			.419 (.393)
	임시직		-.279 (.406)	.188 (.202)
비정규 고용 형태 (무기 계약)	1년 미만 계약		-.333 (.457)	.066 (.274)
	일용직		-.477 (.525)	-.160 (.399)
	간접 고용		-.461 (.485)	.075 (.302)
	특수 고용		-.584 (.590)	.303 (.378)
시간 운영의 자율성		.096+ (.053)	.032 (.057)	.046 (.038)
업무 내용에 대한 재량권		-.058 (.065)	.088 (.060)	.025 (.043)
좋은 일자리 특성	다양성	.030 (.053)	.082 (.056)	.060 (.038)
	흥미로움	.028 (.067)	.035 (.073)	.058 (.048)
	항상 새로운 일 배움	-.019 (.059)	-.094 (.061)	-.074+ (.041)
	노력에 따른 보상	.067+ (.035)	-.012 (.041)	.020 (.026)
F		3.167***	3.060***	4.613***
R^2		.287	.307	.252
N		294	309	603

주: *** $p < .001$, ** $p < .01$, * $p < .05$, + $p < 0.1$

연령이 미치는 영향력이 통계적으로 유의하지 않았던 반면, 비정규직은 연령이 높아질수록 행복도가 떨어지는 것으로 나타났다. 연령 변수는 비정규직의 경우 미래 행복도에도 부정적인 영향력을 가지고 있었다. 계층 변수는 정규직과 비정규직의 현재 행복도에 계층이 높아질수록 동일하게 긍정적인 영향력을 미치는 것으로 나타났으나 미래 행복도의 경우 정규직 상층에서는 이런 영향력이 통계적으로 유의미하지 않았다.

직업 변수는 비정규직 모델에서만 유의미했다. 전문 관리직에 비해 사무직과 판매·서비스직의 현재 행복도가 낮았다. 한편, 직장 유형 변수는 정규직 모델에서만 유의미한 영향력을 가지고 있었는데, 일 만족도와 마찬가지로 민간 기업이나 개인 기업체에서 일하고 있는 정규직보다 비영리·비정부 기관 및 기타 기관에서 일하는 정규직의 행복도가 더 높았다. 경력 변수는 이 두 모델에서 모두 통계적으로 유의미한 영향력을 가지고 있었지만, 영향력의 방향은 정반대였다. 1년 미만 경력자를 기준으로 했을 때 정규직 5~10년 경력자의 행복도는 낮았지만 비정규직 5~10년 경력자의 행복도는 그보다 높았다. 경력 기간뿐만 아니라 비정규직의 경우 주당 노동시간이 길수록 행복도가 높아지는 것으로 나타났다. 경력과 노동시간이 길수록 비정규직의 행복도가 높아지는 이유는 분명치 않다. 이후 추가적인 조사를 통해 밝혀야 할 부분이다. 한편, 업무에서 스트레스를 받을수록 정규직과 비정규직 모두 행복도가 저해되는 것으로 확인되었다. 업무 시간이나 업무 내용에 대한 자율성, 그리고 좋은 일자리 특성은 현재의 행복도에 통계적으로 유의미한 영향력을 미치고 있지 못했다.

정규직과 비정규직의 행복도에 미치는 독립 변수들의 영향력이 서로 달랐을 뿐만 아니라, 이들의 현재 행복도와 미래 행복도에 영향을 미치는 변수들 역시 (비정규직의 미래 행복도도 낮추는 것으로 보이는 연령 변수와, 높이는 것으로 보이는 주당 노동시간 변수를 제외하고는) 상당한 차이를 보이고 있다. 이전에 분석했던 일 만족도나 행복도에는 전혀 통계적으로 유의미한 영향력을 미치지 못했던 학력 정도는 미래 행복도에 대한 정규직 회귀분석 모델에서 유의미한 것으로 나타났는데, 고졸보다는 대학 재학이상 정규직의 행복도가 높았던 반면, 고졸과 중졸 이하의 경우는 차이가 없었다. 업종 변수도 정규직 모델에서만 유의했는데, 도소매·음식·숙박업에 종사하는 정규직이 제조업과 건설업, 금융·보험업, 그리고 기타 서비스업에 종사하는 정규직보다 미래 행복도가 높았다. 경력이 1년미만인 비정규직보다 5~10년 경력인 비정규직의 행복도가 더 높은 현상은 미래 행복도에서도 유지되었으나, 현재 행복도에 대한 분석에서는 유의하지 않았던 10년 이상의 장기 노동 경력을 가진 비정규직의 경우도 통계적으로 유의미한 수준에서 미래 행복도가 높은 것으로 드러났다. 업무 중 스트레스를 받은 경험 변수가 미래 행복도에 미치는 유의미성은 정규직 모델에서는 그대로 유지되었으나 비정규직 모델에서는 유의하지 않았다.

업무에 대한 자율성과 좋은 일자리 특성 관련 변수는 정규직 모델에서만 일부 유의했다. 시간 운영의 자율성이 클수록, 그리고 노력에 따라보상에 차이가 있는 일자리를 가진 경우일수록 정규직의 미래 행복도는 높아지는 것으로 나타났다. 항상 새로운 일을 배워야 하는 일자리를 가진 경우 정규직과 비정규직 모두 미래 행복도가 낮아지는 것으로 나타났는데, 이런 추세는 전체 모델에서만 통계적으로 유의한 것으로 확인되었다.

4. 연구 결과 요약 및 토론

이 장에서는 정규직과 비정규직의 일자리 격차를 비교했다. 전반적으로 비정규직 일자리가 정규직 일자리보다 나쁜 일자리였지만, 정규직이라고 해서 모든 차원에서 비정규직보다 일자리가 낫다는 것은 아니다. 이런 결과가 고진로 사회권 연구에 시사하는 점은 다음과 같다.

첫째, 비정규직은 정규직과 비교해 업무 내용이 다양하거나 흥미롭다고 보기 어렵고, 새로운 일을 항상 배울 수 있는 상황에 있지도 않다. 비정규직 일자리가 이처럼 경력 개발이나 발전을 기대하기 힘든 일자리라는 점은 장기적으로 현재의 낮은 임금보다 오히려 더 큰 문제가 될 수 있다. 그렇지만 비정규직은 일자리의 이런 특성의 중요도를 높이 평가하고 있지 않았고, 일자리를 개선하기 위해 노동조합을 결성하거나 단체 행동을 원하는 정도도 정규직보다 낮았다. 물론 이 같은 분석 결과는 임금이나 고용 안정 등 가장 기본적인 보장도 이루어지지 못한 현실적 제약 때문으로 보이지만, 미래에도 큰 변화를 기대하기 어렵게 하는 요소이다. 한편, 비정규직의 일자리 유지 의사나 노동시간 감축 의사는 정규직과 거의 차이가 없었다. 하지만 심층 면접 조사 결과는 이들이 과로와 스트레스, 가사와 육아, 자기 계발과 평생교육 필요성 등의 사유로 일에서 벗어난 휴가와 휴식을 간절히 바라고 있다는 것을 알려 주었다. 불가피하게 비정규직 일자리에 있는 경우 어떻게 경력 개발이 가능한지, 어떻게 현재의 일자리를 더 나은 일자리로 바꿀 수 있는지, 그리고 일과 생활의 균형, 적절한 재충전이 가능한 일자리의 핵심적 특성은 무엇인지를 파악해 정책에 반영하는 작업이 필요하다.

둘째, 정규직도 실업의 두려움이나 나쁜 업무 환경으로부터 자유롭지 않다. 특히 정규직 하층은 비록 비정규직 중층보다 근로소득이 높았지만 일자리를 잃거나 직장을 바꿔야 할지 모른다고 여겨 더 많은 두려움을 느끼고 있었다. 스트레스나 일자리의 유해한 환경으로부터 고통을 받는 정도는 정규직과 비정규직 간 유의한 차이가 없었다. 정규직은 상사나 동료 등 인간관계, 과중한 업무와 경직된 조직 문화로부터의 스트레스가, 비정규직은 고객과의 갈등, 작업장에서의 차별 등으로 스트레스를 받는 것으로 드러났다.[4] 이런 결과보다 더 우려스러운 것은 정규직과 비정규직 모두 나쁜 노동환경을 개선하기를 체념한 채 상황을 바꿀 노력을 하지 않았다는 점이다. 이 문제를 해결하기 위해서는 노동조합과 상급 단체가 작업환경을 개선하거나 노동자 교육을 펼치는 데 더욱 더 주력할 필요가 있다. 또한 더 심각한 상황에 놓인 영세 사업장의 경우 정부의 규제와 감독이 이루어지는 동시에, 작업환경을 개선할 지원책이 시급히 마련되어야 한다.

셋째, 앞서 실시한 회귀분석의 유의한 결과를 요약한 〈표 4-10〉을 보면 일 만족도와 행복도에 영향을 미치는 변수는 정규직과 비정규직이 서로 다르다는 것을 확인할 수 있다. 만족 및 행복감에 영향을 미치는 기제가 서로 다른 현상은 정규직과 비정규직 일자리의 분화가 상당히 진행되었음을 의미한다. 비정규직의 일 만족도와 현재 행복도에 영향을 미치는 변수는 직업으로, 전문 관리직에 비해 판매·서비스직이나 사무직이 좀 더 불만족스러운 경험을 하고 있는 것으로 드러났다. 반면에 정규직의 경우 직장 유형에 따라 일 만족도와 현재 행복도가 달라졌는데, 민간 기업보다는 비영리·비정규 기관 등 자본주의적 조직 원리에서 조금 벗어난 제3섹터형 일자리를 가진 노동자가 더 만족스럽고 행복한 생

4_ 하지만 가장 큰 위험에 노출된 집단은 비정규직 빈민층으로 드러났는데, 이들의 과반수가 장시간·야간·교대 근무, 부족한 휴무 탓에 건강을 해치고 있었다.

표 4-10 | 일 만족도, 현재 행복도, 예상 행복도 회귀분석 결과 요약표

		일 만족도		현재 행복도		미래 행복도	
		정규직	비정규직	정규직	비정규직	정규직	비정규직
성별 (남성)							
연령					−		
학력 ^ (고졸)	대재 이상					+	
혼인 상태 (미혼)							
계층 ^ (하층)	상층	+					
	중층	+	+	+	+	+	+
	빈민층	−					
직업 ^ (전문 관리직)	사무직						
	판매·서비스						
업종 ^ (도소매·음식·숙박)	제조·건설업						
	금융·보험업						
	기타					−	
직장 규모 ^ (10명 미만)	10~100명						+
직장 유형 (민간)	비영리·비정부	+		+			
	기타 및 소속 없음	+		+			
경력 ^ (1년 미만)	5~10년			−	+		+
	10년 이상						+
근로소득 (로그)							
주당 노동시간							
스트레스 (없음)	있음	−	−	−			
고용 형태 (정규직)							
비정규 고용 형태 ^ (무기 계약)							
시간 운영의 자율성						+	
업무 내용에 대한 재량권				+			
좋은 일자리 특성	다양성						
	흥미로움			+			
	항상 새로운 일 배움						
	노력에 따른 보상	+				+	

주 : 1 ^는 가변수 처리한 변수 (결과가 유의하게 나타난 더미만 표시함).
   2 +는 종속변수에 정의 영향, −는 부의 영향을 의미함.

활을 하고 있었다. 현재 행복도와 예상 행복도 간 차이도 흥미로운 부분이다. 정규직의 경우 현재 행복도에 영향을 미친 요인의 다수가 미래 행복도에 유사한 영향력을 갖고 있지 않았다. 오히려 대학 이상의 학력을 가진 경우 미래 행복도를 긍정적으로 평가하는 등, 일자리와는 직접적으로 관련 없는 변수의 영향력이 컸다. 그러나 비정규직의 경우 경력이

나 노동시간 등 현재 행복도와 미래 행복도에 영향을 미치는 요인 간 일관성이 정규직보다 높았다.

일자리의 특성과 관련해 시간 운영의 자율성은 정규직의 미래 행복도를 높였을 뿐, 비정규직의 일 만족도와 행복도에는 큰 영향을 미치고 있지 못했다. 비정규직의 일 만족도를 높이는 데 관련된 변수는 업무 내용이나 전반적 방향에 대한 결정 및 재량권이었다. 좋은 일자리 특성 변수는 일단 이에 해당되는 조사 대상자 자체가 적어서인지 비정규직의 만족도와 행복도에 미치는 영향력이 미미했다. 단, 흥미로운 일자리를 가졌다고 생각하는 비정규직의 일 만족도는 유의하게 높았다. 정규직의 경우 노력에 따른 보상이 일 만족도와 미래 행복도의 주요 영향 요인이라는 점은 현재의 연공형 임금제도에 대해 갖고 있는 불만을 간접적으로 파악할 수 있게 한다.

비록 일의 다차원성을 모두 포괄하고 있지는 않다고 하더라도 이제까지 잘 알려지지 못한, 정규직과 비정규직의 일자리 차이에 대해 상세히 비교할 수 있었던 것은 더욱 다양한 일자리 관련 질문을 포함한 실태 조사를 실시했기 때문이다. 일자리 질을 측정할 수 있는 지표는 앞으로도 더욱 구체적으로 개발되고, 정기적으로 조사될 필요가 있다.

5장

일과 생활의 균형

평등한 노동권을 위한 노동과 복지의 재구조화

일하기 위해 사는 세상Live to Work은 …… 시장화에 따른 극심한 경쟁과 일자리 불
안, 장시간 노동, 불평등이 지배하는 일 중독자의 파라다이스 …… 살기 위해 일
하는 세상Work to Live은 …… 기술 발전에 따라 노동시간이 감소한 안정적인 일자
리로 여가 활동이 가능한 더욱 평등한 아름다운 인생la belle vie이 이상인 사회 ……
현대 지식 경제 사회에서는 일 중독자의 사회가 아름다운 인생을 지향하는 사회
를 누르게 되리라 믿을 만한 이유가 있다. …… 그러나 ……(Richard Freeman
2002, 155-157).

1. 서론

남성 노동자와 여성 노동자 간 격차는 정규직과 비정규직 못지않게 우
리나라 노동시장의 주요한 간극cleavage으로 존재해 왔다. 실제로 남성 노
동자의 다수는 정규직이고, 여성 노동자의 다수는 비정규직이기에 이
두 차원을 서로 분리해서 연구할 수 없다. 정규직이든 비정규직이든, 과
로와 스트레스로 고통 받고 있는 한국 노동자가 진정한 의미의 일과 생
활의 균형을 성취하려면 여성 고용의 문제를 짚고 넘어갈 필요가 있다.

이 장에서는 이런 문제의식 아래 남성 생계 부양자 모델이 급격히 해체되는 계기였던 외환 위기 이후 한국 여성 고용정책의 주요 내용을 검토·평가한 후, 여성주의적 관점에서 더 나은 대안을 제시하고자 한다.

여성 고용정책은 서로 다른 상황에 있는 남녀에 대한 동등한 처우가 노동시장에서 불평등한 성과 격차를 발생시키고, 이처럼 가사와 양육 부담을 더 많이 짊어진 여성을 특별히 대우하는 것이 또 다른 차별을 낳는 울스턴크래프트Wollstonecraft 딜레마의 전형적인 사례이다. 여성의 동등한 노동시장 참여가 성 평등한 사회를 이룩하기 위해 체제를 개편하는 데서 핵심적인 지위를 차지하고 있음에도, 외환 위기 이후 이어진 김대중·노무현·이명박 정부 중 어느 정부도 이 딜레마에 대한 진지한 고민을 여성 고용정책에 담지 못했다. 모든 정부에서 '여성'을 위한 고용정책을 마련했지만 그 효과가 미미하거나 부정적이었던 한편, 이와 동시에 시행된 몰성적gender-blind인 노동시장 유연화 정책은 남성보다 취약한 여성 고용의 질을 급격히 악화시켰다.

그로 인해 여성 고용은 한국에서 가장 뒤처진 분야의 하나로 남아 있다. 우선 양적으로도 여성의 경제활동 참가율은 1995년 48.4퍼센트에서 2011년 현재 49.7퍼센트로 10여 년간 49퍼센트 전후에서 정체되어 있다. 이는 2010년 OECD 국가 평균 여성 경제활동 참가율인 61.8퍼센트보다 상당히 낮은 수준이다.[1] 2009년 대졸 여성의 진학률(82.4퍼센트)이 남성(81.6퍼센트)을 앞지르면서 여성의 고학력화 현상이 두드러지나

1_ OECD 경제활동 참가율은 15세 이상 전체 인구를 대상으로 계산되는 우라나라와 달리 65세 미만 인구를 대상으로 파악되기 때문에 통계청 경제활동 참가율보다 약간 높다. 이와 같은 기준을 사용해 한국의 여성 경제활동 참가율을 계산할 경우 2010년 54.5%였다(통계청 e-나라지표).

대졸 여성 경제활동 참가율은 63퍼센트로 OECD 평균(82.4퍼센트)은 물론 90퍼센트를 상회하는 북유럽 국가에 현저히 미치지 못하고 있다. 더불어 육아와 가사를 이유로 경력이 단절되는 현상도 개선될 기미가 없다(관계부처 합동 2011).

여성 일자리의 질은 문제가 더욱 심각하다. 고용노동부의 고용 형태별 부가 조사에서 나타난 2010년 남성 대비 여성 임금의 비율은 62.6퍼센트에 불과한데, 이는 OECD 국가 평균 중 남녀 임금격차가 가장 큰 사례에 해당한다. 여성 일자리의 질이 나쁘다는 것은, 전체에서 여성 노동자 중 비정규직이 차지하는 비중(41.6퍼센트)이 같은 경우의 남성(26.8퍼센트)보다 훨씬 높다는 점에서도 확인된다. 관리직 비율 역시 OECD 국가 중 최하위로, OECD 국가의 평균 여성 관리직 비율은 28.3퍼센트에 이르는 데 비해 우리나라는 9퍼센트에 불과하다(관계부처 합동 2011).

이와 같이 여성 일자리의 양과 질이 전혀 개선되지 못한 것은 우리나라 여성 고용정책의 다음과 같은 특성에 기인한 바 크다. 우선, 노동시장에서의 성 평등은 그 자체로 큰 의미와 의의가 있음에도 여성 고용의 문제를 경제성장과 시장 효율의 관점에서만 접근했다. 또한 여성 고용정책의 범위를 여성을 대상으로 한 특수한 정책에 한정해 노동시장에서 여성이 낮은 지위에 머무르는 것을 고착화하고 여성의 주변화를 유도해 왔다. 마지막으로, 여성에게 차별적 효과disparate impact를 가져오는 일반 노동시장 정책의 효과를 분석하는 데 소홀해 좀 더 일반적인 고용정책 수단을 통해 여성의 일자리를 개선하는 작업을 지체시켰다. 이 같은 문제의식 아래 이 연구에서는 여성 고용정책의 범위를 여성에게 차별적 효과를 가져오거나 여성 고용의 질을 높일 수 있는 모든 고용정책으로 확대했다. 또한 여성이 평등한 노동권을 확보하기 위한 대안을 제시하기 위해 시민-노동자-돌봄인 모델을 한국적으로 적용할 방안, 표준 고

용 관계의 유연한 복원을 통한 고용 체제의 변혁, 기본 소득 정책 등과
관련해 여성주의적 재조명을 시도한다.

2. 여성 고용정책의 실태와 딜레마

1) 평등이 아닌 경제적 효용 중시

노동시장은 인적 자원을 가장 생산적으로 적재적소에 배치하는 효
율성과 더불어 모든 사람에게 적절한 기회와 공평한 처우를 제공할 수
있는 형평성을 갖추어야 한다(Osterman 1999). 그러나 한국 노동시장에서
형평성의 가치는 제대로 부각된 적이 없다. 관계부처 합동(2011)으로 작
성된 2011년부터 2015년까지의 여성 인력 개발 종합 계획에서 여성이
논의되는 이유는 "안정적인 경제성장을 지속하기 위해서는 여성 인력
개발 및 활용은 필수"(관계부처 합동 2011, 31)이고, 따라서 "여성 인력 개발
정책은 국가의 산업·경제정책과 조화롭게 추진될 필요"(관계부처 합동
2011, 31)가 있기 때문이다. 이런 관점에서 이 계획의 핵심 비전이 "여성
인력 활용을 통한 지속적인 국가 성장 도모"(관계부처 합동 2011, 38)가 되는
것은 너무나 당연하다.

효용이라는 관점에서 부각된 여성 고용정책의 핵심 과제는 일자리
창출이었다. 일자리 수 늘리기에 대한 관심은 1990년대 말 외환 위기
이후 지속되어 왔는데, 특히 2008년 경제 위기로 고용이 악화되면서 정
부는 고용률 제고라는 가시적 성과를 위해 다양한 재정 지원 일자리 정
책을 실시했다. 2009년 정부의 주요 일자리 사업에 참여한 110만6천 명
가운데 여성 비율은 58.9퍼센트였으며, 사회 서비스 분야는 70~80퍼센

표 5-1 | 사회 서비스직 성별, 고용 형태별 평균 임금 및 임금비 (단위 : 만 원; 괄호 안은 사례 수)

	여성		남성		임금비	
	정규직	비정규직	정규직	비정규직	정규직	비정규직*
공공 행정	180.1 (43)	51.7 (11)	279.7 (137)	112.1 (7)	64.4	46.1 (18.5)
교육	186.6 (209)	108.0 (31)	314.1 (128)	128.4 (17)	59.4	84.2 (34.4)
보건	181.0 (114)	134.7 (11)	271.7 (30)	155.7 (3)	66.6	86.5 (49.6)
사회복지사업	137.0 (19)	75.0 (4)	250.0 (8)	20.0 (1)	54.8	–** (30.0)
가사 서비스업	103.3 (20)	67.1 (34)	–	35.0 (1)	–	–** (–)
전체	177.9 (405)	87.8 (91)	292.7 (303)	120.3 (29)	60.8	73.0 (30.0)

주 : * 괄호 안은 남성 정규직 대비 여성 비정규직 임금비.
　　** 남성 비정규직 사례 수가 너무 적어(1) 임금비를 계산하지 않았음.

트, 사회적 일자리에서도 73.8퍼센트에 이르렀다. 기타 통합 고용 지원 서비스인 디딤돌 일자리(80.9퍼센트), 공공 근로 사업(56.8퍼센트), 자활 훈련(84.7퍼센트), 취업 성공 패키지(58.5퍼센트), 청년층 뉴스타트(56.3퍼센트) 등의 참여자도 여성 비율이 높다(윤자영 외 2010, 29-31). 이와 같은 재정 지원 일자리 사업은 막대한 사업 예산(4,524억9,200만 원)이 투여되었음에도, 단기적 일자리를 창출하는 성격이 강하기 때문에 노동시장에 참여하게 하기보다는 오히려 여성의 자립을 저해할 수 있다는 지적이 제기된 바 있다(김종숙 2012, 29).

평등 대신 효용을 추구한 일자리 정책이 지속된 결과, 여성이 집중된 사회 서비스직은 질 낮은 저임금 일자리로 채워졌다. 〈표 5-1〉은 한국노동연구원의 제11차 노동패널(2008년)[2] 자료를 분석한 결과이다. 교육 및 사회복지사업의 경우 여성은 정규직이라 할지라도 임금이 남성

2_ 한국노동패널조사는 도시지역 거주 가구와 가구원(5천 가구 거주 가구원)을 대상으로 1년에 1회씩 가구 특성과 가구원들의 경제활동 및 노동시장 관련 상황을 추적 조사하는 종단면 조사로, 1998년부터 2008년까지 총 11회 진행되었다. 2008년 실시된 제11차 조사의 경우 조사 가구 수는 5,116가구, 가구원 수는 1만1,734명이었다(남재량 외 2010).

정규직의 60퍼센트에도 미치지 않았고, 비정규직 여성의 임금은 남성 정규직의 30퍼센트를 간신히 상회하는 수준이었다. 임금수준이 가장 낮았던 가사 서비스업은 거의 전원이 여성으로만 구성되어 있다. 2006년 실시된 제9차 자료를 분석한 결과(이주희 2009)와 비교해 볼 때 비정규직의 전체 남녀 임금비는 47.7퍼센트에서 73퍼센트로 상당히 개선되었다고 볼 수 있으나, 이는 여성 비정규직의 임금수준이 높아진 것이 아니라 남성 비정규직의 임금수준이 급감했기 때문이다. 이처럼 여성의 일자리 질이 낮고, 남성과 여성 간 임금격차가 극심함에도 이를 바로잡으려는 시도가 여성 고용과 관련된 정책 과제로 부각된 적은 한 번도 없었다.

임금격차에 대한 무관심은 노무현 정부 시기에 도입된 적극적 고용 개선 조치 제도에서도 달라지지 않았다. 실제로 적극적 고용 개선 조치는 외환 위기 이후 도입된 여성 고용정책 중 유일하게 남녀 간 평등과 '같음'을 추구하는 정책이었다. 2006년 1천 인 이상 고용 사업체가 적용 대상이었던 것이 2008년 5백 인 이상 사업체까지 확장되었지만, 임금이나 고용 형태 등 주요한 규제 대상이 누락되었고, 여성 고용 혹은 여성 관리직 비율이 동종 업종 평균의 60퍼센트에 미달해야만 이행 계획서 작성 대상이 되었다. 게다가 그마저도 별다른 강제력이 없는 등 유명무실한 제도라는 비판이 적지 않았다(이주희 2011). 최근 이 제도를 담당하고 있는 인사 담당자를 대상으로 한 여성노동법률지원센터(2011)의 실태 조사에서도 이 같은 제도의 문제점이 그대로 파악된다. 보고서에는 "남녀 근로자가 동일한 업무를 하더라도 실 급여액에 차이가 있어 남녀 임금격차 조사가 시행되어야 AA제도가 목적하는 양성 평등의 질적 측면 개선이 가능"(여성노동법률지원센터 2011, 39)하다고 지적되는가 하면, 제도 운영이 허술하고 관리자 범위 등은 최대한 부풀려 작성하는 등 "너무나 형식적"(여성노동법률지원센터 2011, 92)이어서 "경험해 본 바로는 이 제도는 효과가 전혀 없다."(여성노동법률지원센터 2011, 111)고 언급되기도 한다.

이런 점에서 한국의 여성 고용정책에서 가장 대표적인 특성은 (서구 대부분의 선진 국가에서 많은 관심과 주목을 받았던) 임금격차의 해소 등 노동시장에서의 성 평등과 형평성을 추구하는 정책이 거의 존재하지 않았다는 점이라 할 수 있다.

2) 여성의 다름에 대한 강조 : 시간제 노동을 중심으로

반면에 여성의 특수한 차이와 '다름'을 전제하고 만들어진 정책은 상당히 많다. 우선 2008년 도입된 〈경력단절여성 등의 경제활동 촉진법〉은 공보육의 부족이나 장시간 노동 관행, 지나치게 큰 임금격차와 채용·승진상의 남녀 차별 등 근본적인 경력 단절 유발 요인을 바로잡으려는 구체적이고 적극적인 노력 없이, 고학력이거나 취약 계층 등 특정 여성 집단을 대상으로 한 임시방편적 취업 교육과 취업 지원 시스템을 구축하는 데 그치고 있다. 여성새로일하기센터·여성새로일하기지원본부 등에서 실시하고 있는 여성 특화 교육이나 취업 지원은 효과가 미미할 뿐만 아니라 설령 효과가 있다고 하더라도 오히려 성별 직무 격리나 여성이 저임금 직종에 집중되는 현상을 지속시킬 수 있다. 경력 단절 여성에 대한 '특별'한 법을 만듦으로써 오히려 여성의 경력 단절 현상을 당연시하고 낮은 노동시장 지위를 고착화할 우려가 있는 것이다.

여성의 다름을 강조하는 정책 중에서도 역효과가 가장 클 것으로 보이는 정책은 2007년 〈남녀고용평등법〉이 〈남녀고용평등과 일·가정 양립 지원에 관한 법률〉로 개정되는 과정에서 주목받은 시간제 노동 촉진 정책이다. 경력 단절을 예방하고 일자리를 창출하며, 일과 가정을 양립시킬 총체적 지원책으로서 유연 근무제는 이명박 정부의 핵심적 여성 고용정책이었다. 2010년부터 시간제 근무 공무원 제도 등을 도입하고, 사기업에 인사·노무관리 매뉴얼 및 컨설팅을 지원하는가 하면, 단시간 일자리 창출 지원금을 지급하기 시작했고,[3] (비록 이 정책에는 여성만을 주요 대상으로 하지 않는다는 원칙이 담겼음에도) 다양한 통로를 통해 이 정책에 담긴 여성 친화성을 홍보했다.[4] 그 결과, 여성 시간제 노동자가 급증하고 있다. 2012년 3월 통계청이 실시한 경제활동인구조사 근로 형태별 부가조사 결과(통계청 보도자료 2012/05/24)에 따르면 시간제 노동자는 총 170만 1천 명이다. 비정규직 중 시간제 노동 구성비는 29.3퍼센트로 1년 전에 비해 2.8퍼센트포인트 상승했는데, 이 가운데 여성은 2011년 3월 35.6퍼센트에서 2012년 3월 39.5퍼센트로 15만 명이나 증가한 반면, 남성의 경우 16.6퍼센트에서 17.5퍼센트로 약 1만5천 명 증가하는 소폭 상승에 그쳤다.

이 제도가 여성 비정규직을 위주로 시간제 노동을 확산하고 있는 현실과는 반대로, 질문지 조사 결과에 따르면 노동시간 감축 의사가 가장 적은 집단은 여성 비정규직으로서, 단 18퍼센트만이 노동시간을 줄이면 임금 소득도 감소한다는 점을 감안하고도 노동시간을 줄이고 싶다고 응답한 반면, 남성 비정규직은 같은 질문에 26퍼센트, 남녀 정규직은 20~21퍼센트가량이 긍정적으로 응답했음을 확인할 수 있다(〈표 5-2〉 참조).

3_ 고용노동부에 따르면 2008년 8월부터 시행하기 시작한 단시간 일자리 창출 지원금 제도는 단시간 일자리 창출 컨설팅을 종료한 날부터 1년 이내에 구직자와 노동시간이 15시간 이상 30시간 이하이면서 기간의 정함이 없는 근로계약을 체결한 경우에 지원한다는 것을 내용으로 한다. 지원 금액은 신규 채용된 단시간 근로자 임금의 1백 분의 50이되 1인당 월 40만 원을 초과하지는 못하며, 지원 기간은 1년이다.
4_ 고용노동부 여성고용정책과가 주도한 YTN 광고에서 주부는 다음과 같이 이야기한다. "시간제 일자리 덕분에 아이와 함께하는 시간도, 나를 위한 시간도 생겼어요."

표 5-2 | 성별, 고용 형태별 시간제 노동 관련 실태 및 의식

	여성 비정규직	남성 비정규직	여성 정규직	남성 정규직
시간제 비중	31.4%	19.4%	2.0%	0.5%
평균 노동시간	40.6시간	52.8시간	44.4시간	46.8시간
노동시간 감축 의사	18.0%	25.9%	20.4%	20.5%
감축 시 원하는 노동시간	34.7시간	41.1시간	31.7시간	38.3시간

남성 비정규직의 경우 20퍼센트가량이 시간제로 일하고 있음에도 53시간에 이르는 최장 시간 노동을 하고 있는데, 이는 1명이 여러 개의 시간제 일자리를 가지고 있을 가능성을 시사한다.

시간제 노동은 서구 선진 국가에서도 전일제 노동보다 빈곤율이 2배 이상 높을 뿐만 아니라 노동시간이 짧아 실업 보험 등의 수급 조건을 맞추지 못해 복지 제도에서 배제되는 등 이중적인 어려움을 낳는다. 또한 시간제 노동은 최적의 노동 활용을 보장하지도 못한다. 양육기의 20~30대 여성에게는 시간제 노동이 노동시장에서 퇴출되는 것을 막을 수 있을지 모르지만, 양육 책임에 따른 부담에서 벗어난 연령대의 여성까지도 시간제 노동을 선택하게 함으로써 여성 인력의 저활용을 유도하고 있다(OECD 2010). 또한 선진국에서도 시간제 일자리는 결코 좋은 일자리가 아니었다. 우리 정부가 양질의 시간제 일자리를 유지하겠다고 강조했지만, 선진국의 여성 시간제 노동자도 대부분 경력을 개발할 수 없는 저임금 서비스직에 분포되어 있었다(이주희 외 2010).

한국처럼 대부분의 여성이 비정규직에 종사하고 있는 특수 상황에서 비정규직이자 시간제 노동자가 된다는 것은 일과 생활의 균형 만족도에도 큰 의미를 가지기 어렵다. 〈표 5-3〉에 나타난 바와 같이, 비정규직 시간제인 여성 노동자의 일과 생활 만족도는 배우자인 남성 노동자가 정규직 전일제일 경우에만 상대적으로 높았고, 배우자가 비정규직인

표 5-3 | 본인과 배우자의 고용 형태 및 시간제 여부에 따른 일과 생활의 균형 만족도 격차

본인		배우자		여성	남성	전체
				평균 (사례 수)		
정규	전일제	미취업		6.5 (4)	6.5 (83)	6.5 (87)
		정규	전일제	6.5 (49)	7.2 (24)	6.8 (73)
			시간제	–	–	–
		비정규	전일제	6.6 (5)	7.0 (23)	6.9 (28)
			시간제	–	6.4 (18)	6.4 (18)
	시간제	미취업		5.0 (1)	–	5.0 (1)
		정규	전일제	7.0 (1)	–	7.0 (1)
			시간제	–	–	–
		비정규	전일제	–	–	–
			시간제	–	–	–
비정규	전일제	미취업		5.7 (14)	6.4 (41)	6.2 (55)
		정규	전일제	6.4 (48)	6.2 (9)	6.4 (57)
			시간제	–	5.0 (1)	5.0 (1)
		비정규	전일제	6.7 (19)	5.7 (19)	6.2 (38)
			시간제	4.8 (4)	5.1 (8)	5.0 (12)
	시간제	미취업		6.0 (6)	6.2 (5)	6.1 (11)
		정규	전일제	7.0 (17)	–	7.0 (17)
			시간제	–	–	–
		비정규	전일제	6.5 (4)	–	6.5 (4)
			시간제	6.7 (3)	6.0 (2)	6.4 (5)
F					*	*
전체				6.4 (175)	6.5 (233)	6.4 (408)

주 : *** $p < 0.001$, ** $p < 0.01$, * $p < 0.05$

경우에는 정규직이나 비정규직 전일제 여성 노동자보다 만족도가 낮기
도 했다. 또한 배우자가 비정규직 시간제인 비정규직 전일제 여성 노동
자의 만족도가 가장 낮은 것으로 드러났다. 남성 노동자의 경우 본인이
시간제인 경우가 거의 없어 배우자의 고용 형태나 시간제 여부에 따라
일·생활 만족도에 큰 차이가 있었는데, 정규직 전일제 남성 노동자가
정규직 전일제 여성 노동자를 가진 경우에 만족도가 가장 높았다. 특히
본인이 비정규직일 경우 배우자가 비정규직 시간제일 때 만족도가 매우
낮은 경향을 보여 준다. 이런 결과는 단순히 적은 시간을 일하는 것보다
고용 안정과 높은 임금이 보장되는 것이 결혼한 노동자의 일·생활 만족

도를 높이는 데 더욱더 기여한다는 것을 시사한다.

〈표 5-4〉와 〈표 5-5〉는 일과 생활의 균형에 대한 만족도에 영향을 주는 요인을 각각 여성과 남성, 정규직과 비정규직으로 나누어 살펴보고 있다. 특히 기혼 유배우 임금노동자 중 배우자가 일을 하고 18세 미만의 자녀가 있는 응답자에 대해 분석한 〈표 5-4〉는 앞서 살펴본 현상이 여러 관련 요인을 통제한 이후에도 성립되는지를 보여 준다. 여성과 남성 모델에서 모두 유의미한 변수는 계층으로, 계층이 높아질수록 일과 생활의 균형에 대한 만족도가 높아지는 경향을 확인할 수 있었다. 주목할 만한 점은 배우자가 전일제이고 본인이 시간제인 경우 남녀 회귀 모델에서 모두 만족도가 낮게 나타났다는 점이다. 특히 남성 회귀 모델에서는 이런 부(−)의 회귀 계수가 통계적으로도 유의했다.

반면에 여성의 경우 시간 운영의 자율성이 높은 경우, 그리고 여성 정규직보다는 여성 임시직이 통계적으로 유의미한 수준에서 일과 생활의 균형에 대한 만족도가 높았다. 실제로 10점 척도로 측정된 시간 운영의 자율성의 경우 여성 정규직이 5.2, 그리고 여성 비정규직이 5.4점으로 오히려 비정규직 여성이 미미하나마 자율성이 더 높았는데, 이런 특성이 임시직의 만족도를 높이는 데에도 기여한 것으로 보인다. 남성 모델에서는 정규직의 만족도가 1년 미만 계약직 남성 노동자보다 유의미한 수준에서 높아 여성과 대조적인 특성을 보였다. 따라서 기혼 유배우 정규직과 비정규직을 대상으로 분석한 〈표 5-5〉에서 성별 변수의 영향력은 정반대로 나타났다. 즉 정규직의 경우 여성 정규직보다 남성 정규직의 일·생활 균형 만족도가 유의미하게 높았지만, 비정규직 모델에서는 여성 비정규직의 만족도가 남성 비정규직보다 높았다. 비정규직 모델에서 만족도에 영향을 미치는 요인은 여성 모델과 상당히 유사했다. 시간 운영의 자율성 변수는 비정규직 모델에서도 유의하게 만족도를 높였고, 고졸보다는 중졸 이하의 비정규직과 여성의 만족도가 더 낮았다. 비정규직과 여성 모델 모두에서 가족과 관련된 책임 탓에 일에 집중하기 어렵다고 생각하는 응답자들의 만족도가 낮아졌는데, 이는 정규직과 남성 모델에서는 유의하지 않은 변수였다. 정규직 모델에서는 직장 유형이 일과 생활의 균형 만족도에 유의미한 영향을 미쳐, 민간 기업이나 개인 기업체보다는 공공 기관이나 비영리·비정부 조직에서 일하는 응답자의 만족도가 높았던 한편, 비정규직 모델에서는 직업이 유의미한 변수였다. 비정규직 전문 관리직에 비해 사무직이나 판매·서비스직에 종사하는 비정규직의 일·생활 균형 만족도가 유의미하게 낮았다.

지금까지의 분석 결과는 여성에게 시간제 일자리를 도입하는 것이 일·생활 양립을 지원하는 대안이 되기는 어렵다는 점을 보여 준다. 오히려 비정규직이 업무 시간을 운영하는 데 자율성을 더 높이고, 가사노동을 평등하게 나누며 경제적 여유를 보장하는 것이 만족도를 높이는 데 도움이 된다는 점을 알 수 있다. 따라서 여성 고용정책의 범위를 여성을 대상으로 한 특수한 정책에 한정하는 것은 여성을 부차적 노동자의 지위에 묶어 두고 주변화를 유도할 수 있다는 점에서 항상 신중하게 검토되어야 한다. 여성의 다름에 기초한 해결책으로 한국의 노동시장에 뿌리 깊게 내재된 남녀 차별적 인사 관행이나, 여성 고용이 노동시장의 최하층에 집중되어 있는 현상을 바로잡기에는 한계가 있다. 외환 위기 이후 실시된 주요 여성 고용정책에서는 여성 고용을 악화시켜 온, 노동시장 전반에 걸친 문제점들을 고민하고 이를 바로잡으려는 의지를 발견하기 어렵다.

표 5-4	성별 일·생활 균형 만족도 영향 요인 (취업한 배우자 및 18세 미만 자녀가 있는 사례)			
		여성	남성	전체
		OLS 계수 (표준오차)		
상수		8,349*** (2,183)	6,180** (2,129)	6,940*** (1,291)
성별 (남성)				-,162 (,273)
연령		,019 (,017)	,023 (,026)	,020 (,013)
학력 (고졸)	중졸 이하	-1,043† (,618)	-,111 (,727)	-,573 (,431)
	대재 이상	,015 (,253)	,128 (,417)	,098 (,204)
6세 미만 자녀 (없음)	있음	,197 (,336)	,335 (,479)	,251 (,255)
가사 노동시간 (본인)		-,004 (,085)	,256 (,218)	,006 (,076)
가구 소득 (로그)		-,352 (,305)	,075 (,211)	-,081 (,158)
계층 인식 (하층)	상층	2,178* (1,079)	2,169 (1,312)	2,554** (,735)
	중층	,729** (,261)	,669* (,314)	,767*** (,187)
	빈민층	-1,405 (1,049)	-,138 (1,020)	-,827 (,650)
직업 (전문 관리직)	사무직	-,516 (,432)	-,136 (,569)	-,348 (,321)
	판매·서비스	-,671 (,500)	-,366 (,653)	-,447 (,367)
	생산	-,021 (,740)	-,158 (,637)	-,179 (,413)
	단순 노무	-,129 (,589)	-,754 (1,018)	-,222 (,454)
경력 (1년 미만)	1~5년	,010 (,401)	,488 (,737)	,181 (,317)
	5~10년	,065 (,394)	,309 (,766)	,097 (,329)
	10년 이상	,395 (,400)	,343 (,781)	,191 (,328)
주당 노동시간		-,014 (,016)	-,016 (,014)	-,020* (,009)
고용 형태 (정규직)	무기 계약	,226 (,707)	-,644 (,940)	-,347 (,531)
	임시직	,624† (,345)	-,644 (,500)	,096 (,265)
	1년 미만 계약	,078 (,440)	-1,855* (,888)	-,445 (,367)
	일용직	-,648 (,613)	,108 (,974)	-,697 (,461)
	간접 고용	-,060 (,559)	-,663 (,596)	-,471 (,366)
	특수 고용	-,301 (,521)	-1,022 (,953)	-,531 (,425)
시간제 (전일제)		,500 (,365)	1,130 (1,039)	,648* (,303)
배우자 시간제 (전일제)		-,795 (,574)	-,595† (,323)	-,465† (,264)
시간 운영의 자율성		,137** (,044)	-,041 (,064)	,079* (,034)
일과 생활 양립 관련 동의 정도	가정과 직장 양립 불가 시 직장 포기	-,026 (,113)	,020 (,210)	,045 (,091)
	가족 관련 책임으로 일에 집중 어려움	-,336** (,116)	-,284 (,217)	-,261** (,095)
F		2,879***	1,848*	3,704***
R^2		,376	,399	,309
N		163	107	270

주 : *** p<.001, ** p<.01, * p<.05, † p<0.1

표 5-5 | 고용 형태별 일·생활 균형 만족도 영향 요인 (유배우자 사례)

		정규	비정규	전체
		OLS 계수 (표준오차)		
상수		4.447* (1.705)	6.876*** (1.746)	5.778*** (1.095)
성별 (남성)		−.449† (.267)	.690* (.319)	−.032 (.198)
연령		.043* (.017)	.011 (.016)	.027* (.011)
학력 (고졸)	중졸 이하	.683 (.790)	−.916* (.397)	−.528† (.319)
	대재 이상	.261 (.244)	−.064 (.265)	.143 (.173)
배우자 취업 (미취업)	취업	.445* (.221)	−.281 (.286)	.185 (.172)
6세 미만 자녀 (없음)	있음	.134 (.264)	.312 (.367)	.226 (.214)
가구 소득 (로그)		−.163 (.167)	−.038 (.206)	−.101 (.127)
계층 인식 (하층)	상층	2.227** (.667)		2.135** (.657)
	중층	.816*** (.209)	.726** (.235)	.804*** (.155)
	빈민층		−1.137* (.498)	−1.196* (.467)
직업 (전문 관리직)	사무직	−.036 (.272)	−.985† (.563)	−.165 (.246)
	판매·서비스	−.583 (.517)	−1.194* (.529)	−.647 (.320)
	생산	−.056 (.369)	−.129 (.572)	.129 (.302)
	단순 노무	−.857 (.938)	−.670 (.536)	−.224 (.352)
업종 (도소매·음식·숙박)	농림어업·광업		−.365 (.773)	−.842 (.687)
	제조·건설업	−.393 (.468)	−.660 (.474)	−.472 (.299)
	금융·보험업	−.117 (.569)	−.024 (.493)	−.110 (.344)
	기타	−.326 (.457)	−.025 (.347)	−.251 (.260)
직장 규모 (10명 미만)	10~100명	.019 (.272)	.375 (.255)	.052 (.177)
	100~1,000명	.235 (.318)	−.218 (.379)	.037 (.230)
	1,000명 이상	−.586 (.464)	.031 (.798)	−.384 (.388)
직장 유형 (민간)	정부 및 공공 기관	.468† (.274)	−.236 (.394)	.265 (.219)
	비영리·비정부	1.017* (.482)	−.442 (.814)	.565 (.410)
	기타 및 소속 없음	.684 (.639)	.678 (.927)	.386 (.515)
경력 (1년 미만)	1~5년	.976 (.623)	−.033 (.330)	.283 (.273)
	5~10년	.526 (.603)	.377 (.364)	.321 (.282)
	10년 이상	.481 (.571)	−.039 (.358)	.203 (.272)
주당 노동시간		−.005 (.013)	−.016† (.008)	−.017* (.007)
고용 형태 (정규직)	무기 계약			−.186 (.512)
	임시직		.193 (.527)	.206 (.225)
비정규 고용 형태 (무기 계약)	1년 미만 계약		.012 (.584)	.023 (.302)
	일용직		−.097 (.668)	−.056 (.428)
	간접 고용		.016 (.584)	−.101 (.312)
	특수 고용		−.442 (.647)	−.108 (.392)
시간 운영의 자율성		.059 (.041)	.151*** (.042)	.095*** (.028)
일과 생활 양립 관련 동의 정도	가정과 직장 양립 불가 시 직장 포기	−.011 (.106)	.084 (.108)	.057 (.073)
	가족 관련 책임으로 일에 집중 어려움	.004 (.116)	−.359** (.122)	−.145† (.079)
F		2.696***	2.676***	3.915***
R^2		.299	.346	.272
N		213	213	426

주 : *** p<.001, ** p<.01, * p<.05, † p<0.1

3) 몰성적 노동시장 정책의 차별적 효과

의도적인 차별적 처우disparate treatment뿐만 아니라 외관상 중립적으로 보이는 기준이 여성에게 불이익한 경우를 야기disparate impact하는 경우에도 성 차별이 성립하는 것(문무기·윤문희 2007)과 마찬가지로, 만일 일반 노동시장 정책이 여성에게 특히 불리하거나 유리한 결과를 초래한다면, 이 역시 광범위한 의미에서 여성 고용정책의 일부로 간주해 성 인지적 효과를 자세히 분석해야 한다. 한국의 경우 여성 고용정책의 임금 및 노동조건 개선 효과는 미미했던 반면, 1990년대 말 외환 위기를 계기로 급속히 진행된 노동시장 유연화 정책은 여성을 비정규직화해 저임금 불안정 고용에 묶어 두는 데 크게 기여한 바 있다. 이처럼 일반 노동시장 정책이면서도 여성에게 더 큰 차별적 효과를 가져온 정책 사례로서 최저임금제와 비정규직 보호법의 문제를 살펴보고자 한다.

최저임금제는 저임금노동자를 보호함으로써 빈곤을 방지하는 것을 목적으로 하지만, 경제 위기를 이유로 최저임금을 동결하거나 최저 수준에서만 인상하려는 정부의 정책 탓에 최저임금 수준은 노동자 평균임금의 30퍼센트 안팎에 불과하다(송위섭 2009, 76). 문제는 최저임금에 미치지 않는 저임금을 받는 인구 비율이 2008년 남성 6.8퍼센트, 여성 16.5퍼센트(김유선 2009)에서 2011년에는 남성 8.3퍼센트, 여성 18.9퍼센트로 지속적으로 증가하고 있을뿐더러, 최저임금에 미달하는 임금을 받는 여성 비율이 남성의 두 배 이상이라는 점이다(정형옥 2011). 따라서 현재와 같이 낮은 수준에서 유지되는 최저임금제는 여성 노동자에게 더 불리한 효과를 가져오고 있다. 만일 최저임금 수준이 노동자 평균임금의 50퍼센트까지 상승할 수 있다면 여성 저임금노동자에게 더 많은 혜택을 줄 수 있을 것이다.

실제로 저기술·저학력 노동자의 공급이 수요보다 많은 현재 상태에서 여성의 저임금 문제를 개선하려면 최저임금을 인상하는 것이 우선시된다. 그럼에도 최저임금을 인상하기가 여의치 않은 것은 이런 정책이 저임금노동자에 대한 고용을 감소시켜 오히려 이들의 생활수준을 악화시킬 수 있다는 반론이 존재하기 때문이다. 그러나 1980년대 초반까지 인정되어 온 최저임금이, 고용에 (크지는 않으나) 통계적으로 유의한 부의 영향력을 가진다는 분석 결과를 반박하는 연구들이 1990년대 이후 발표되면서 이런 반론의 설득력은 상당히 떨어진 상태이다(안태현 2009).

비정규직화가 급격히 진전되면서 발생한 부정적 영향을 상쇄하고 비정규직 노동자들을 보호하고자 2006년 노무현 정부에서 마련한 비정규직 보호법 역시 성 중립적 외피를 둘렀음에도 여성 노동자에게 의도하지 않은 부작용을 가져왔다. 비정규직 보호법 중 기간제 노동 관련 법률은 사용 사유의 제한 없이 기간제 노동의 사용 기한을 2년으로 제한하고, 이를 초과한 경우 무기 계약직화를 강제했다. 문제는 사용자가 회피 전략으로 일관해 서비스직에 종사하는 저임금·임시직 여성 노동자의 대부분이 계약 해지와 해고, 외주화를 겪으면서 고용의 질이 더욱 악화되었다는 점이다.

무기 계약직으로 전환된 여성 노동자들도 예외는 아니다. 은행과 증권사 등 금융업에서 광범위하게 실시된 무기 계약직 여성 노동자의 분리 직군화는 여성을 승진과 경력 개발이 불가능한 직군에 묶어 두고, 계속해서 저임금을 지급함으로써 명백히 차별적 효과를 가져온 정책이었다. 직군 분리는 성 중립적 기술적 직군 결정 과정을 통해 〈남녀고용평등법〉상의 성 차별 금지 조항을 무력화했고, 비정규직이 아니면 차별을 바로잡을 대상 자체가 되지 않는 기간제법의 맹점을 잘 활용했다(이주희 2008). 물론 무기 계약직에 포함되는 직군 분리 제도가 최소한도의 고용 안정을 확보하게 해주었을지라도, 저임금의 고통을 여성에게만 강요해 차별적 효과를 가져왔다는 사실을 간과하기는 어렵다. 이는 성 중립적 노동시장 정책이 시행되면서 나날이 노동시장에서 자행되는 여성 차별이 교묘하게 진화하는 반면, 기존의 법제는 이를 감당하기 어려운 상태로 남아 있기에 발생한 문제들이다.

3. 여성의 평등한 노동권을 위한 대안

1) 시민-노동자-돌봄인 모델의 한국적 적용

지금까지 살펴본, 외환 위기 이후 시행된 여성 고용정책의 가장 큰 문제점은 여성 고용정책이 성 평등을 추구하는 것과는 무관하게 저출산 시대에 국가 성장을 위한 보조 수단으로서만 진행되었다는 점이다. 이와 관련해 가장 시급하게 착수해야 할 작업은 한국 사회에서 여성의 평등한 노동권을 확보하기 위해 어떤 모델을 지향해야 할지를 분명히 하는 것이다.

여성 고용과 관련해, 같음 전략과 차이 전략을 대표하는 모델은 보편적 생계 부양자universal breadwinner 모델과 돌봄인 동등caregiver parity 모델이다(Fraser 1994). 보편적 생계 부양자 모델은 돌봄 노동을 가족이 담당하는 대신, 시장이나 국가에 전가함으로써 여성이 유급 노동에 종사할 수 있게 한다. 현재 여성 고용률이 높은 자유 시장 경제Liberal Market Economies의 대표적 국가인 미국과 사회 시장 경제Social Market Economies의 대표적 국가인 스웨덴이 주요 사례국이다. 한편, 돌봄인 동등 모델은 돌봄 노동을 유급 노동과 동등하게 대우함으로써 평등을 추구하는 모델로, 보통 여성이 시간제로 일하며 양육에 대한 복지 혜택을 받는 유럽 대륙 국가들에서 많이 채택하고 있다. 각 모델마다 함의하는 목표가 다른 만큼 여성 고용 차원에 주목했을 때 좀 더 우월한 성과를 거둔 모델은, 남녀 모두에게 시민-노동자 역할을 상정한 보편적 생계 부양자 모델이다.

하지만 현재 성인 노동자adult worker 모델로 더 잘 알려진 이 모델에도 성과 못지않은 문제점이 있는데, 이는 유급 시장 노동과 무급 돌봄 노동 사이에 남녀에 따른 간격이 크기 때문이다(Lewis 2009, 9). 이 문제는 여성이 고용률에서는 남성과 유사해진 반면, 남성이 여성만큼의 돌봄 책임을 지지 않는 데서 발생한다. 미국처럼 복지 제도가 낙후된 곳에서 돌봄 노동을 시장에서 해결하는 경우, 시장 경쟁에서 도태된 여성은 저임금과 빈곤의 고통 속에 살아가야 하며, 경쟁에서 성공한 여성은 마치 기존에 남성이 여성에게 그랬듯이 저개발 국가 출신 여성의 돌봄 노동을 착취하는 모순을 경험한다(Ehrenreich and Hochschild 2002). 국가가 제공하는 사회 서비스와 관대한 모성 보호 제도를 통해 여성 고용에 친화적인 환경을 만든 스웨덴은 바로 그 '친화성' 때문에 여성이 자신의 경력을 개발할 가능성을 제한하는 시간제 공공 부분 일자리에 격리되는 성 분리적 고용 관행을 극복하지 못하고 있다(Esping-Andersen 2002b).

이런 한계를 인식한 학자들은 고용과 돌봄이라는 두 차원에서 여성과 남성의 '같음'을 추구하는 시민-노동자-돌봄인citizen-worker-carer 모델을 유토피아적 해결책으로 제안한다(Fraser 1994; Lister 2002; 윤홍식 2005). 즉 여성이 고용과 관련해 남성과 같아지는 동시에, 남성은 돌봄과 관련해 여성과 같아지는 것이 이 모델의 핵심적 특성이다. 여성이 돌봄 노동에 남성보다 많은 시간을 투여하는 한 결코 여성은 남성과 생산성이 동일한 시민-노동자가 될 수 없다는 점에서, 이 제안은 여성의 평등한 노동권을 가장 잘 보장할 수 있는 대안이며, 한국 여성의 평등한 노동권을

표 5-6 | 기혼 유배우 임금노동자의 양육과 가사노동 실태 및 관련 의식

	여성 비정규직	남성 비정규직	여성 정규직	남성 정규직
자녀 돌봄 시간	3시간 50분	1시간 39분	2시간 37분	1시간 17분
가사 노동시간 (자녀 돌봄 시간 제외)	3시간 7분	44분	2시간 42분	47분
아버지 할당제의 아버지 의무 사용 기간	1.9개월	1.7개월	2.2개월	1.9개월
자녀 양육 수당 제공 시 직장 포기	65.1%	15.1%	57.1%	15.0%
직장 포기 응답자의 희망 양육 수당	100.9만 원	125.4만 원	117.1만 원	159만 원
바람직한 양육 형태 (1순위) : 직접 양육[1]	82.6%	82.7%	76.5%	84.0%
바람직한 양육 형태 (2순위) : 부모[2]	57.0%	55.2%	62.2%	53.5%

주 : 1 본인 또는 배우자가 직접 양육함.
　　2 친정 부모 또는 시부모에게 맡김.
자료 : 2012년 고진로 사회권 실태 조사 (저자 분석).

위해 지향해야 하는 모델로서 높은 적합성을 가진다.

　　그렇다면 그 어떤 서구 복지국가조차 완벽하게 도달하지 못한 이 모델을 한국에서 실현할 수 있을까? 〈표 5-6〉에 나타난 바와 같이 한국의 현실과 시민-노동자-돌봄인 모델 사이에는 엄청난 격차가 존재한다. 돌봄 노동에 종사하는 총 시간에서 남녀 차이는 2~3배에 이르며, 육아 휴직 시 아버지 할당제에 적합한 의무 사용 기간은 성별과 고용 형태를 막론하고 2개월 남짓을 상정하는 데 불과하다. 하지만, 양육수당이 더 많이 제공될 경우 직장을 포기하겠다는 의사를 밝힌 여성의 비율이 압도적이었다고는 하나, 같은 질문에 긍정적으로 답한 남성 또한 전체 남성의 15퍼센트에 이른다는 점에 주목할 필요가 있다. 이는 남성의 유급 노동 선호가 남성의 절대적인 선호를 반영하기보다는 부양의무와 오랜 관행에 따른 결과일 수 있음을 보여 주기 때문이다. 바람직한 양육 형태 1순위가 압도적으로 직접 양육인 데는 공보육 같은 대안이 부재하다는 점도 일부 영향이 있겠지만, 한국 사회에서 선호되는 양육 방식의 특성 때문인 것으로도 보인다. 한국에서 공보육이 발달하지 못한 것은 여성주의적 노동운동이 부재해 이를 추진할 주체가 없어서이기도 하지만,

자녀의 양육을 국가에 맡기는 것에 대한 이데올로기적인 반대가 작용했기 때문일 수도 있다는 것이다.

이 모델이 '유토피아'적 대안인 이유는 모델이 실현되기까지는 상당히 까다로운 조건이 충족되어야 하기 때문이다. 비록 단기간에 충족하기 힘든 조건이라 할지라도, 다른 모델들의 한계를 우리보다 먼저 경험한 선진 복지국가의 경험에 비추어 볼 때, 시민-노동자-돌봄인 모델이 여성이 평등한 노동권을 성취할 가능성을 열어 주는 유일한 비전임을 부인할 수 없다. 다음 절들에서는 이 모델이 요구하는 두 가지 조건을 차례로 살펴본다. 첫째, 무엇보다 가장 필요한 조건은 현재와 같이 비정규직이 무분별하게 확산되는 것을 방지하고 일자리의 질과 안정성, 일과 생활의 균형을 보장할 수 있는 표준 고용 관계를 재창조하는 것이다. 여성이 성별 분리된 질 낮은 일자리에 격리되어 있는 한, 소득 극대화를 추구하는 가구의 합리적 선택에 따른다면 여성이 돌봄 노동의 전담자가 될 수밖에 없다. 둘째, 이와 동시에 여성과 남성 모두에게 일과 돌봄을 자유롭게 선택하게 해줄 수 있는 복지 제도를 재구조화할 필요가 있다. 가구 단위로 지급되는 제한된 양육 수당은 여성의 돌봄 노동 전담화를 유도할 수 있으나, 모든 시민에게 조건 없이 지급되는 기본 소득은 남성에게는 돌봄 노동을 할 기회를, 여성에게는 유급 노동에 종사할 자유를 제공할 수 있다.

2) 고용 체제의 변혁 : 표준 고용 관계의 유연한 복원

외환 위기 이후 한국은 경제 세계화로 인해 노동시장이 유연화 압력을 받으면서 급격한 비정규직화를 경험했다. 상품 시장이 불확실해지고, 서비스업이 증가하고, 빠르게 기술이 발전하면서, 남성 가장이 한

산업에서 은퇴할 때까지 일하는 위계적이고 집합적인 동시에 안정적이었던 고용 모델은 급격히 쇠퇴했다. 또한 1980년대 외주화와 하청이 부활하면서 규제를 피하고자 하는 사용자의 능력이 생산 시장에서 핵심 경쟁력이 되어 버림에 따라 기존의 고용 관계가 보장해 준 노동자의 권리가 상당 부분 해체되고 있다(Deakin 2002). 한국에서는 2006년 비정규직 보호법이 부정적 효과를 낳으면서 수많은 하청노동자와 특수 고용직 노동자가 양산된 바 있다.

생산 환경이 변화되면서 노동시장의 유연화를 요구하고 있는 것은 사실이나, 이런 유연화가 현재와 같이 기존 고용 모델을 전면적으로 해체하는 것을 의미해서는 안 된다. 장기적인 고용 안정과 시장으로부터의 보호와 같은 기능은 유지되어야 하며, 여기에 더해 여성이 노동시장에 동등하게 참여하고, 빠른 기술 발전에 부합하는 교육 훈련 기회가 증진되는 한편, 일과 생활의 균형과 같은 새로운 요소들을 포함하는 방향에서 표준 고용 관계가 유연하게 복원되어야 할 것이다(Bosch 2004). 한국 사회의 노동시장은 비정규직화로 인해 이미 가장 기본적인 표준 고용 관계의 구성 요인들을 잃어 가고 있다. 이런 맥락에서 고용 모델을 복원하고 새로운 기능을 추가하는 작업은 다음과 같은 수많은 개혁을 필요로 한다.

첫째, 시간제 노동을 도입하기보다는 노동자의 노동시간 선택권을 확대해야 한다. 정부가 노동시간을 단축해 일자리 수를 늘리는 데만 매진한다면 여성이 시간제 노동에 집중되는 한편, 생계를 위해서는 하나의 시간제 일자리 대신 여러 개의 시간제 일자리를 가질 수밖에 없는, 초장시간 노동에 시달리는 남성 노동자가 양산될 수도 있다. 노동시간은 노동을 수행하는 노동자의 시간과 분리해 생각될 수 없는 개념이다. 노동자의 시간은 돌봄 노동을 위한 시간, 자기 계발을 위한 시간, 자원

봉사와 시민 자치 활동 등 사회적 활동을 위한 시간 등이 적절히 조화될 수 있어야 한다(Supiot 1999). 시간제 노동은 이에 대한 비례 보상 체계가 철저히 확립되고 차별을 바로잡을 실효성이 확립된 이후에 도입되어야 할 것이다.

그런 점에서 2008년 6월부터 시행 중인 육아기 노동시간 단축 청구권을 개선해 좀 더 확산할 필요가 있다. 이 청구권은 전일제 육아휴직 제도를 보완하기 위해 도입되었으나, 2009년에는 31명, 2010년에는 29명만이 사용한 유명무실한 제도이다. 이 같은 문제를 해결하기 위해 정부는 사용자가 노동자의 신청을 받았을 때 거부할 수 있는 사유를 명시해 무분별한 거부를 제한하는 방향으로 2011년 법 개정을 시도했으나 그 효과는 크게 기대하기 어렵다. 장시간 노동이나 연속 근무를 중시하는 현재의 조직 문화 속에서, 그리고 비정규직이 과반에 이르는 현실에서 이 같은 권리를 활용하기란 거의 불가능하기 때문이다.[5] 장기적으로는 네덜란드와 같이 육아 중인 노동자뿐만 아니라 모든 노동자가 노동시간 단축에 대한 법적 권한을 가질 수 있게 하는 것이 바람직하다.

둘째, 여성 노동자의 동등한 고용권을 보장하기 위해, 그리고 일과 생활의 균형을 가능하게 하는 모든 정책의 실효성을 높이기 위해 비정규직이 확산되는 것을 규제하고 비정규직의 임금과 노동조건을 향상시켜야 한다. 그러려면 무엇보다도 이미 비정규직으로 일하고 있는 노동자가 정규직화되어야 한다.[6] 최저임금률을 인상하고 동일 가치 노동에

5_ 2011년에는 기간제 및 파견 노동자에게 육아휴직 부여 시 그 기간을 비정규직 사용 기간에 산입하지 않는 법률 개정안도 마련되었다. 하지만 사용자가 단기간 근무자에게 이런 혜택을 부여할 유인이 전혀 없다는 점에서 유명무실한 정책으로 판단된다.

6_ 민주노총은 이와 관련해 정규직 전환 특별법을 제정해 5년간 비정규직 2백만 명을 정규직화할 것을 제안한 바 있다(이남신 2012).

동일 임금을 지급하며, 기업의 사적 복지를 동일하게 적용함으로써 비정규직의 임금 비용을 인상한다면 사용자가 비정규직을 활용할 유인을 줄일 수 있다. 중규직화된 무기 계약직과 직군이 분리된 여성 집중 직무에 대한 처우를 개선하기 위해 이들을 더욱 적극적으로 조직화하고 단체교섭에 참여하게 할 필요가 있다. 직접 고용이 형해화되지 않도록 외주화와 불법 파견을 규제하고 사용 사업주의 노조법상 책임 범위를 확대하는 작업도 이루어져야 할 것이다.[7]

마지막으로, 기존 고용 모델이 결여하고 있는 일과 생활의 균형을 이루기 위한 다양한 정책에 대한 고민이 필요하다. 우리가 시민-노동자-돌봄인 모델을 지향한다면, 주로 여성에게 혜택을 제공하는 차원에서 마련된 기존 정책을 수정해 남녀 모두가 수혜자가 될 수 있는 방안을 적극적으로 찾아봐야 한다. 남성의 육아휴직 사용률을 높이는 것이 그 대표적인 사례이다. 고용노동부의 보도 자료(2011/04/20)에 따르면 비록 조금씩 증가하고 있다고는 하나, 2010년 육아휴직을 사용한 총 4만1,732명 중 남성 사용자는 819명에 불과했다. 스웨덴처럼 부모 중 더 낮은 임금을 받는 여성이 육아휴직 후 일을 시작하고 남성이 육아휴직을 받기 시작하면 세금을 감면해 주는 성 평등 보너스gender equality bonus 정책(EC 2007)을 참고해 좀 더 적극적으로 남성의 육아휴직 참여율을 높일 필요가 있다.

일·생활 균형을 위해서는 돌봄 노동을 사회화하기 위한 공보육이 확충되어야만 하지만, 이 부문에 여성이 집중되지 않도록 유의해야 한다. 공공 부문이라 할지라도 공보육 부문이 여성의 일자리로 간주된다면, 비록 유급 노동 형태라 해도 돌봄 노동이 여성의 영역이라는 이분법

7_ 이와 관련된 더욱 상세한 내용은 은수미(2012) 참조.

적 관행을 희석하기 어렵고, 이 부문이 저임금화되는 것을 피할 수도 없다. 일과 생활의 균형을 잡는 방안은, 적절한 수준의 공보육을 확보하고, 유연한 노동시간 선택권을 부여하고, 남녀가 평등하게 부모 휴가를 활용하며, 돌봄 노동의 물적 가치를 보상할 수 있는 적절한 제도를 선택하는 등 다차원적으로 모색되어야 한다. 특히 이 마지막 방안은 다음 절에서 살펴볼 기본 소득안처럼 한층 획기적인 발상의 전환을 요구한다.

3) 기본 소득 정책에 대한 여성주의적 재조명

기본 소득은 소득 요건이나 근로의무 없이 정치 공동체가 개별 구성원에게 정기적으로 일정 수준의 소득을 보장해 주는 것을 의미한다(Van Parijs 2006). 시민-노동자-돌봄인 모델이 성립될 수 있는 조건으로 기본 소득이 고려되어야 하는 것은, 이 제도야말로 모든 시민에게 착취나 빈곤에 시달릴 위협 없이 돌봄 노동과 유급 노동을 자유롭게 선택할 권리를 주기 때문이다. 가구 단위로 양육 수당 등 돌봄 노동자에 대한 수당이 지급될 경우 임금 손실에 따른 부담이 적은 여성이 돌봄인 역할을 택하기 쉬운 반면, 기본 소득은 남성에게는 여유 소득을 통해 유급 노동을 줄이고 돌봄을 택할 수 있는 교섭력을, 여성에게는 재정적 독립에 기초해 더 많은 유급 노동을 선택할 힘을 제공할 수 있다(Bambrick 2007).

1792년 울스턴크래프트Mary Wollstonecraft는 여성의 완전한 시민권은 혼인 여부와 상관없이 경제적 독립을 이룰 때에만 가능하다고 했다. 기본 소득은 이와 같은 여성주의적 관점에 충실한 제도이다. 그럼에도 불구하고 여성주의자들이 이에 반론을 제기하는 것은 가부장적 문화가 가족과 노동시장에 존재하는 한 이 제도가 오히려 여성을 돌봄 노동에 집중하게 할 것이라는 우려를 기반으로 한다(Pateman 2006). 그러나 기본 소득을 생계가 지원될 만한 수준에 이르게 한 뒤, 남성이 돌봄 노동을 선택할 유인을 증가시키는 한편, 여성이 노동시장에 더욱 많이 참여하도록 지원하는 정책을 마련함으로써 이 같은 우려를 극복할 수 있다. 기본 소득처럼 완충적인 추가 소득이 있음에도 남성이 고용을 계속 증가시키려 할지에 대해서는 아직 검증된 바 없다. 앞에서 표준 고용 관계를 유연하게 복원하는 것을 논의했지만, 실업과 저임금, 그리고 시간제 노동에 여성이 집중되는 현상을 단시간에 회복하기는 매우 어렵다. 불평등의 예방적 효과가 강력한 기본 소득이 도입되면, 저임금 일자리에 격리된 여성에게 재충전과 재훈련의 기회가 제공되고, 저임금의 불안정한 일자리 자체가 증가하는 것을 막을 수 있다.

기본 소득이 여성의 평등한 노동권에 미치는 효과에 대한 찬반 논의에서 쉽게 결론을 내기는 어렵다. 그러나 기본 소득을 통해 여성의 평등을 확보할 수 있게 하는 제도적 디자인에 대한 연구가 지속적으로 진행되었으면 한다. 기본 소득이 현 자본주의 발전 수준에서 도입할 수 없는 제도라고 여겨질 수 있으나, 북유럽 국가가 이룩한 국가 주도 사회 서비스 제공 역시 현재 한국의 노동자 조직력과 정치 지형을 고려했을 때 불가능한 기획으로 여겨지기는 마찬가지이다. 실현 가능성이 매우 미약한 제도임에도 기본 소득에 대한 논쟁이 끊이지 않는 것은, 바로 이 제도가 공식적인 유급 노동에만 한정된 '노동' 개념을 돌봄 노동뿐만 아니라 진정한 기회의 평등을 보장할 수 있는 다양한 시민사회 결사체 활동, 자원봉사, 지역사회 개선, 정치적 참여에까지 무한히 확장할 수 있기 때문일 것이다.

4. 소결

여성 고용정책의 울스턴크래프트 딜레마가 해결되지 못했던 것이 정부의 가부장성이나 무능력 때문만은 아니다. 그보다는 전 세계적인 신자유주의의 지배가 21세기까지 이어져 오는 동안, 다른 모든 가치를 압도하면서 경제적 효용만 추구되어 왔기 때문이다. 서구 선진국에서도 복지국가에 대한 보수주의자들의 공격이 강화됨에 따라 여성에게 동등한 기회를 확보하기보다는, 복지 혜택의 조건으로서 여성 고용을 늘리고 일자리를 창출하는 것이 좀 더 중시되기 시작했다.

1990년대 이후 거의 모든 국가에서 일과 생활의 균형이 여성 고용정책의 핵심으로 부상한 것도 바로 여성이 평등해지는 데 대한 정책적 관심이 약화된 것과 관련되어 있다. 출산율이 세계 최저 수준으로 떨어지면서 노동력을 확보할 방안을 고심하던 한국 정부가 이 정책을 적극 추진하기 시작한 것은 당연한 수순이었다. 그러나 문제는 일과 생활의 균형 정책이 남성과 여성 간에 가사노동과 양육을 평등하게 분담할 방법을 찾기보다는 여성 혼자서 어떻게 유급 노동과 무급 노동을 '양립'할 수 있는가에 초점을 두고 진행되어 왔다는 점이다(Lewis 2006, 428). 우리나라에서도 이런 맥락에서 여성의 시간제 노동이 주목받았다. 그 결과 이미 남성보다 현저히 낮은 여성의 고용의 질이 더욱더 악화된 바 있다.

일과 생활의 균형 정책이 본래의 취지를 살려 여성에게 평등한 노동권을 제공하기 위해서는 이 장에서 제안한 바와 같이 남녀 모두 노동시장에서의 유급 노동과 가정에서의 무급 노동을 공평하게 분담하는 시민-노동자-돌봄인 모델이 도입되어야 한다. 동시에 지난 수십 년간 악화되어 온 일자리의 양극화 현상을 막기 위해서는 표준 고용 관계를 유연하게 재건함으로써 여성 고용의 질을 높일 필요가 있다. 이는 향후 실효성 있는 적극적 고용 개선 조치 등 동등 기회를 제공하기 위한 본격적인 정책을 추진하는 기반으로도 작용할 것이다. 현재와 같이 여성 노동자의 대부분이 비정규직에 취업한 상태에서, 여성이 좋은 정규직 일자리에서 승진할 기회는 봉쇄되어 있기 때문이다. 정부 정책만으로는 일자리와 작업장을 새롭게 재구성하기는 어렵다는 점에서, 해당 작업장과 산업의 상황에 맞춤한 교섭을 통해 현실적인 대안을 이끌어 내는 과정에서 노동조합의 적극적인 협력이 수반될 필요가 있다.

기본 소득은 저임금·저소득 여성 노동자의 삶의 질을 개선할 뿐만 아니라 남성과 여성의 기회 평등을 형식적으로만 보장하는 제도와 정책으로는 해결할 수 없는 더욱 근본적인 사회 불평등을 해소할 수 있다. 그런 점에서 일과 생활의 균형 확보, 여성에 대한 노동시장의 차별 해소에 크게 기여할 수 있을 것이다.

6장

일자리 격차와 사회·정치의식

시민권은 노동자가 사회경제적 지위를 향상시킬 수 있는 도구이다. 즉 시민권
을 기반으로 사회권을 보장받을 수 있는 것이다. 그러나 사회권의 확보는 정치
권력의 행사에 의해서만 가능하다(Marshall 1950, 43).

1. 한국 노동자의 계급 및 사회·정치의식 : 기존 연구 검토

정규직과 비정규직과 같은 고용 형태상의 격차가 의미 있는 사회·정치의
식의 차이를 발생시킬 수 있는가? 오랜 기간 복지국가의 발전을 설명하는
유력한 이론이었던 권력 자원 이론(Korpi 1983; 1989; Esping- Andersen 1990)
에 따르면, 노조 조직률이 높고 노동운동이 중앙 집중화된 사회민주주의
국가에서 가장 보편적인 사회권이 확립될 수 있었다. 노동조합의 조직력
이 약한 한국은 사적 복지 의존도가 높고 사회권의 제도화 수준이 낮은
자유주의 복지국가 유형의 특성을 띠기는 하지만, 서구 선진국을 모델로
한 이런 이론에 적합한 복지국가 발전 경로를 보여 주지도 않는다. 이 장
에서는 노동자의 정치 세력화가 사회권 발전의 중요한 추동력이 될 수
있다는 최소한도의 가정에 근거해, 고용 형태의 격차와 이와 관련된 일
자리 특성이 정규직과 비정규직의 사회·정치의식에 미치는 영향력을 살

퍼보고자 한다.

우리나라 노동자의 의식에 대한 연구는 한국 사회가 민주화를 이룬 1980년대 후반부터 1990년대 초반까지 집중적으로 진행되었다. 대부분 노동조합이나 일, 계급의식에 대한 연구가 주를 이룬다. 1990년 8월 경인 지역과 울산·경주 지역의 자동차·전자·기계·섬유 4개 업종 종사 생산직 사례를 분석한 장경은(1990)의 연구에서는 조사 대상이 된 노동자의 노사 관계 및 사회에 대한 의식이 매우 급진적인 것으로 나타났다. 현재의 보수 수준이 낮고, 정부는 기업의 이익만을 옹호하며, 특히 노동자가 잘살기 위해서는 지금과는 근본적으로 다른 사회로 바뀌어야 한다는 데 동의하는 의견이 90퍼센트에 가까울 만큼 사회변혁 의식이 높은 것으로 평가되었다.

박준식(1991) 역시 1990년 8월 철강·자동차·조선업에 종사하고 있는 대기업 남성 노동자를 모집단으로 조사한 연구에서 유사한 결과를 얻었다. 이 조사에서도 노동자가 잘살기 위해서는 사회가 바뀌어야 한다는 데 동의하는 점수가 77.2점으로 높게 나타났는데, 두 연구 모두 노동자의 이런 태도가 계급적 대립 의식이 높아서 나타난 것이 아니라는 결론을 내리고 있다. 장경은(1990)의 연구에서 회사의 경영관리층과 노동자는 운명 공동체라는 데 67.4퍼센트의 노동자가 동의했고, 박준식(1991)의 연구에서도 기업주와 노동자는 한 가족이라는 데 동의하는 점수가 60~70점으로 높았다. 박준식(1991, 118)은 이런 결과를 비교하면서, 비록 노동자들이 어떤 근본적인 변화가 필요하다는 점을 강하게 인식하고 있다 하더라도, 이런 변화가 기업 내에서의 노동자와 사용자 간 협력에 의해 가능하다는 희망을 지닌 것이라고 해석했다.

1980년대 후반과 1990년대 초반 국책 연구 기관이나 양대 노총[1]에서 발간된, 노동자 의식을 다룬 대표성 있는 연구 보고서를 선정해 비교·검토한 임영일·임호(1993)도 유사한 결론을 도출했다. 여기서도 조사 대상이 된 노동자의 비판 의식은 매우 높았다. 정부의 노동정책에 대한 비판적 태도는 1980년대 후반보다 1990년 3당 합당이 이루어진 1990년대 초반에 더 증가했다. 1992년에는 민주당과 민중당에 대한 지지율이 크게 증가했고, 전체 조사 대상자의 80~90퍼센트의 노동자가 진보 정당이 필요하다는 데 동의했다. 하지만 연구자들은 이들의 비판적 태도를 계급적 진보성보다는 1987년 민주화 이전까지 억압되었던 데 대한 반작용으로 해석한다. 이런 비판 의식은 계층을 넘어 시민 의식의 일반적 형태로 사회에 널리 확산되어 있었기 때문이다.

사무직 노동자를 대상으로 한 연구에서도 생산직 노동자의 의식조사와 마찬가지로 이중적 태도가 발견되었다. 1990년대 초반 화이트칼라 노조의 의식에 대한 대표적인 연구는 은행 노조원을 중심으로 실시되었는데, '노조는 경제문제에 한정된 실리적 노동조합주의를 선택해야 한다'라는 항목에 조사 대상자의 다수인 65.7퍼센트가 동의했으나, '노조는 경제투쟁을 넘어 직장과 사회의 민주화에 참여해야 한다'라는 진술에 대해서도 70.3퍼센트가 동의하는 일견 모순된 성향이 나타나고 있었다(박준식 외 1991). 같은 시기에 은행 노동자를 대상으로 한 이병희(1992)의 연구는 임금 인상이 물가 인상을 초래하고 국가 경쟁력을 약화시킨다는 '지배 이데올로기'에 동의하는 이들이 50.3퍼센트로, 반대하는 이들(43.6퍼센트)과 비슷하다는 것을 밝혔다. 또한 이 연구의 조사 대상자는 안정 회구 심리가 상당히 높아 한국 사회의 가장 중요한 해결 과제가 정치·사회 안정이라는 데 약 45퍼센트가 찬성했으며, 경제적 불평등 해

1_ 민주노총의 경우 전신인 전국노동조합협의회(전노협)를 의미한다.

소에 대해서는 그보다 낮은 34.5퍼센트만이 동의했다. 남성, 하위 직급, 대졸 이상의 고학력, 근속 연수가 짧을수록 경제적 불평등 해소와 민주화를 긴급한 과제로 지적한 반면, 여성, 상위 직급, 고졸 이하의 저학력, 근속 연수가 길수록 정치·사회 안정을 중요한 과제로 선택했다. 그러나 앞서 살펴본, 생산직 노동자를 대상으로 한 연구들과 마찬가지로 두 연구 역시 사무직 노동자의 사회의식이 높은 편임을 보여 준다. 박준식 외(1991)의 연구에서 노동자가 가난한 이유는 개인의 능력 부족이라는 항목에 77.3퍼센트가 반대했고, 이병희(1992)의 연구에서는 한국 사회를 근본적으로 개조할 필요성에 대해 71.2퍼센트가 동의했으며, 부의 분배가 공정한지에 대해서는 약 80퍼센트의 노동자가 불공정하다고 응답했다.

민주화 이후의 노동자 의식에 대한 연구는 1990년대 초 이후 소강 상태에 접어들었으나, 1997년 말 외환 위기를 계기로 다시 실시되었다.[2] 외환 위기로 인한 신자유주의적 구조 조정이 민주노총 산하 금속노조 조합원에게 어떤 영향을 끼쳤는지를 조사한 강수택(2003)의 연구는 이들이 구조 조정이 시행된 결과 고용 불안 및 빈부 격차가 심화되었음을 이유로, 김대중 정부의 노동정책을 매우 부정적으로 평가하고 있음을 보였다. 또한 이 연구의 조사 대상자는 노동자가 대안적 정치 세력의 중심으로 성장하기를 희망했지만, 강수택이 지적한 바와 같이 가장 강성인 민주노총 금속노조 조합원을 대상으로 실시되어 대표성이 부족한 조사임을 감안해 해석되어야 할 것이다.

2_ 그러나 1990년대 후반과 2000년대 실시된 사회·정치의식 연구의 상당수는 노동자보다는 연령 및 세대(김행 2006), 진보와 보수 등 사회운동 단체 실무진(윤민재 2004), 초·중·고교 교사(중등우리교육 2006) 등 다양한 사회집단을 대상으로 실시되었다. 이종오(1996)는 이를 1980년대와 1990년대 민중운동과 노동자계급의 정치 진출이 수그러들고 30대 혹은 '모래시계 세대' 등 세대론적 언술이 지배적으로 자리 잡았기 때문으로 해석한다.

외환 위기 이후 급증한 비정규직을 대상으로 한 노동자 의식 연구는 정이환(2000)이 대표적이다. 그는 노동자계급을 대상으로 지금까지 진행되어 온 사회의식 연구가 주로 노조에 가입한 '핵심 노동자층'을 다루었다고 지적하면서, 비정규직이 계속 증가하고 있는 현실에 비추어 영종도 건설 일용 노동자를 대상으로 연구를 실시했다.[3] 분석한 결과 일용 노동자는 정부가 기업주의 이익만을 옹호하고, 노동자의 인간다운 삶을 위해 근본적인 사회 변화가 필요하다고 생각하는 등 중화학공업 대기업 노조의 사회 비판 의식에 버금갈 만큼 의식이 높은 것으로 나타났다. 하지만 동시에 가난은 개인의 노력이 부족한 탓이라거나 노력하면 잘살수 있다는 식의 순응 의식도 상당한 수준으로 나타났다고 한다. 정이환은 이런 결과를 바탕으로 건설 일용 노동자의 의식을 '복합적인 것'으로 표현하고 있다.

한국의 노동자 의식이 이처럼 모호하거나 이중적이며, 또한 복합적인 것은 급진적인 사회·정치의식을 가지게 만든, 권위주의 정권이 자행한 노동 탄압의 경험과, 노동자계급 전체를 아우르는 연대 의식을 형성하는 데 악영향을 끼친 기업별 노조주의의 경험이 공존했기 때문으로 보인다. 홍경준(1996)은 경기 남부 지역에 위치한 자동차 사업장 소속 노동자를 조사해 기업 복지를 선호하는 노동자일수록 연대감이나 파업 참여 의사가 뒤떨어지는 현상을 발견했다. 결국 1990년대 초반 신경영전략 기치 아래 기업 복지가 확충되고 기업별 노동운동이 자리 잡으면서 공공복지가 발전하는 데 부정적인 영향을 미치게 된 것이다.

실제로 2000년대 들어 실시된 노동계급 의식에 대한 연구는 이들의

3_ 이 조사에 사용한 자료는 2000년 5월 한국비정규센터와 건설노조연맹에 의해 수집되었다.

보수화 경향(조돈문 2006)과 민주노총 등 진보적 노동운동이 노동자 의식에 미치는 낮은 영향력(송호근·유형근 2010) 등을 지적하고 있다. 조돈문(2006)은 1991년과 2003년 실태 조사 자료를 비교해 정규직 노동자가 더 급격히 보수화되어 비정규직에 비해서도 계급의식 수준이 더 낮아진 원인을 노동자의 물적 조건이 향상되고, 이들이 지배 이데올로기에 일부 포섭된 결과로 분석한다. 노동계급의 모든 부문에서 계급의식이 보수화되었으며, 이는 민주노총 소속 노동자를 제외하고는 노동자 내부의 격차가 거의 없었다. 그러나 이보다 더 시간이 흐른 뒤인 2008~09년 울산의 민주노총 및 한국노총 소속 조직노동자를 대상으로 실시한 송호근·유형근(2010)의 조사에서는 대규모 공장일수록 계급의식이 높았지만, 생산직 여부와 민주노총 소속 여부는 계급의식에 통계적으로 유의한 영향을 미치지 않았다. 조사 대상이 울산에 한정되어 있고 비정규직이 포함되지 않은 연구여서 대표성이 약하기는 하지만, 노조 가입 여부 변수의 설명력이 상대적으로 약하다는 점은 현재의 노동조합운동이 노동계급 의식을 형성하는 데 유의미한 영향력을 끼치고 있지 못함을 가리킨다.

2. 고용 형태별 정치의 우선순위

앞 절에서 1980년대 후반 정치 민주화 이후 급진성을 일부 보여 주었던 노동자의 계급의식이 점차 보수화되고 있는 현상을 확인했다. 그러나 노동자계급 내 고용 형태별 격차에 따른 의식을 조사한 연구가 그렇게 많지 않았고, 정치적 보수화가 다양한 사회·정치 현안에 대한 정규직과 비정규직의 의견에 어떤 방식으로 영향을 주고 있는가에 대해서도 잘

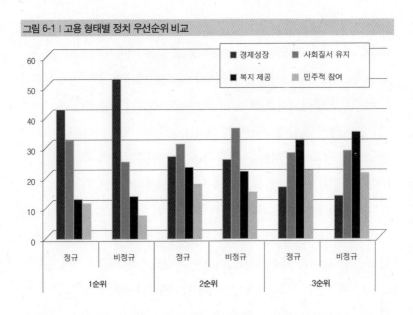

그림 6-1 | 고용 형태별 정치 우선순위 비교

알려져 있지 않다. 이 절에서는 고용 형태에 따라 정치가 어떤 사안을 우선적으로 해결해야 한다고 평가하는지를 검토해 보고자 한다.

〈그림 6-1〉은 사회질서 및 안정 유지, 정부의 의사 결정에 민주주의적 시민 참여 확대, 경제성장, 사회계층에 대한 복지 제공 중 정치적으로 가장 먼저 해결되어야 할 사안을 1~3순위까지 조사한 내용을 담고 있다. 정규직과 비정규직 모두 경제성장이 가장 중요한 정치적 현안이라고 답했지만 비정규직의 동의 정도가 52.7퍼센트로 42.6퍼센트가 응답한 정규직보다 10퍼센트포인트 정도 높았다. 1순위 응답 중 두 번째로 높은 항목은 사회질서 및 안정 유지로, 정규직의 32.6퍼센트, 비정규직의 25.4퍼센트가 이를 경제성장 다음으로 중요하다고 지적했다. 소외계층에 대한 복지 제공은 민주적 참여와 더불어 정규직과 비정규직 모두에게 그다지 중요성이 높은 정치적 해결 사항이 아닌 것으로 드러났다. 2순위와 3순위에서 최우선적 해결 사항은 1순위에서 두 번째와 세

표 6-1 | 고용 형태별 정치 우선순위 평가 (단위 : %)

		1순위				2순위				3순위				사례수
		사회질서유지	민주적참여	경제성장	복지제공	사회질서유지	민주적참여	경제성장	복지제공	사회질서유지	민주적참여	경제성장	복지제공	
정규		32.6	11.7	42.6	13.1	31.2	18.1	27.2	23.5	28.2	22.5	16.8	32.6	298
비정규		25.4	7.7	52.7	14.1	36.3	15.4	26.0	22.2	29.0	21.6	14.2	35.2	311
χ^2		*												
정규	상층	0.0	0.0	80.0	20.0	80.0	0.0	0.0	20.0	20.0	0.0	20.0	60.0	5
	중층	32.2	9.2	42.5	16.1	34.5	16.1	28.2	21.3	28.2	23.6	15.5	32.8	174
	하층	34.5	16.0	41.2	8.4	24.4	21.8	26.9	26.9	28.6	21.8	18.5	31.1	119
비정규	중중	29.8	9.9	47.9	12.4	35.5	14.9	24.8	24.8	27.3	25.6	17.4	29.8	121
	하층	23.2	6.8	54.8	15.3	36.7	15.8	27.1	20.3	30.7	18.8	12.5	38.1	177
	빈민층	15.4	0.0	69.2	15.4	38.5	15.4	23.1	23.1	23.1	23.1	7.7	46.2	13
χ^2														
정규직		32.6	11.7	42.6	13.1	31.2	18.1	27.2	23.5	28.2	22.5	16.8	32.6	298
무기계약		28.6	14.3	38.1	19.0	33.3	9.5	33.3	23.8	33.3	28.6	23.8	14.3	21
임시계약		24.4	6.1	57.3	12.2	37.4	16.0	25.2	21.4	26.2	26.9	9.2	37.7	131
1년 미만 계약		19.6	10.7	51.8	17.9	39.3	12.5	23.2	25.0	28.6	19.6	16.1	35.7	56
일용직		25.0	3.6	64.3	7.1	32.1	14.3	25.0	28.6	35.7	17.9	7.1	39.3	28
간접 고용		26.1	6.5	47.8	19.6	39.1	17.4	26.1	17.4	32.6	15.2	19.6	32.6	46
특수 고용		37.9	10.3	41.4	10.3	27.6	20.7	31.0	20.7	27.6	10.3	24.1	37.9	29
χ^2														
전체		28.9	9.7	47.8	13.6	33.8	16.7	26.6	22.8	28.6	22.0	15.5	33.9	609

주 : *** $p < .001$, ** $p < .01$, * $p < .05$

번째로 높게 나타난 사회질서 유지와 복지 제공이었다.

이 결과만 보면 경제성장과 관련된 노동자 의식은 1993년에 실시된 내용(정영태 1993)과 그다지 차이가 없다. 한국선거연구회가 전국 유권자를 대상으로 실시한 설문 조사와 인천 지역 노조원을 대상으로 한 설문 조사를 분석한 이 연구는 노동자계급의 66퍼센트가 자본가계급(53퍼센트)이나 신중간계급(58퍼센트)에 비해 물가·불황·주택 등 경제문제를 다른 문제보다 시급하게 해결해야 할 문제로 지목하고 있는 현실을 보였다. 개혁 지향적으로 빈부 격차 문제를 지적한 노동자는 전체 노동자의 2퍼센트에 불과했다.

〈표 6-1〉은 정규직과 비정규직뿐만 아니라 각 고용 형태에 따른 계

층별, 비정규직 내 유형별 우선순위를 분석한 결과이다. 경제문제를 중시하는 정도는 비정규직 내에서 계층이 낮을수록 더 커져, 비정규직 빈민층의 69.2퍼센트가 경제문제를 가장 시급한 현안으로 평가했다. 비정규직 하층과 빈민층의 경우, 비록 격차는 미미하지만, 다른 계층보다는 소외 계층에 복지를 제공한다는 데 좀 더 관심이 높았다. 비정규직 유형별로는 일용직과 임시 계약직이 다른 유형보다는 현안으로서 경제성장을 더 많이 지지하는 것으로 나타났다.

전반적으로 형편이 좀 더 어렵거나 더 나쁜 유형의 비정규직에 속할수록 경제성장을 지지하는 경향은, 이들의 경제활동이 경기 불황기에 더 큰 타격을 받기 때문으로 보인다. 비정규직보다는 정규직이 사회질서 유지에 대해 더 많이 지지했다는 점은, 정규직의 보수성이 좀 더 높다는 사실을 간접적으로 살펴볼 수 있게 한다. 한편, 민주적 참여에 대해 정규직과 비정규직 모두 응답률이 낮은 것은, 고진로 사회권을 위한 참여 기반이 아직 마련되지 않았고, 이를 제도화하는 데도 상당한 시간이 걸릴 것을 시사한다.

3. 고용 형태별 사회·정치의식의 영향 요인

1) 주요 변수의 기술 통계

이 절에서는 〈표 6-2〉에 나타난 네 가지 지표를 사용해 정규직과 비정규직 간 사회·정치의식의 차이를 더 다양하게 탐구해 보려 한다. 첫 번째 종속변수인 정치적 진보 수준은 극단적인 보수를 0점, 극단적인 진보를 10점으로 했을 때 응답자가 선택한 본인의 진보 수준을 의미한

표 6-2 | 분석에 사용된 종속변수 및 주요 독립변수의 기술 통계

변수명		정규	비정규	전체
		평균 (표준편차)		
종속변수[1]	정치적 진보 수준[2]	5.3 (1.5)	5.0 (1.5)	5.1 (1.5)
	정치적 관심도	4.9 (2.3)	4.3 (2.4)	4.6 (2.4)
	부의 정당하고 공정한 분배[3]	4.4 (2.2)	4.5 (2.1)	4.5 (2.2)
	삶의 기회 평등[3]	5.8 (1.9)	5.6 (1.9)	5.7 (1.9)
주요 독립변수	노조 가입[*]	19.8 (59)	1.0 (3)	10.2 (62)
	실업에 대한 두려움[5]	24.8 (74)	31.8 (99)	28.4 (173)
	노동시간 감축 의사[4*]	20.5 (61)	21.5 (67)	21.0 (128)
	노동 의욕[5*]	78.9 (235)	75.2 (234)	77.0 (469)
	시간 운영의 자율성[6]	5.7 (2.5)	5.3 (2.8)	5.5 (2.6)
	업무 내용 및 방향에 대한 재량권[6]	6.0 (2.2)	5.0 (2.7)	5.5 (2.5)
	좋은 일자리 특성[7] 다양성	5.9 (2.4)	4.4 (2.7)	5.1 (2.7)
	흥미로움	5.8 (2.2)	4.6 (2.5)	5.2 (2.4)
	항상 새로운 일 배움	6.0 (2.2)	4.6 (2.7)	5.3 (2.6)
	노력에 따른 보상	4.3 (3.0)	4.0 (3.3)	4.2 (3.1)

주 : 1 평균값(0~10)이 높을수록 해당 항목에 동의하거나 만족하는 정도가 높음.
2 평균값이 높을수록 진보적임을 의미함.
3 평균값이 높을수록 해당 내용에 대한 우리 사회의 보장 정도가 높다고 평가함.
4 소득이 줄어든다는 점을 감안하고도 노동시간을 감축할 의사.
5 일할 필요가 없더라도 직장이나 일자리를 계속 유지할 의사.
6 평균값(0~10)이 높을수록 해당 내용의 통제력이 높음.
7 평균값(0~10)이 높을수록 좋은 일자리 특성이 본인 일자리와 일치함.
* 비중(%; 괄호 안은 사례 수).

다. 평균값이 높을수록 정치적으로 진보 성향이 강한 것을 의미하는 이 종속변수의 정규직 평균 점수는 5.3점, 비정규직의 평균 점수는 5점으로 정규직의 진보 수준이 약간 높은 것으로 드러났다. 정치 관심도는 관심이 전혀 없는 0점부터 관심이 최고로 많은 10점까지의 척도로 측정되었는데, 정규직은 4.9점, 비정규직은 4.3점으로 비정규직의 관심도가 확연히 뒤떨어졌다.

이처럼 정치의식에 대한 두 종속변수와 더불어, 한국 사회에서 사회정의가 얼마나 보장되어 있다고 평가하는지를 조사하기 위해 부의 정당하고 공정한 분배, 삶의 기회에서의 평등 등 두 가지 종속변수를 함께 살펴봤다. 사회정의를 무엇으로 볼지에 대해서는 많은 논쟁이 있었다.

부의 정당한 분배는 모든 불평등이 부당한 것은 아니지만 정당하지 않은 불평등은 최소화되어야 한다는 의미에서 부정부패와 같은 부당한 방법으로 부를 축적할 수 없음을 뜻한다. 그리고 삶의 기회 평등은 사회정의를 구성하는 가장 핵심적인 요인으로, 자존감과 개인적 자율성 제고는 기회 평등이 가장 광범위하게 존재할 때 비로소 가능하다(Commission on Social Justice 1993). 우리 사회에서 부가 얼마나 잘 분배되고 있는지에 대해서는 정규직 4.4점, 비정규직 4.5점으로 모두 낮게 평가했다. 삶의 기회 평등에 대해서는 정규직 5.8점, 비정규직 5.6점으로 정규직이 비정규직보다 미미하나마 좀 더 긍정적으로 평가하는 것으로 나타났다.

주요 독립변수는 일자리와 관련된 광범위한 특성을 포함한다. 노동조합에 가입한 경우, 사용자와 교섭한 경험이 있고, 노조의 교육과 훈련을 통해 더 높은 수준의 정치적 진보성과 참여 의식을 지녔으며, 비판적 사회의식을 가졌으리라고 예상할 수 있다. 나머지 변수의 경우 노조 가입만큼 그 방향성을 분명하게 예측하기는 어렵지만, 실업에 대한 두려움이나 노동시간 및 노동 의욕 여부, 좋은 일자리 특성 등은 이들이 어떤 식으로든 정치와 사회에 대한 개인의 의식에 영향을 줄 수 있다는 것을 탐색하는 차원에서 회귀 모델에 포함했다. 정규직과 비정규직 간 차이가 가장 두드러진 변수는 노조 가입으로서, 정규직의 19.8퍼센트가 조합원이었던 반면, 비정규직은 1퍼센트만이 조직되어 있었다.

2) 정규직과 비정규직의 정치의식 영향 요인

고용 형태가 정치적 진보 수준에 미치는 영향력의 차이를 알아보기 위해 각각 정규직과 비정규직으로 나누어 회귀분석 한 결과를 〈표 6-3〉에서 확인할 수 있다. 정규직 모델의 R^2값은 .18, 비정규직은 .15로, 정

표 6-3 | 정치적 진보 수준에 미치는 일자리 관련 특성의 영향 요인

		정규	비정규	전체
		OLS 계수 (표준오차)		
상수		3,272* (1,653)	3,097** (1,021)	3,743*** (,797)
성별 (남성)		,171 (,219)	,083 (,216)	,085 (,149)
연령		-,016 (,015)	,004 (,011)	-,007 (,008)
학력 (고졸)	중졸 이하	,140 (,840)	,071 (,326)	,211 (,288)
	대재 이상	,398† (,223)	,033 (,206)	,201 (,148)
혼인 상태 (미혼)	기혼 유배우	-,017 (,274)	-,585† (,309)	-,272 (,202)
	이혼·별거·사별	-,705 (,556)	-,837† (,490)	-,558 (,359)
계층 인식 (하층)	상층	-1,669* (,723)		-1,650* (,679)
	중층	,008 (,193)	-,322† (,184)	-,118 (,130)
	빈민층		-,835† (,450)	-,768† (,438)
직업 (전문 관리직)	사무직	-,103 (,244)	1,059* (,460)	,163 (,212)
	판매·서비스	-,077 (,415)	,931† (,416)	,081 (,255)
	생산	-,263 (,347)	,851† (,478)	,020 (,271)
	단순 노무	-,090 (,930)	,771† (,457)	,017 (,316)
직장 유형 (민간)	정부 및 공공 기관	-,319 (,247)	,545† (,316)	-,033 (,189)
	비영리·비정부	,322 (,428)	,601 (,700)	,316 (,363)
	기타 및 소속 없음	-,436 (,671)	-,867 (,576)	-,628 (,431)
경력 (1년 미만)	1~5년	-,063 (,374)	-,068 (,244)	-,019 (,198)
	5~10년	-,565 (,393)	,221 (,304)	-,153 (,230)
	10년 이상	-,333 (,421)	-,022 (,313)	-,142 (,240)
근로소득 (로그)		,468† (,250)	,358* (,161)	,357* (,129)
주당 노동시간		,006 (,012)	-,010 (,007)	-,002 (,006)
고용 형태 (정규직)	무기 계약			,091 (,371)
비정규 고용 형태 (무기 계약)	임시직		-,058 (,364)	-,047 (,195)
	1년 미만 계약		-,203 (,401)	-,124 (,264)
	일용직		,614 (,459)	,837* (,365)
	간접 고용		-,025 (,421)	,051 (,286)
	특수 고용		-,515 (,484)	-,341 (,340)
노조 가입 (비가입)		-,198 (,229)	,735 (,891)	-,188 (,216)
실업에 대한 두려움 (없음)		,124 (,205)	-,104 (,195)	,043 (,140)
노동시간 감축 의사 (없음)		,370 (,228)	-,152 (,223)	,134 (,156)
노동 의욕 (없음)		-,414† (,215)	,010 (,207)	-,211 (,147)
시간 운영의 자율성		-,058 (,053)	-,014 (,050)	-,026 (,036)
업무 내용에 대한 재량권		,155* (,065)	,037 (,054)	,089* (,041)
좋은 일자리 특성	다양성	-,107* (,053)	,026 (,050)	-,048 (,036)
	흥미로움	,076 (,067)	-,083 (,065)	,007 (,045)
	항상 새로운 일 배움	-,004 (,060)	,079 (,054)	,040 (,039)
	노력에 따른 보상	-,029 (,036)	,004 (,037)	-,013 (,025)
F		1,917**	1,403†	1,916**
R^2		,179	,152	,112
N		294	309	603

주 : *** p<,001, ** p<,01, * p<,05, † p<0,1

규직의 정치적 진보 수준 종속변수 분산에 대한 독립변수들의 설명력이 비정규직보다 더 높은 편이다.

인구 사회학적 특성을 먼저 살펴보자면, 학력 변수는 정규직 모델에서만 통계적으로 유의해 대학 재학 이상 응답자의 진보 수준이 고졸 응답자보다 높았다. 한편, 비정규직 모델에서는 미혼 비정규직이 기혼이거나 이혼·별거·사별을 경험한 비정규직보다 정치의식이 진보적이었다.

계층 변수의 영향력 역시 정규직 모델과 비정규직 모델에서 약간의 차이를 보여 주고 있다. 정규직의 경우 하층이 상층보다는 진보적이었지만, 중층과의 차이는 통계적으로 유의하지 않았다. 비정규직 하층은 중층은 물론 빈민층보다도 더 진보적이었는데, 이는 형편이 어려울수록 수세적 입장을 취하며 정치적으로 보수화되는 경향을 반영한 것으로 보인다. 이 같은 결과는, 한국에서 가장 진보적인 세력은 전문가 등 중간계급 내 일부와 노동계급 중 임금과 노동조건이 더 나은 핵심 노동자계급이라는 기존 연구(Lee 1997)와도 부합한다. 근로소득이 많을수록 두 모델에서 모두 정치적 진보 수준을 높이는 데 유의한 영향을 미치고 있었다.

정규직 모델에서 직업과 직장 유형 관련 변수는 통계적으로 유의미한 영향력이 없었던 데 반해, 비정규직은 전문 관리직이 사무직, 판매·서비스직, 생산직, 단순 노무직 등 다른 모든 직종에 비해 정치적으로 가장 보수적이었으며, 민간 기업이나 개인 기업체보다 정부 및 공공 기관에서 일하는 비정규직의 정치적 진보 수준이 더 높았다.

비정규직 유형에 따른 비정규직 내부의 차이는 없는 한편, 전체 모델에서 정규직보다 정치적 진보 수준이 높은 유일한 비정규직 유형은 일용직이었다. 비정규직 모델의 경우 다른 일자리 특성은 통계적으로 유의미한 변수가 아니었던 데 반해, 정규직 모델에서는 노동 의욕, 업무 내용 및 방향에 대한 재량권, 좋은 일자리 특성으로서의 다양한 업무 내용이 정치적 진보 수준에 영향을 미치고 있었다. 노동 의욕은 일할 필요가 없더라도 직장이나 일자리를 계속 유지할 것인지에 대해 긍정적으로 답변한 경우를 일컫는다. 정규직의 경우 일의 가치와 자립에 대해 긍정적으로 평가할수록 정치적 진보 수준이 낮았다. 업무 내용 및 방향에 대한 재량권을 가진 경우는 그렇지 않았을 때보다 진보 수준을 높이는 데 긍정적인 영향력을 미쳤고, 업무 내용의 다양성은 그와 반대였다. 특정한 인과관계를 상정하기에는 자료가 부족하지만, 적어도 노동과정에서 높은 수준의 자율성을 획득하거나 이를 선호하는 노동자의 경우 정치적으로 진보적이 될 수 있음을 시사한다.

〈표 6-4〉는 정규직과 비정규직의 정치 관심도에 미치는 독립변수들의 영향력을 보여 준다. 앞서 살펴본 정치적 진보 수준에 비해 정치 관심도를 설명하는 독립변수들의 설명력이 좀 더 높아 정규직 모델의 R^2값은 .26, 비정규직은 .21로 나타났다. 정규직 모델과 비정규직 모델 모두에서 여성은 남성보다 정치 관심도가 상당히 낮았고, 특히 비정규직 모델에서 이 독립변수의 통계적 유의도는 매우 높았다. 연령이 높아질수록 정규직의 경우 정치 관심도가 높아졌는데, 비정규직 모델에서는 통계적으로 유의미한 영향력이 없었다. 혼인 상태 변수도 정규직 모델에서만 유의한 결과가 나타났다. 미혼 정규직보다 이혼·별거·사별을 경험한 정규직의 정치 관심도가 더 낮았다.

계층의 영향력은 비정규직 모델에서만 유의했는데, 하층보다 빈민층의 정치 관심도가 더 낮았다. 학력이나 직업 변수는 정규직 모델과 비정규직 모델 모두 통계적으로 유의미한 영향력이 없었다. 반면에 직장 유형의 경우 정규직 모델과 비정규직 모델에서 모두 유의하게 나타났는데, 민간 기업이나 개인 기업체에 근무하는 정규직보다 정부 및 공공 기관에서 일하고 있는 정규직의 정치 관심도가 높았고, 비정규직의 경우

표 6-4 | 정치 관심도에 미치는 일자리 관련 특성의 영향 요인

		정규	비정규	전체
		OLS 계수 (표준오차)		
상수		.159 (2.422)	3.622* (1.652)	3.001* (1.221)
성별 (남성)		−.599† (.321)	−1.314*** (.350)	−1.051*** (.228)
연령		.059** (.022)	.019 (.017)	.034** (.013)
학력 (고졸)	중졸 이하	1.143 (1.231)	−.281 (.528)	−.383 (.441)
	대재 이상	−.015 (.327)	−.529 (.334)	−.224 (.227)
혼인 상태 (미혼)	기혼 유배우	−.661 (.401)	.096 (.500)	−.296 (.309)
	이혼·별거·사별	−1.951* (.814)	−.506 (.792)	−1.042† (.548)
계층 인식 (하층)	상층	−.632 (1.060)		−.520 (1.040)
	중층	.186 (.283)	−.106 (.297)	.041 (.199)
	빈민층		−1.525* (.727)	−1.662* (.672)
직업 (전문 관리직)	사무직	−.364 (.357)	.185 (.743)	−.238 (.325)
	판매·서비스	−.978 (.608)	−.276 (.674)	−.657† (.391)
	생산	−.343 (.508)	−.663 (.773)	−.635 (.415)
	단순 노무	−1.866 (1.362)	−.741 (.739)	−.798 (.485)
직장 유형 (민간)	정부 및 공공 기관	.753* (.361)	.097 (.511)	.485† (.289)
	비영리·비정부	−.073 (.627)	−2.401* (1.132)	−.786 (.557)
	기타 및 소속 없음	−1.100 (.984)	1.059 (.932)	−.082 (.660)
경력 (1년 미만)	1~5년	−.282 (.548)	.401 (.395)	.124 (.304)
	5~10년	−.130 (.576)	.535 (.492)	.193 (.353)
	10년 이상	−.163 (.617)	.017 (.507)	.218 (.368)
근로소득 (로그)		.483 (.367)	−.168 (.161)	.149 (.198)
주당 노동시간		−.016 (.018)	−.002 (.261)	−.011 (.009)
고용 형태 (정규직)	무기 계약			−.707 (.569)
비정규 고용 형태 (무기 계약)	임시직		1.437* (.588)	.397 (.299)
	1년 미만 계약		1.546* (.649)	.538 (.404)
	일용직		1.661* (.742)	.656 (.559)
	간접 고용		.667 (.681)	−.211 (.439)
	특수 고용		1.575* (.783)	.075 (.521)
노조 가입 (비가입)		−.114 (.335)	−1.645 (1.441)	−.107 (.331)
실업에 대한 두려움 (없음)		.160 (.300)	−.512 (.316)	−.267 (.214)
노동시간 감축 의사 (없음)		−.288 (.334)	−.336 (.361)	−.370 (.239)
노동 의욕 (없음)		−.206 (.314)	−.288 (.334)	−.331 (.226)
시간 운영의 자율성		.122 (.078)	−.030 (.081)	.027 (.055)
업무 내용에 대한 재량권		.030 (.095)	.113 (.087)	.084 (.063)
좋은 일자리 특성	다양성	.039 (.078)	.041 (.080)	.068 (.055)
	흥미로움	.065 (.098)	.152 (.105)	.083 (.083)
	항상 새로운 일 배움	−.016 (.088)	−.033 (.088)	−.043 (.060)
	노력에 따른 보상	.087† (.052)	−.009 (.060)	.046 (.038)
F		3.102***	2.066**	3.884***
R^2		.261	.209	.203
N		294	309	603

주 : *** p<.001, ** p<.01, * p<.05, † p<0.1

는 민간 부문에 고용된 노동자보다 비영리·비정부 부문에서 일하고 있는 노동자의 정치 관심도가 더 낮았다.

고용 형태별로는 비정규직 내부 유형별로만 통계적으로 유의미한 격차가 있었는데, 무기 계약직보다 임시직, 1년 미만 계약직, 일용직, 특수 고용직이 모두 더 많이 정치에 관심이 있는 것으로 드러났다. 일자리 특성 관련된 변수가 정치 관심도에 미치는 영향력은 매우 미미했다. 정규직 모델에서 노력에 따른 보상 차이가 있는 일자리를 가진 경우 정치 관심도가 더 높았다. 비정규직 모델에서는 일자리 특성과 관련해 통계적으로 유의미한 변수가 없었다.

3) 정규직과 비정규직의 사회정의 실현 수준에 대한 의식 영향 요인

〈표 6-5〉와 〈표 6-6〉은 각각 한국 사회에서 부의 공정한 분배, 기회 평등이 어느 정도 실현되었는지에 대한 응답자의 평가를 종속변수로 분석한 결과를 담고 있다.

일단 부의 공정한 분배에 대한 평가를 종속변수로 한 비정규직 모델에서는 연령과 주당 노동시간, 그리고 일자리 특성 중 업무 내용의 다양성만이 통계적으로 유의미한 영향력을 보였다(〈표 6-5〉 참조). 연령이 높고, 업무 내용이 다양한 일자리일수록 더욱 긍정적인 평가를 내린 반면, 주당 노동시간이 길수록 부의 공정한 분배가 잘 되고 있지 않다고 여기는 것으로 나타났다.

정규직 모델은 비정규직 모델보다 통계적으로 유의한 변수가 더 많았고, R^2값 역시 .20으로 .18인 비정규직 모델보다 높았다. 고졸인 정규직은 대학 재학 이상의 학력을 가진 정규직보다 부의 공정한 분배 정도에 대해 부정적으로 평가했다. 정규직 모델에서는 혼인 상태도 평가에 영향을 미쳤는데, 미혼보다는 이혼·별거·사별을 경험한 응답자의 평가가 더 낮았다. 직종별로는 전문 관리직보다 생산직이 부의 분배 상태를 더 긍정적으로 평가했다. 민간 기업이나 개인 사업체에 종사하는 정규직보다는 비영리·비정부 기구에서 일하고 있는 정규직이 더 낮게 평가했고, 1년 미만 경력자보다 그 이상의 경력을 가진 정규직이 더 부정적으로 평가했다.

정규직 모델에서 일자리 특성 중 노조 가입 변수는 부의 분배에 대한 의식에 부정적인 영향력을 미쳐 노조에 가입한 정규직이 그렇지 않은 정규직보다 한국 사회의 현재 부의 분배 상태에 대해 더 비판적이었다. 좋은 일자리 특성 중 정규직 모델에서 유의한 변수는 노력에 따른 보상 차이가 있는지가 유일했는데, 얼마나 열심히 일하는지에 따라 임금 차이가 나는 일자리를 가진 정규직은 한국 사회의 부의 분배에 대해 좀 더 긍정적으로 평가했다.

기회 평등이 한국 사회에서 얼마나 보장되어 있다고 생각하는지를 종속변수로 삼아 회귀분석 한 결과, 이전 종속변수들과는 달리 정규직 모델과 비정규직 모델의 R^2값 차이가 상당히 줄어들어 두 모델 모두 .18로 거의 유사했다(〈표 6-6〉 참조). 기회 평등과 관련된 평가에서 특이한 점은 지금까지 별다른 통계적 유의성을 보인 바 없던 성별 변수의 영향력이 정규직 모델과 비정규직 모델에서 정반대였다는 점이다. 여성 정규직의 경우 기회 평등이 보장되는 정도에 대해 남성 정규직보다 부정적으로 평가했던 반면, 여성 비정규직은 남성 비정규직보다 긍정적으로 평가하고 있었다. 고용 형태별로 성별에 따라 이렇게 다른 평가 결과가 나타난 것은 남성 비정규직이 남성 정규직보다 기회 평등의 현실에 대해 더욱더 부정적으로 평가하고 있었기 때문으로 해석할 수 있다. 실제로 남성 정규직이 기회 평등 정도를 10점 만점에 6점으로 평가한 데 반

표 6-5 | 한국 사회 평가(공정한 분배 정도)에 미치는 일자리 관련 특성의 영향 요인

		정규	비정규	전체
		OLS 계수 (표준오차)		
상수		3,930 (2,447)	1,262 (1,473)	1,410 (1,157)
성별 (남성)		-.192 (.324)	.374 (.312)	.155 (.216)
연령		.006 (.022)	.050** (.015)	.039** (.012)
학력 (고졸)	중졸 이하	-.437 (.840)	-.083 (.470)	.124 (.418)
	대재 이상	.556† (.330)	-.254 (.297)	.125 (.215)
혼인 상태 (미혼)	기혼 유배우	.303 (1,244)	-.423 (.446)	-.052 (.293)
	이혼·별거·사별	-1,502† (.823)	-.898 (.706)	-.867† (.519)
계층 인식 (하층)	상층	.253 (1,071)		-.169 (.986)
	중층	.188 (.286)	.224 (.265)	.129 (.189)
	빈민층		-.595 (.648)	-.520 (.636)
직업 (전문 관리직)	사무직	.512 (.361)	.611 (.662)	.597† (.308)
	판매·서비스	.403 (.615)	.783 (.600)	.806* (.370)
	생산	1,639** (.513)	1,080 (.689)	1,317** (.393)
	단순 노무	2,023 (1,376)	-.057 (.659)	.378 (.459)
직장 유형 (민간)	정부 및 공공 기관	.005 (.365)	.200 (.456)	.001 (.274)
	비영리·비정부	-1,174† (.634)	-.933 (1,009)	-1,069* (.528)
	기타 및 소속 없음	.730 (.994)	1,218 (.831)	.843 (.625)
경력 (1년 미만)	1~5년	-.959† (.554)	.194 (.352)	-.109 (.288)
	5~10년	-.647 (.582)	.574 (.439)	.094 (.334)
	10년 이상	-.594 (.623)	-.158 (.452)	-.361 (.349)
근로소득 (로그)		-.119 (.371)	.236 (.233)	.175 (.188)
주당 노동시간		-.025 (.018)	-.020* (.010)	-.020* (.008)
고용 형태 (정규직)	무기 계약			.032 (.539)
비정규 고용 형태 (무기 계약)	임시직		.017 (.524)	-.097 (.284)
	1년 미만 계약		-.278 (.578)	-.366 (.383)
	일용직		.355 (.661)	.252 (.530)
	간접 고용		.136 (.607)	.187 (.416)
	특수 고용		.398 (.698)	.032 (.494)
노조 가입 (비가입)		-.702* (.339)	-1,460 (1,284)	-.647* (.313)
실업에 대한 두려움 (없음)		-.062 (.303)	-.124 (.282)	-.042 (.203)
노동시간 감축 의사 (없음)		-.231 (.337)	-.269 (.321)	-.246 (.227)
노동 의욕 (없음)		.232 (.318)	-.168 (.298)	-.028 (.214)
시간 운영의 자율성		.035 (.079)	.072 (.072)	.050 (.052)
업무 내용에 대한 재량권		.048 (.096)	.032 (.077)	.035 (.059)
좋은 일자리 특성	다양성	.039 (.079)	.146* (.072)	.081 (.052)
	흥미로움	.154 (.099)	-.017 (.093)	.094 (.066)
	항상 새로운 일 배움	-.100 (.089)	-.111 (.079)	-.116* (.056)
	노력에 따른 보상	.137* (.053)	-.016 (.053)	.065† (.036)
F		2,212***	1,722**	2,441***
R^2		.202	.181	.138
N		294	309	603

주 : *** p<.001, ** p<.01, * p<.05, † p<0.1

표 6-6 | 한국 사회 평가(기회 평등 수준)에 미치는 일자리 관련 특성의 영향 요인

		정규	비정규	전체
		OLS 계수 (표준오차)		
상수		5.042* (2.072)	2.169⁺ (1.271)	3.156** (.993)
성별 (남성)		-.766** (.274)	.647* (.269)	-.053 (.185)
연령		.014 (.018)	.051*** (.013)	.032** (.010)
학력 (고졸)	중졸 이하	.456 (1.053)	-.317 (.406)	.145 (.358)
	대재 이상	.048 (.279)	-.355 (.257)	-.185 (.185)
혼인 상태 (미혼)	기혼 유배우	.440 (.343)	-.780* (.385)	-.005 (.251)
	이혼·별거·사별	.366 (.697)	-1.200⁺ (.609)	-.310 (.446)
계층 인식 (하층)	상층	-.736 (.907)		-1.065 (.846)
	중층	.479* (.242)	.314 (.228)	.323* (.162)
	빈민층		-.852 (.559)	-.707 (.546)
직업 (전문 관리직)	사무직	.276 (.306)	-.082 (.572)	.171 (.264)
	판매·서비스	.776 (.520)	-.089 (.518)	.353 (.318)
	생산	.305 (.434)	-.025 (.594)	.236 (.337)
	단순 노무	-.295 (1.165)	-.165 (.568)	.093 (.394)
직장 유형 (민간)	정부 및 공공 기관	.309 (.309)	-.103 (.393)	.147 (.235)
	비영리·비정부	-1.268* (.537)	-2.068* (.871)	-1.447** (.453)
	기타 및 소속 없음	1.345 (.842)	1.111 (.717)	1.187* (.536)
경력 (1년 미만)	1~5년	.601 (.469)	-.069 (.304)	.190 (.247)
	5~10년	.724 (.493)	.506 (.378)	.478 (.287)
	10년 이상	.247 (.528)	-.203 (.390)	-.159 (.299)
근로소득 (로그)		-.393 (.314)	.271 (.201)	.054 (.161)
주당 노동시간		.002 (.015)	-.006 (.009)	-.005 (.150)
고용 형태 (정규직)	무기 계약			-.242 (.463)
비정규 고용 형태 (무기 계약)	임시직		.030 (.452)	-.141 (.243)
	1년 미만 계약		-.185 (.499)	-.354 (.328)
	일용직		.371 (.570)	.131 (.454)
	간접 고용		-.200 (.524)	-.411 (.357)
	특수 고용		-.189 (.602)	-.352 (-.352)
노조 가입 (비가입)		.081 (.287)	-.963 (1.108)	.113 (.269)
실업에 대한 두려움 (없음)		-.255 (.256)	.267 (.243)	.022 (.174)
노동시간 감축 의사 (없음)		-.207 (.286)	-.274 (.277)	-.235 (.195)
노동 의욕 (없음)		.568* (.269)	.145 (.257)	.329⁺ (.183)
시간 운영의 자율성		.082 (.067)	.081 (.062)	.065 (.045)
업무 내용에 대한 재량권		-.065 (.081)	.001 (.067)	-.013 (.051)
좋은 일자리 특성	다양성	.092 (.067)	.097 (.062)	.077⁺ (.045)
	흥미로움	-.028 (.084)	.027 (.080)	.032 (.057)
	항상 새로운 일 배움	-.020 (.075)	-.095 (.068)	-.055 (.048)
	노력에 따른 보상	.098* (.045)	.004 (.046)	.035 (.031)
F		1.946**	1.718*	2.128***
R^2		.182	.181	.122
N		294	309	603

주 : *** p<.001, ** p<.01, * p<.05, ⁺ p<0.1

해 남성 비정규직은 5.4점으로 더 낮게 평가했고, 여성의 경우는 정반대로 여성 정규직이 5.3점, 여성 비정규직은 5.8점으로, 여성 정규직이 비정규직보다 기회 평등에 대해 불만족스러워 하는 것으로 나타났다.

비정규직 모델에서는 연령이 높을수록, 기혼보다는 미혼일수록 삶의 기회 평등이 더 많이 보장되어 있다고 평가했다. 계층별로는 정규직 모델에서만 하층보다 중층이 기회 평등의 현실을 좀 더 부정적으로 평가했다. 직장 유형 변수는 정규직과 비정규직 모두에서 통계적으로 유의미했다. 민간 기업이나 개인 기업체보다 비영리·비정규 부문에서 일하는 임금노동자가 한국 사회에서의 삶의 기회 평등의 가능성에 대해 더 부정적이었다.

일자리 특성 변수는 정규직 모델에서만 통계적으로 유의미한 결과를 보였는데, 노동 의욕이 있고, 노력에 따른 보상이 주어지는 일자리를 가지고 있을수록 기회 평등이 잘 보장되어 있다고 여겼다. 정규직 모델과 비정규직 모델에서는 모두 유의하지 않았지만, 전체 모델에서는 업무 내용이 다양한 일자리를 가진 응답자일수록 기회 평등 수준에 대한 평가가 높은 것으로 나타났다.

4. 연구 결과 요약 및 토론

계급 간 의식 차이에 대한 연구는 상당히 많이 축적된 데 반해, 고용 형태에 따른 노동자 의식의 차이에 대해서는 지금까지 잘 알려져 있지 않았다. 그러나 계급에 따른 의식이, 생산과 소비 영역에서의 경험이 서로 다르고 대립한 데서 발생하는 것이라면, 현재의 정규직과 비정규직 역시, 비록 그 정도는 계급 간 차이에 비해 덜하다 하더라도, 상당한 수준의 일자리 격차와 그로 인한 생활 여건의 차이를 경험해 온 만큼 사회·정치의식이 서로 다를 수 있다. 이 장에서 실시한 경험적 분석은 이런 예상과 크게 다르지 않았다. 비정규직이 정규직보다, 비정규직 내부에서도 하층에 속할수록 경제성장이 정치의 가장 중요한 우선순위라고 생각하고 있었다. 정치 관심도도 비정규직이 정규직보다 낮았다.

정치의식과 사회정의에 대한 평가를 종속변수로 고용 형태별 회귀 분석을 실시한 결과에서도 이런 차이가 발견된다(〈표 6-7〉 참조). 정치적인 진보 수준은 정규직 모델에서 고학력일수록 높아졌으나, 비정규직 모델에서는 학력이 진보 수준에 유의미한 영향력을 미치지 못했다. 한편, 정치적 진보 수준은 정규직과 비정규직 모두에게서 근로소득이 많을수록 높은 것으로 드러났으나, 업무 내용에 대한 재량권이 진보 수준에 미치는 영향력은 정규직 모델에서만 긍정적으로 나타났다. 연령 변수의 영향력도 정규직 모델과 비정규직 모델에서 서로 달랐다. 나이가 많을수록 정규직은 정치 관심도가 높았고, 비정규직은 부의 공정한 분배나 기회 평등의 달성 수준에 대해 긍정적으로 평가하는 경향을 보였다.

계층 변수와 관련해서는 비정규직 빈민층의 일견 모순된 의식에 주목할 필요가 있다. 비정규직 빈민층은 정치적 진보 수준과 정치 관심도 모두가 비정규직 하층보다 낮았는데, 이 장에서 보고되지는 않았으나 추가 분석을 실시한 바에 따르면 우리 사회의 민주주의 현실에 대한 이들의 만족도 역시 하층보다 통계적으로 유의미한 수준에서 낮은 것으로 나타났다. 이처럼 비정규직 빈민층의 진보 수준과 정치 관심도가 낮은 이유를 정치에 대한 실망과 무관심, 희망 없음에 대한 반작용이라고 조심스럽게 해석해 볼 수 있다.

직장 유형도 사회·정치의식에 미치는 영향력이 상당히 큰 변수였다. 정부 및 공공 기관에 근무하는 비정규직은 민간 부문에 고용된 비정규

표 6-7 | 사회·정치의식에 대한 회귀분석 결과 요약표

		정치적 진보 수준		정치 관심도		부의 공정한 분배		기회 평등	
		정규직	비정규직	정규직	비정규직	정규직	비정규직	정규직	비정규직
성별 (남성)				−	−			−	+
연령				+			+		+
학력 ^(고졸)	대재 이상	+				+			
혼인 상태 ^(미혼)	기혼 유배우		−						−
	이혼·별거·사별	−	−						
계층 인식 ^(하층)	상층	−							
	중층							+	
	빈민층								
직업 ^(전문 관리직)	사무직		+						
	판매·서비스		+						
	생산		+			+			
	단순 노무		+						
직장 유형 ^(민간)	정부 및 공공 기관		+	+					
	비영리·비정부					−	−		
경력 ^(1년 미만)	1~5년						−		
근로소득 (로그)		+	+						
주당 노동시간							−		
고용 형태 ^(정규직)	임시직				+				
비정규 고용 형태 ^ (무기 계약)	1년 미만 계약				+				
	일용직				+				
	특수 고용				+				
노조 가입 (비가입)									
실업에 대한 두려움 (없음)									
노동시간 감축 의사 (없음)									
노동 의욕 (없음)		−						+	
시간 운영의 자율성									
업무 내용에 대한 재량권		+							
좋은 일자리 특성	다양성	−					+		
	흥미로움								
	항상 새로운 일 배움								
	노력에 따른 보상					+	+	+	

주 : 1 ^는 가변수 처리한 변수(결과가 유의하게 나타난 더미만 표시함).
　　2 +는 종속변수에 정의 영향, −는 부의 영향을 의미함.

직보다 정치적 진보 수준이 높았지만, 정규직 모델에서는 이런 효과가 발견되지 않았다. 하지만 정부 및 공공 기관에 근무하는 정규직은 민간 부문에서 일하는 정규직보다 정치 관심도가 더 높았다. 비영리·비정부 조직에서 일하는 비정규직은 민간 부문에서 일하는 비정규직보다 정치

관심도가 더 낮았다. 비영리·비정부 조직에서 일하는 정규직과 비정규직은 사회정의와 관련된 한국 사회 평가에서도 민간 부문에서 일하는 노동자에 비해 좀 더 비판적인 것으로 나타났다.

일자리 관련 특성 변수 중 노조 가입 여부는 정규직에 한해 부의 공정한 분배 수준에 대해 좀 더 부정적으로 평가하게 하는 것을 제외하고는 다른 사회·정치의식 관련 종속변수에 영향력을 거의 미치지 않았다. 좋은 일자리 특성의 영향력도 거의 없었다. 단, 노력에 따라 임금수준 등 보상이 달라지는 업무에 종사하는 경우 정치 관심도가 높고, 부의 공정한 분배 및 기회 평등의 보장 수준에 대해 좀 더 긍정적으로 평가했는데, 이 역시 정규직 모델에 한해 통계적으로 유의했고 비정규직 모델에서는 의미 있는 영향력을 미치지 못했다.

이 같은 연구 결과는 시민으로서의 노동자가 사회권의 주요 내용을 구성하는 데 적극적으로 참여할 것을 전제하는 고진로 사회권이 도입될 전망을 어둡게 한다. 무엇보다 한국에서의 정치적 진보 수준은 불안정한 일자리나 낮은 소득수준과 연관되어 있기보다는, 오히려 고학력 및 높은 근로소득과 연결되어 있었다. 이는 비정규직의 확대가 진보적 정치 세력의 확대와 연결되어 있지 않음을 뜻한다. 정치에 참여했을 때 삶의 질을 개선할 가능성이 가장 큰 비정규직 빈민층은 재분배나 기회의 평등을 가능케 하는 복지 수준의 개선보다는 경제성장에 더 큰 관심을 가지고 있는 것이 현실이었다. 이는 정치에 대한 무관심과 불신에 기인한 바 크며, 한국 정치의 보수성이 지속적으로 유지되고 있는 이유이기도 하다.

제3부

일자리와 복지 태도

7장

한국 사회복지 수요 및 복지 수준 평가

[질문자 : '한국 사회에서 사람들은 좋은 생활을 영위할 수 있다'에 동의하는가?] 우리나라가 돈이 있으면 살기는 편한 나라인 것 같아. 세금도 적고(사례 5, 정규직 택시운전사).

자기 욕구를 충족해 줄 수 있는 삶의 수준을 유지하기 힘든 것 같다. 빈부 차이가 큰 것도 있고, 기회가 똑같이 주어지는 것 같지도 않고, 부정·비리·학연·지연 같은 문제 때문에(사례 30, 임시 계약직 사무원).

1. 삶의 영역별 중요도

한 사회의 복지 수요를 알기 위해서는 사회 구성원이 자신의 복리와 만족스러운 삶을 위해 가장 중요하게 생각하는 삶의 영역을 파악해야 한다. 이 연구는 일자리·가족·건강 등 개인의 삶의 질을 결정하는 데 중요한 영역 10개를 선별한 후 조사 대상자에게 각 영역마다 전혀 중요하지 않은 0점부터 가장 중요한 10점까지 중요도를 선택하게 했다. 경제활동 유형별로 나눈 분석 결과를 〈그림 7-1〉에서 확인할 수 있다.

우선 유형별로 큰 차이가 나타나지 않는다는 점이 두드러진다. 대체

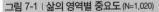

그림 7-1 | 삶의 영역별 중요도 (N=1,020)

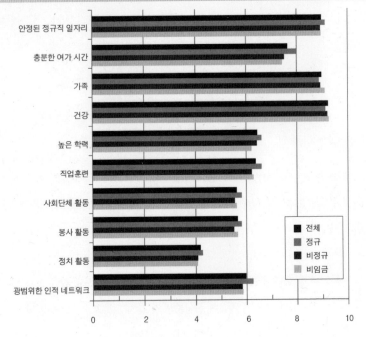

로 조사 대상자가 중시하는 삶의 영역 내 일자리 유형별 차이는 영역별 격차보다 크지 않았다. 우리나라 시민이 가장 중요하다고 생각하는 세 가지 삶의 영역은 건강(9.22점), 안정된 정규직 일자리(9점), 가족(8.97점) 이었다. 충분한 여가 시간(7.62점)은 이 세 영역보다는 점수가 낮았지만 그다음으로 중요하다는 평가를 받은 높은 학력(6.42점)과 직업훈련(6.35 점)보다는 높은 편이었으며, 광범위한 인적 네트워크(5.94점), 봉사 활동 (5.62점)과 사회단체 활동(5.61점)의 중요도는 중간 정도로 나타났다. 가장 점수가 낮은 분야는 정치 활동(4.13점)으로, 5점에도 이르지 못하고 있다.

영역 내 격차와 관련해 중요한 특징 하나는 정규직이 비정규직이나 비임금노동자보다 건강과 가족 분야를 제외한 모든 삶의 영역에 가장 높은 중요도를 부여했다는 점이다. 예를 들어 안정된 정규직 일자리에 대해 정규직은 9.14점으로 평가한 반면, 비임금노동자는 8.97점, 비정규직은 8.95점의 중요도를 가진다고 응답했다. 정규직의 평가 점수가 나머지 두 집단보다 가장 높았던 영역은 충분한 여가 시간으로, 정규직 7.99점, 비정규직 7.5점, 비임금노동자 7.41점 순으로 중요도를 보였다. 높은 학력과 직업훈련, 광범위한 인적 네트워크에 대한 평가에서도 정규직이 다른 집단보다 높은 편이었다. 이런 점들을 높이 평가한 이들이기에 정규직이 될 가능성이 높아진 것인지, 아니면 이미 안정적인 일자리가 상대적으로 더 많이 보장된 상태여서 다른 것들을 생각할 여유가 생긴 것인지, 그 인과관계의 방향은 분명하지 않다. 다만 정규직의 복지 수요가 비정규직보다 더 높을 가능성이 있다는 것만은 분명하다.

삶의 영역별 중요도 조사에서 발견된 또 다른 사실은 조사 대상자가 평가한 안정된 정규직 일자리에 대한 중요도가 건강과 같은 삶의 기본적인 영역과 거의 같을 만큼 높았다는 점이다. 비정규직을 주 대상으로 한 심층 면접 조사에서 이 영역이 중요하다고 응답하며 밝힌 이유는 상당히 다양했다. 가구 제조 업체에서 간접 고용직으로 일하고 있는 45세 남성(사례 34)은 "비정규직은 언제 해고될지 몰라 항상 불안하다. 마음이 불안하면, 고객이 만족할 만한 물건이 나올 수 없다."고 한다. 그와 마찬가지로 양복 재단실 간접 고용직인 48세 여성(사례 32)도 "정규직이 되면 회사 상황에 따라 쉽게 휘둘리지 않아 해고 위험이 적을 터"여서 좀 더 안정적인 일자리를 선망하고 있었다. 해고의 위협에 무방비로 노출된다는 점에 더해, 비정규직은 낮은 임금으로 고통 받고 있기에 정규직을 선망한다. 임시 계약직 유치원 교사인 38세 여성(사례 33)의 경우 "나 같은 직업은 정규직이어야 월급이 제대로 나오기 때문에 (정규직 일자리가) 중요하다. 시간제는 급여가 원장 재량으로 나와서 제대로 못 받는 경우가 많다."고 했고, 임시 계약직 경리인 31세 여성(사례 26)은 "정규직이 되면 직장에서 받는 혜택이 있으니…… 전의 직장에서는 월급도 적은데 점심 값도 안 주고, 차비랑 쓰고 나면 돈이 모자라 굶거나 싼 것만 골라 먹어야 하니까" 하루빨리 비정규직을 벗어나기를 바란다. 결국 이들에게 정규직 일자리가 삶의 영역에서 높은 중요도를 차지하게 된 궁극적인 이유는 "정규직이 되면 삶에 안정감을 가지고 인생 설계를 할 수 있기 때문"(사례 55, B시 발전연구소 임시 계약직 연구 인턴인 34세 남성)일 것이다.

직업훈련에 대한 중요도 평가가 높은 학력에 대한 평가와 거의 유사한 수준이라는 사실도 주목할 만하다. 심층 면접 조사를 통해서도 비록 그 수는 많지 않았으나 직업훈련의 중요성을 인지하고 있는 비정규직의 의견을 들어볼 수 있었다. 임시 계약직으로 컨설팅 업체 홍보부에서 일하는 29세 여성(사례 63)은 "훈련을 통해 업그레이드돼서 정규직이 될 수도 있으므로" 중요하게 생각하고 있었고, 핸드폰 충전기를 만드는 전자 회사에서 간접 고용직으로 일하고 있는 50세 여성(사례 35)은 여성이 좋은 일자리를 얻을 수 있는 수단으로서 직업훈련의 가치를 중시하고 있었다. "우리는 주부이기 때문에 단순한 일만 하게 되고 최저임금만 받고 산다. 직업훈련을 받게 해준다면 기술을 배워 더 좋은 일자리를 가질 수 있을 거야." 어쩌다 나무 자르는 훈련을 받게 되어 공원 관리 업무에 도움을 받은 경험이 있는 임시 계약직 공원 관리인인 67세 남성(사례 21)은 기대하지 않았던 직업훈련의 효과에 무척 만족했고, 간접 고용직으로 가구 제조 업체에서 일하는 45세 남성(사례 34)은 직업훈련의 중요성은 고령자에게 더 크다고 이야기한다. "훈련이 안 되어 있다면 회사에서 잘렸을 때 방법이 없지만, 직업훈련을 받는다면 그런 상황에서 대체할 만한 일자리를 구할 수 있을 테니까, 특히 나이 든 사람에게 중요할 것 같아."

2. 복지 분야별 중요도 및 달성도

여기서는 일자리 일반, 일자리의 기회 평등, 경제생활, 의료·보육·교육, 생활환경 및 안전·보호, 가족 및 지역 생활 등과 관련된 여섯 가지 복지 분야로 나누어 조사 대상자가 생각하는 중요도와 우리 사회의 달성도를 5점 척도를 통해 검토하고자 한다. 응답자는 전혀 중요하지 않거나 달성되지 않았다고 생각하는 1점부터 매우 중요하거나 완벽하게 달성되었다고 생각하는 5점 사이에서 점수를 기입했다. 그림에 나타난 평균값은 비경제활동인구까지 포함한 전체 1,020명을 대상으로 분석되었다. 〈그림 7-2〉부터 〈그림 7-7〉까지 통틀어 확인된 가장 중요한 특성은 거의 모든 세부 복지 분야의 중요성이 4점 이상을 기록한 데 반해, 달성도가 중간 수준인 3점을 넘는 경우는 단 한 건도 없었다는 점이다.

〈그림 7-2〉에서는 일자리와 관련된 세부 분야별 중요도와 우리 사회의 달성 정도를 살펴볼 수 있다. 무엇보다도 4.53점으로 중요도 평균값이 가장 높았던 것은 '실업을 불안해하지 않고 일하는 것'이라는 항목이었다. 동시에 달성도 차원에서는 2.28점을 기록해 가장 낮은 항목이기도 했다. '보람 있는 일이나 자신에게 알맞은 일을 하는 것' 역시 중요도(4.48점)가 높다고 평가되었지만, 달성도는 2.53점에 불과했다. 반면에 '취업 소개나 취업 훈련을 위한 시설이나 내용이 풍부한 것', '연중 언제라도 원할 때 휴가를 이용하는 것'의 중요도는 상대적으로 낮은 편이었다. 일자리와 관련된 분야 중 가장 달성도가 높다고 평가된 것은 '직장 환경이 쾌적하게 유지되는 것'(2.84점)이었다.

〈그림 7-3〉은 일자리의 기회 평등과 관련된 분석 결과이다. 여기서 가장 중요하다고 평가된 것은 '능력 있고 노력한다면 누구라도 정당한 지위나 수입을 얻는 것'(4.56점)이었고, '능력 있는 사람이 학벌을 이유로

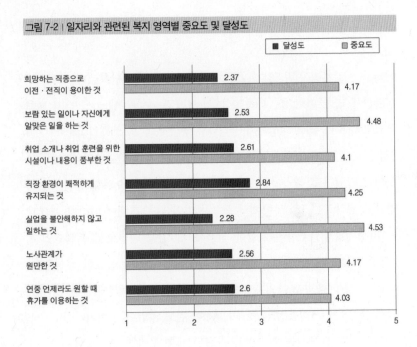

그림 7-2 | 일자리와 관련된 복지 영역별 중요도 및 달성도

■ 달성도　□ 중요도

영역	달성도	중요도
희망하는 직종으로 이전·전직이 용이한 것	2.37	4.17
보람 있는 일이나 자신에게 알맞은 일을 하는 것	2.53	4.48
취업 소개나 취업 훈련을 위한 시설이나 내용이 풍부한 것	2.61	4.1
직장 환경이 쾌적하게 유지되는 것	2.84	4.25
실업을 불안해하지 않고 일하는 것	2.28	4.53
노사관계가 원만한 것	2.56	4.17
연중 언제라도 원할 때 휴가를 이용하는 것	2.6	4.03

차별받지 않는 것'(4.45점)이 그다음으로 높은 평가를 받았다. 이들의 달성도는 각각 2.47점과 2.43점으로 중간을 밑도는 수준이었다. '고령자나 심신장애인이 원한다면 일할 수 있는 것'은 4.3점의 중요도 평가에도 불구하고 달성도는 2.27점으로 가장 낮았다. 반면에 '능력 및 직업이 같다면 남녀 간에 승진과 수입의 차이가 없는 것'의 달성도는 2.6점에 가까워, 일자리의 기회 평등 관련 복지 영역 중에서는 점수가 가장 높았다.

소득분배와 경제생활, 소비와 관련된 총 7개 복지 분야의 중요도와 달성도 평가를 〈그림 7-4〉에서 살펴볼 수 있다. '노후에 충분한 연금을 받는 것'(4.61점)이 가장 높은 중요도 평가를 받았지만, 달성도 평균값은 2.37점에 불과했다. 그 밖에 '목표를 달성하기에 저축이 충분한 것'(4.48

그림 7-3 | 일자리의 기회 평등 관련 복지 영역별 중요도 및 달성도

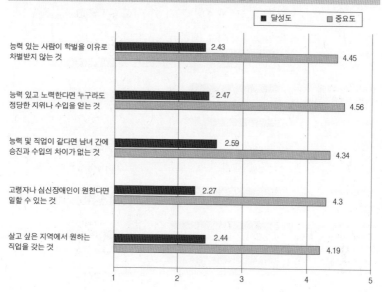

점)과 '수입이 매년 확실히 증가하는 것'(4.46점) 등의 항목이 중요하다고 평가를 받았다. 이들의 달성도도 각각 2.33점과 2.42점으로 높은 편은 아니었다.

'세금 부담이 공평한 것'(중요도 4.32점)은 달성도 평균값이 2.19점에 불과했지만, 이는 이 복지 분야뿐만 아니라 여기서 살펴보고 있는 모든 항목 중에서 가장 낮은 평가였다. 세금 납부와 관련된 불만이 상당하다는 사실을 엿볼 수 있다. '수입이나 재산의 불평등이 적은 것'(중요도 4.25점)의 경우도 달성도 평균값이 2.26점으로 매우 낮은 수준이었다.

반면에 소비와 관련된 항목은 상대적으로 나은 평가를 받은 것으로 드러났다. '식품이나 약품 등의 상품 및 서비스의 안정성이 확보된 것'의

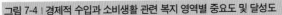

그림 7-4 | 경제적 수입과 소비생활 관련 복지 영역별 중요도 및 달성도

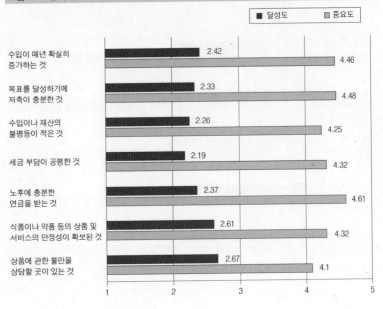

중요도는 4.32점으로 평가되었고, 달성도 평균값은 2.61점을 기록했다. '상품에 관한 불만을 상담할 곳이 있는 것'(중요도 4.1점)은 달성도 평균값이 2.67점으로 이 분야에서 가장 높은 편에 속한다.

〈그림 7-5〉에 나타난 의료·보육·교육 관련 복지 분야의 경우 다른 분야에 비해 달성도 평가가 가장 우수했다. 대부분의 항목이 중간인 3점에 가까운 평균값을 보여 주고 있다. 특히 중요도가 4.62점인 것으로 평가된 '적절하고 질 높은 진단이나 치료를 받는 것'의 달성도는 2.97점으로 전 복지 분야에서 가장 높은 평가를 받은 두 가지 항목 가운데 하나였다. '비용을 걱정하지 않고 치료받을 수 있는 것'(중요도 4.61점)은 조사 대상자가 매우 중요하게 여기는 분야였지만, 달성도 평균값은 이 복

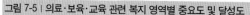

그림 7-5 | 의료·보육·교육 관련 복지 영역별 중요도 및 달성도

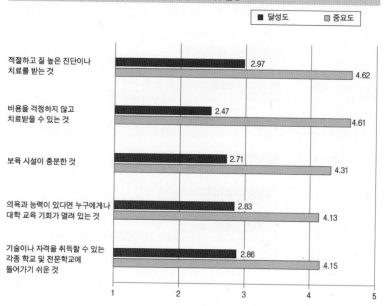

■ 달성도　　▨ 중요도

적절하고 질 높은 진단이나 치료를 받는 것	2.97 / 4.62
비용을 걱정하지 않고 치료받을 수 있는 것	2.47 / 4.61
보육 시설이 충분한 것	2.71 / 4.31
의욕과 능력이 있다면 누구에게나 대학 교육 기회가 열려 있는 것	2.83 / 4.13
기술이나 자격을 취득할 수 있는 각종 학교 및 전문학교에 들어가기 쉬운 것	2.86 / 4.15

지 분야 중 가장 낮은 2.47점이었다.

반면에 '보육 시설이 충분한 것', '의욕과 능력이 있다면 누구에게나 대학 교육 기회가 열려 있는 것', '기술이나 자격을 취득할 수 있는 각종 학교 및 전문학교에 들어가기 쉬운 것' 등 보육과 교육에 관련된 항목은 중요도는 상대적으로 낮게 평가되었으나 달성도는 2.7점 이상으로 높게 평가된 항목에 속한다.

〈그림 7-6〉과 〈그림 7-7〉은 각각 생활환경과 안전, 가족 및 지역 생활과 관련된 중요도 및 우리 사회의 달성도 수준을 분석한 내용을 담고 있다. '원한다면 자기 집을 가질 수 있는 것', '보행자가 밤에 안심하고 다닐 수 있는 것'은 이 분야의 다른 항목보다 중요도가 높게 평가되었고,

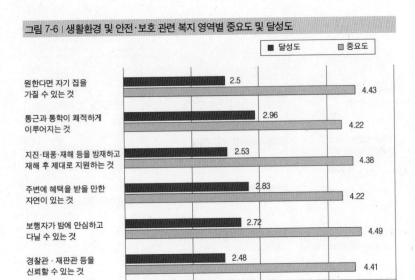

그림 7-6 | 생활환경 및 안전·보호 관련 복지 영역별 중요도 및 달성도

■ 달성도　　□ 중요도

원한다면 자기 집을
가질 수 있는 것
2.5
4.43

통근과 통학이 쾌적하게
이루어지는 것
2.96
4.22

지진·태풍·재해 등을 방재하고
재해 후 제대로 지원하는 것
2.53
4.38

주변에 혜택을 받을 만한
자연이 있는 것
2.83
4.22

보행자가 밤에 안심하고
다닐 수 있는 것
2.72
4.49

경찰관·재판관 등을
신뢰할 수 있는 것
2.48
4.41

달성도는 각각 2.5점과 2.72점으로 나타났다. '통근과 통학이 쾌적하게 이루어지는 것', '주변에 혜택을 받을 만한 자연이 있는 것' 등 또한 상대적으로 달성도가 높게 평가되었다. 반면에 '경찰관·재판관 등을 신뢰할 수 있는 것'은 중요도가 상대적으로 높았던 데 비해 달성도는 복지 분야 중에서 가장 낮은 2.48점이었다.

가족과 관련된 복지 분야 역시 조사 대상자가 평가한 중요도 수준이 높은 편이었다. 특히 '혼자 사는 노인이나 한부모 세대 사람들이 안심하고 생활하는 것', '중증 간병이 필요한 노인과 장애인이 있는 가정을 위한 복지 서비스가 충분한 것'은 중요도가 4.5점 수준이었고, 달성도는 각각 2.63점과 2.75점이었다. '자살이나 일가족 집단 자살이 적은 것'의

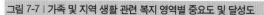

그림 7-7 | 가족 및 지역 생활 관련 복지 영역별 중요도 및 달성도

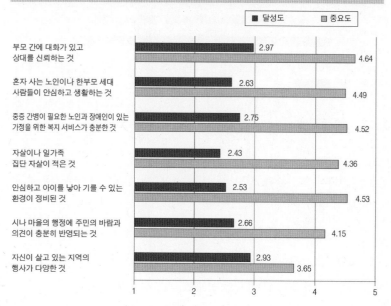

■ 달성도　　□ 중요도

부모 간에 대화가 있고
상대를 신뢰하는 것 — 2.97 / 4.64

혼자 사는 노인이나 한부모 세대
사람들이 안심하고 생활하는 것 — 2.63 / 4.49

중증 간병이 필요한 노인과 장애인이 있는
가정을 위한 복지 서비스가 충분한 것 — 2.75 / 4.52

자살이나 일가족
집단 자살이 적은 것 — 2.43 / 4.36

안심하고 아이를 낳아 기를 수 있는
환경이 정비된 것 — 2.53 / 4.53

시나 마을의 행정에 주민의 바람과
의견이 충분히 반영되는 것 — 2.66 / 4.15

자신이 살고 있는 지역의
행사가 다양한 것 — 2.93 / 3.65

달성도는 2.42점으로, 이 분야에서 가장 낮았다.

3. 실업과 빈곤, 비정규직 문제에 대한 고용 형태별 태도

이 절에서는 실업과 빈곤, 비정규직 등 더욱 구체적인 노동시장에서의
문제에 대한 정규직과 비정규직의 인식과 태도를 분석한다. 〈그림 7-8〉
과 〈그림 7-9〉는 각각 '1백 명의 생산 가능 인구 중 몇 명이 실업자이고,
그래서 일자리를 찾고 있다고 생각하는지', '인구 1백 명 중 대략 몇 명
정도가 아주 기초적인 생활에 필요한 돈도 없다고 생각하는지'에 대한

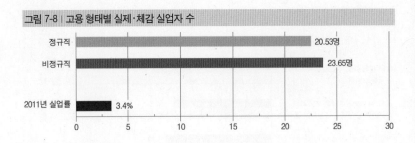

그림 7-8 | 고용 형태별 실제·체감 실업자 수

정규직 20.53명
비정규직 23.65명
2011년 실업률 3.4%

답을, 2011년 실업률과 2011년 국민기초생활보장제도의 수급률과 비교한 내용을 담고 있다.

분석한 결과, 조사 대상자의 체감 실업률과 빈곤율, 실제 실업률과 기초생활보장 수급자 비율 사이의 차이가 상당히 크다는 것을 발견했다. 실제 실업률은 3.4퍼센트에 불과했지만, 정규직은 1백 명 중 22.5명, 비정규직은 23.6명이 구직이 필요한 실업자라고 응답했다. 또한 국민기초생활보장제도의 혜택을 받은 사람은 2.9퍼센트에 불과했으나 실제·체감 극빈층 수는 정규직이 1백 명 중 14명, 비정규직이 1백 명 중 16.8명이라 답한 것으로 드러났다. 구직하기가 어려워 실업자 통계에 잡히지 않는 많은 수의 실망 실업자를 고려해 볼 때, 국민기초생활보장제도가 상당수의 차상위 집단과, 수급 자격을 갖추지 못한 빈민층에 도움을 주지 못하고 있는 현실을 떠올렸을 때, 조사에서 드러난 이 수치가 실질적인 실업률과 빈곤율을 반영한다고 해석해도 무리가 없을 것이다. 정규직과 비정규직이 체감하는 실업자와 극빈층 수가 (그 정도는 크지 않지만) 분명한 격차가 보이는 것 또한 이들이 살고 있는 생활환경과 이웃의 영향을 받은 것이라 보인다.

〈표 7-1〉은 고용 형태별로 정규직과 비정규직의 임금 및 노동조건상의 격차가 어떻게 되어야 하는지, 비정규직 문제의 궁극적인 해결책

그림 7-9 | 고용 형태별 실제·체감 극빈층 수

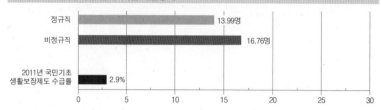

은 무엇인지에 대해 응답한 내용을 분석한 것이다. 비정규직이 정규직과의 격차가 좀 더 많이 줄어들어야 한다고 응답했으나, 통계적으로 의미 있는 차이는 아니었다. 계층별로 나누어 살펴보았을 때 비정규직과 정규직의 격차가 줄어들어야 한다고 가장 많이 응답한 집단은 정규직 하층(91.6퍼센트)으로 나타났는데, 이는 비정규직보다도 높은 수준이다. 비정규직 중 격차 감소에 대해 동의하는 정도가 가장 낮은 집단은 비정규직 빈민층(84.6퍼센트)이었다. 고용 형태별 계층 간 격차보다 더 두드러진 차이는 비정규직 유형에서 나타났는데, 이런 차이는 통계적으로도 유의했다. 다른 비정규직 유형보다 정규직과의 유사성이 큰 무기 계약직, 임시 계약직, 1년 미만 임시 계약직의 경우 각각 95.2퍼센트, 92.4퍼센트, 91.1퍼센트가 격차가 줄어들어야 한다고 응답한 반면, 일용직, 간접 고용직, 특수 고용직은 각각 75퍼센트, 78.3퍼센트, 82.8퍼센트가 그렇다고 응답했다.

　비정규직 문제의 해결책에 대해서도 정규직과 비정규직의 응답 차이는 그다지 크지 않았다. 정규직과 비정규직 모두 과반수 가까운 조사 대상자가 일정 기간이 지난 비정규직을 정규직으로 전환하는 것이 비정규직 문제를 궁극적으로 해결할 방안이라고 응답했고, 그다음 약 30퍼센트의 응답자가 정규직과 동등하게 대우하고 부당한 차별을 바로잡는

표 7-1 | 고용 형태별 비정규직 문제 및 해결 방안에 대한 의견 (단위 : %)

		정규·비정규 격차에 대한 의견			비정규 문제 해결책				사례 수
		줄어들어야 한다	적정한 격차이다	더 늘어나야 한다	비정규직 철폐	일정 기간 후 정규직 전환	정규직과 동등 대우	기타	
정규		85.6	13.1	1.3	20.1	49.7	29.5	0.7	298
비정규		87.8	10.6	1.6	19.6	47.9	32.2	0.3	391
χ^2									
정규	상층	80.0	20.0	0.0	20.0	60.0	20.0	0.0	5
	중층	81.6	16.7	1.7	20.7	51.7	27.0	0.6	174
	하층	91.6	7.6	0.8	19.3	46.2	33.6	0.8	119
비정규	중층	86.8	11.6	1.7	19.0	47.1	33.9	0.0	121
	하층	88.7	9.6	1.7	20.3	48.0	31.1	0.6	177
	빈민층	84.6	15.4	0.0	15.4	53.8	30.8	0.0	13
χ^2									
정규직		85.6	13.1	1.3	20.1	49.7	29.5	0.7	298
무기 계약		95.2	4.8	0.0	23.8	38.1	33.3	4.8	21
임시 계약		92.4	6.9	0.8	14.5	54.2	31.3	0.0	131
1년 미만 계약		91.1	7.1	1.8	28.6	39.3	32.1	0.0	56
일용직		75.0	14.3	10.7	28.6	39.3	32.1	0.0	28
간접 고용		78.3	21.7	0.0	17.4	47.8	34.8	0.0	46
특수 고용		82.8	17.2	0.0	17.2	51.7	31.0	0.0	29
χ^2		**							
전체		86.7	11.8	1.5	19.9	48.8	30.9	0.5	609

주 : *** p<.001, ** p<.01, * p<.05

것을, 나머지 약 20퍼센트의 응답자가 비정규직을 철폐하는 것을 해결책이라고 지적했다. 고용 형태에 따른 계층별, 비정규직 유형별 격차의 통계적 유의성은 없었다. 단, 1년 미만 계약직과 일용직의 경우 다른 유형의 비정규직보다 비정규직 철폐에 대한 선호도가 10퍼센트포인트 정도 더 높았다.

심층 면접 자료에 나타난 비정규직의 응답에서는 이와 관련해 좀 더 다양한 의견을 살펴볼 수 있다. 우선 비정규직 문제를 대기업과 중소기업의 문제로 확대해 해결책을 제시한 조사 대상자들이 있었다. 실제로 영세 소기업의 경우 고용 형태별 격차가 지닌 의미가 사라지고 대기업에 고용된 비정규직보다도 임금과 노동조건이 뒤떨어지는 일이 많기 때문에 이들의 문제 제기는 합당해 보인다. 일용직으로 식당 홀에서 서빙을 하는 45세 여성(사례 4)과 임시 계약직 재단 사무직인 30세 여성(사례 29)은 대기업이 일자리를 좀 더 많이 나눠야 한다고 했고, 임시 계약직 정부 중앙 부처 직원인 25세 여성(사례 28)은 국가가 중소기업을 지원해 대기업처럼 성장시키는 것이 불안정한 중소기업에서 일하는 것을 기피하는 현실을 막는 방안이라고 제안했다.

비정규직 자체를 없애는 것과 일정 기간 후 정규직으로 전환하라는 제안은 실제로 약간의 시차만 있을 뿐, 동일한 방향에 있는 해결책이다. 임시 계약직으로 공원 관리를 하는 48세 남성(사례 9)은 비정규직이 이렇게 증가한 것은 정부가 기업을 편들며 정책을 펼쳤기 때문이라고 비판하면서, 기업이 비정규직을 없애는 방향에서 사회적 책임을 다할 것을 당부하고 있다.

> 비정규직이 예전에는 이렇게 많지 않았어요. IMF 이후로 이렇게 된 것이죠. 이 문제의 궁극적인 해결책은 정부가 비정규직 자체를 없애는 것인데, 아직도 기업의 손을 들어주고 있어요. 아직도 기업이 어려운지 알고 착각하고 있는 거죠. 기업은 굉장히 많은 현금을 쌓아 두고 있는데. 일단 정부의 책임이 큰 것 같아요. 그리고 기업체들도 사회적 책임을 다해야 할 것 같아요. 자기의 회사 이익만을 추구하기보다는. 더불어 사는 사회를 만들기 위해서는 기업체가 한 발씩 양보해야 할 것 같아요.

그 밖에도 많은 면접 대상자가 비정규직을 없애는 것이 이 문제를 해결하는 최선임을 강조했다. 간접 고용직으로 핸드폰 충전기를 만드는 전자 회사에서 일하는 50세 여성(사례 36)은 같은 일을 함에도 대우가 다른 부당함을 토로하면서 비정규직이 없어져야 하는 이유를 다음과 같이 설명한다.

> 비정규직이라는 게 아예 없어져야 한다. 왜 있는지 모르겠어. 내가 옛날에 회사
> 다닐 땐 없었는데, 언제부턴가 '용역'이라는 게 생겨났네. 다 선진국 스타일을
> 따라가느라 생겼다고 하던데, 다 똑같은 일 하는데 왜 다르게 취급받아야 하는
> 지 모르겠다.

이와 유사한 맥락에서 임시 계약직 컴퓨터 프로그래머인 26세 남성
(사례 15)은 정규직과 비정규직이 순환되면서 정규직도 언제든지 비정규
직과 같은 지위로 갈 수 있게 하는 '인식의 전환'을 요구하고 있다. 정규
직이 비정규직의 지위로 가게 되고 그 반대도 가능하다면, 비록 이 또한
고용 안정을 보장할 수 없다 하더라도, 신분적으로 고착화된 비정규직
지위를 와해할 수 있는 방법이라고 볼 수는 있다.

> 저는 벽이 허물어져야 된다고 생각합니다. 정규직이라고 해서 긴장을 늦출 수
> 있는 시스템이라면 비정규직과 정규직이 언제든지 순환될 수 있게 하는 것이
> 좋아요. 한 번 정규직이 되었다고 안주하는 것이 아니라 경쟁을 통해서 언제든
> 지 바뀔 수 있는 것이죠. 정규직이든 비정규직이든 능력이 있는 사람이 대우받
> 아야 합니다.

이런 입장은 정규직의 연대 의식이 부족하다고 비판한, 임시 계약직
으로 회계사 사무실에서 일하는 34세 여성(사례 40)의 다음과 같은 문제
제기로 발전될 수 있다. 국가나 기업뿐만 아니라 노동자 스스로 협력을
통해 정규직과 비정규직의 격차와 차별을 해결하려고 노력해야 한다는
것이다.

비정규직 문제에 대한 책임이 국가·기업에만 있다고 생각하지 않아. 정규직에게도 문제가 있다고 본다. 정규직들의 '내 밥그릇 지키기'에 급급한 태도와 이기주의가 더욱 문제다. 현재 정규직들은 '나(정규직)에게 피해를 주지 않는 선에서만 너희(비정규직)도 가져가라.'는 식의 태도를 보이는데, 더 포용력 있는 태도를 보였으면 좋겠다. 뉴스를 보면, 정규직들이 자기들의 임금을 조금 삭감하더라도 비정규직을 같이 끌어가는 사례들도 있더라. 비정규직 문제를 꼭 나라나 회사의 문제로만 볼 것이 아니라 노동자들이 서로 이익을 나누는 문화가 확대되어야 해.

하지만 사정상 비정규직 철폐나 정규직화를 요구하지 못하는 비정규직의 목소리도 있다. 현재 간접 고용직 환경미화원으로 일하고 있는 64세 여성(사례 14)은 고령 탓에 정규직이 되기를 꿈꿀 수 없다.

지금 여기서 정규직·비정규직 논하는 것은 젊은 사람에게 해당되는 것이거든요. 60세가 다 넘은 사람으로서는 정규직을 해달라 어쩌라 그것은 터무니없는 것이라고 생각해요. 지금 딴 데서 다 정년퇴직을 하고 여기 오는 상태이니까. 제가 비난을 받을지는 모르지만, 그래서 이것(비정규직)을 전혀 없앨 수는 없다고 생각해요.

이처럼 비정규직이 철폐될 수 없다고 여기는 경우, 정규직으로 이직할 수 있는 훈련 기회 제공(사례 53, 임시 계약직 대학교 직원인 23세 여성), 최저임금 높이기(사례 73, 정규직 학교 시설 관리자인 42세 남성), 적절한 처우 개선과 정규직과의 동일 대우(사례 72, 특수 고용직 학습지 교사인 43세 여성) 등 좀 더 현실적인 대안을 제시하기도 했다.

비정규직으로 겪는 어려움이 가장 절절하게 묻어 있는 대안은 '비정

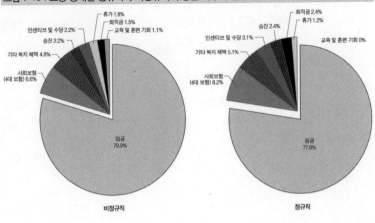

그림 7-10 | 고용 형태별 정규직과 비정규직의 동일 처우 우선순위

비정규직
- 임금 79.9%
- 사회보험(4대 보험) 6.6%
- 기타 복지 혜택 4.8%
- 승진 2.2%
- 인센티브 및 수당 2.2%
- 휴가 1.8%
- 퇴직금 1.5%
- 교육 및 훈련 기회 1.1%

정규직
- 임금 77.6%
- 사회보험(4대 보험) 8.2%
- 기타 복지 혜택 5.1%
- 인센티브 및 수당 3.1%
- 승진 2.4%
- 퇴직금 2.4%
- 휴가 1.2%
- 교육 및 훈련 기회 0%

규직을 사람으로 생각하기'였다. "비정규직이라 하면 막 해고해도 된다는, 저학력이며 가난하다는 꼬리표를 없애는 사회적인 시선"의 변화를 촉구했던 일용직 국제회의 통역사인 24세 여성(사례 41)의 사례부터, 다음에 소개할 임시 계약직 K암센터 연구원인 32세 여성(사례 25)의 냉소적인 조직 문화 비판에 이르기까지, 비정규직의 기본적 인권과 노동권을 되돌아보게 하는 가장 근본적인 문제 제기였다.

사람을 그냥 사람이라고 생각해야 할 것 같다. 우리는 기계가 아니야. 만약에 사람이라고 생각하면, 그렇게 사람을 차별하고, 조직 안에 있는 사람을 사물이라고 생각하고…… 나랑 같이 살고 있는 사람이라고 생각했다면 그렇게 못했겠지. 무시해도 차별당해도 잘 모르는 부속품이라고 생각하니까 그렇게 하는 것 같아. 제도적인 차원이라면 정부가 뭘 해줄 수 있을지 모르겠다. 워낙 편법이 난무하는 사회니까. 비정규직법 2년으로 해주니까 (2년이 되기 전에) 자르는 거 보면.

비정규직이라 할지라도 어떤 처우가 정규직과 동일하게 제공되어야 하는가에 대해 질문지 조사 대상자에게 물었을 때 고용 형태별로 답한 결과는 〈그림 7-10〉에 나타나 있다. 1순위는 고용 형태와 관계없이 압도적으로 임금이었다. 비정규직의 경우 이를 선택한 응답자가 약 80퍼센트로 정규직보다 약간 더 높았다. 4대 보험은 정규직에서 8.2퍼센트가, 비정규직에서 6.6퍼센트가 선택했고, 기타 사측에서 제공하는 사적 복지 혜택에 대한 응답도 이와 유사한 수준이었다. 인센티브 및 수당을 임금의 연장선상에서 해석한다면 전체 중 임금이 차지하는 비중은 더 올라간다. 승진은 정규직과 비정규직 모두 2퍼센트대였고, 교육 훈련 기회는 정규직 0퍼센트, 비정규직 1.1퍼센트에 불과했다.

4. 기본 소득에 대한 고용 형태별 태도

기본 소득에 대한 질문은 '모든 국민에게 생애 특정 시기에 매월 일정한 소득을 제공해 주는 기본 소득 제도가 도입된다면 찬성하겠는가'를 묻는 방식으로 제시되었다. 생애 전반에 걸쳐서가 아니라 특정 시기에 제한적으로 지급하는 것에 대한 찬반 여부를 물었던 만큼 〈표 7-2〉에 나타난 찬성 응답률은 상당히 높은 편이었다. 남성(53.9퍼센트)보다는 여성(64.7퍼센트)이, 정규직(56퍼센트)보다는 비정규직(65퍼센트)의 찬성률이 높았고, 비임금노동자동자는 56.1퍼센트로 정규직과 유사한 수준이었다. 실업자(52.2퍼센트)의 찬성률은 의외로 낮았고, 비경제활동인구(59.8퍼센트)의 찬성률은 정규직과 비정규직의 중간 수준이었다. 계층별 격차는 상당히 뚜렷해서 상층의 찬성률 50퍼센트부터 빈민층의 67.6퍼센트까지 형편이 어려울수록 지지도가 올라가는 추세를 보였다. 비정규직 유

표 7-2 | 고용 형태별 기본 소득 관련 의견 (단위 : %)

		선호[1]		기본 소득 제도		기본 소득 제도 지급 시기[3]						사례 수
		소득 보장	일자리 보장	찬성	금액[2]	18세	취업 준비기	결혼 전후	자녀 출생 시	노년기	기타	
성별	남성	24.6	75.4	53.9	122.1	1.5	12.9	7.0	9.2	69.1	0.4	505
	여성	33.6	66.4	64.7	101.9	1.2	10.2	3.6	11.7	73.0	0.3	515
t/χ²			**		***		**					
경제활동 상태	정규	23.2	76.8	56.0	116.6	0.6	14.8	4.7	14.2	65.1	0.6	302
	비정규	30.5	69.5	65.0	108.2	2.0	10.4	5.0	11.9	70.8	0.0	311
	비임금	31.2	68.8	56.1	108.0	1.7	9.6	6.1	5.2	77.4	0.0	205
	실업	17.4	82.6	52.2	91.7	0.0	16.7	0.0	0.0	83.3	0.0	23
	비경제활동	35.8	64.2	59.8	112.7	0.9	9.3	5.6	9.3	73.8	0.9	179
F/χ²			*									
계층 인식	상층	0.0	100.0	50.0	56.7	33.3	0.0	33.3	0.0	33.3	0.0	6
	중층	29.4	70.6	57.3	109.6	1.0	11.4	6.4	10.4	70.5	0.3	520
	하층	28.1	71.9	61.2	113.3	1.1	11.8	3.9	11.1	71.7	0.4	456
	빈민층	43.2	56.8	67.6	108.0	4.0	8.0	0.0	8.0	80.0	0.0	37
F/χ²							**					
임금노동 고용 형태	정규직	23.2	76.8	56.0	116.0	0.6	14.4	4.8	14.4	65.3	0.6	298
	무기 계약	28.6	71.4	76.2	107.8	6.3	12.5	6.3	6.3	68.8	0.0	21
	임시직	29.8	70.2	65.6	105.2	1.2	8.1	5.8	18.6	66.3	0.0	131
	1년 미만 계약	16.1	83.9	71.4	97.8	2.5	15.0	0.0	10.0	72.5	0.0	56
	일용직	39.3	60.7	57.1	92.5	0.0	12.5	0.0	0.0	87.5	0.0	28
	간접 고용	30.4	69.6	58.7	94.8	3.7	11.1	7.4	3.7	74.1	0.0	46
	특수 고용	55.2	44.8	58.6	184.1	0.0	5.9	11.8	11.8	70.6	0.0	29
F/χ²			**		**							
전체		29.1	70.9	59.3	111.0	1.3	11.4	5.1	10.6	71.2	0.3	1020

주 : 1 정부가 소득 보장과 일자리 보장 중 한 가지를 제공해 줄 경우 둘 중 한 가지에 대한 선호 비중.
2 기본 소득 제도 찬성 응답자들이 한 달 기본 소득으로 적정하다고 응답한 금액의 평균값(단위 : 만 원).
3 기본 소득 제도 찬성 응답자들이 생각한 기본 소득이 가장 도움이 될 생애 주기상의 시기.
*** p⟨.001, ** p⟨.01, * p⟨.05

형별로는 무기 계약직과 직접 고용 임시 계약직들의 찬성률이 일용직과 다른 간접 및 특수 고용직보다 더 높았다.

일자리 보장을 소득 보장보다 선호하는 조사 대상자가 훨씬 많았던 한편, 소득 보장에 대한 선호도가 상대적으로 높았던 집단은 기본 소득 제도에 대한 찬성률이 높았던 집단과 대체로 일치했다. 남성(24.6퍼센트)에 비해 여성(33.6퍼센트)이, 정규직(23.2퍼센트)에 비해 비정규직(30.5퍼센트)이 소득 보장을 선호했다. 경제활동 상태별로 소득 보장에 대한 지지도가 가장 낮았던 집단은 실업자(17.4퍼센트)였는데, 이들은 압도적으로 많은 82.6퍼센트가 일자리 보장을 선택했다. 계층별로도 하층으로 갈수록 소득 보장을 선택하는 경우가 많아 빈민층은 43.2퍼센트에 이르렀다. 비정규직 유형별로는 기본 소득 제도에 대한 선호와 거의 반대되는 추세를 보였는데, 소득 보장에 대한 지지는 간접 고용, 일용직, 특수 고용직이 직접 고용 계약직들보다 높은 편이었다.

기본 소득 제도에 찬성하는 응답자들이 한 달 기본 소득으로 적정하다고 한 금액은 성별로는 남성 122.1만 원, 여성 101.9만 원, 고용 형태별로는 정규직 116.6만 원, 비정규직 108.2만 원이었다. 계층별로는 상층이 가장 적은 56.7만 원, 하층이 가장 높은 113.3만 원을 제안했다. 비정규직 유형별로는 무기 계약직이 107.8만 원을 제안해, 184.1만 원을 지급해야 한다고 한 특수 고용직을 제외하고는 가장 높았고, 일용직이 92.5만 원으로 가장 낮았다.

기본 소득을 지급해야 한다고 보는 시기는 노년기가 압도적으로 높았다. 남성은 69.1퍼센트, 여성은 73퍼센트에 이르렀고, 경제활동 상태별로는 정규직이 65.1퍼센트로 가장 낮았고 실업자가 83.3퍼센트로 가장 높았다. 계층별로는 하층으로 갈수록 노년기를 선택하는 비중이 높았고, 비정규직 유형별로는 1년 미만 계약직, 일용직, 간접 고용직, 특수 고용직이 무기 계약직이나 임시직보다 더 높았다. 그다음으로 기본 소득이 필요하다고 한 응답자가 많았던 시기는 취업 준비기였다. 이 경우 남성, 정규직, 실업자, 1년 미만 계약직의 지지도가 다른 집단보다 상대적으로 높았다. 그다음으로는 자녀 출생 시 지급하는 것이 좋다는 의견이 있었고, 결혼 전후나 대학 입학 시기인 18세를 선택한 응답자 비중은 매우 낮은 편이었다.

유사한 질문을 심층 면접 대상자에게 한 뒤 그 응답 내용을 분석해 보면 기본 소득 제도를 반대하는 경우 그 이유가 무엇인지에 대한 논점이 더 분명하게 드러난다. 심층 면접 대상자에게는 질문이 조금 다르게 제시되었다. '생애의 특정 시기'가 아니라 '모든 국민에게 매월 일정한 소득을 제공해 주는 기본 소득 제도가 도입된다면 찬성하겠는지' 여부에 대해 물어본 결과, 80명 중 33명(41.3퍼센트)이 찬성한다고 응답했다.

가장 많이 등장한 반대 의견은 다음 두 가지로 요약된다. 첫 번째는 기본 소득이 사람들을 게으르게 만들어 세수 부족 등 국가의 위기를 초래하게 되리라는 의견이다. 기본 소득이란 "사회주의 같은 것"으로 열심히 일한 사람과 그렇지 않은 사람을 구분하지 않은 불공평한 분배이므로 반대한다는 의견(사례 14, 간접 고용직 환경미화원인 64세 여성)을 비롯해 "국가의 세금 수입이 줄어 점점 망하게 될 것"(사례 17, 간접 고용직 전화 상담사인 30세 여성), 그리고 "사람들을 나태하게 만들 것이므로 개인의 노력에 대한 제대로 된 보상이 있어야 한다"(사례 52, 임시 계약직으로 자동차 부품을 판매하는 40세 남성)거나 "노력 없이 받은 소득은 삶을 무기력하게 만들 수 있다"(사례 68, 간접 고용직 독서 지도사인 31세 여성)는 생각 등이 기본 소득을 반대하는 주된 이유였다. 여기서 한 가지 짚고 넘어갈 사실은 비록 이런 이유로 반대한다 하더라도 기본 소득이 인생의 특정 시기에 제한적으로 주어지는 경우에 대해서는 긍정적으로 평가한다는 점이다. 또한 찬성하는 이들이더라도 특정 시기에 주어지는 것으로 한정하자는 제안이 포함된 경우도 종종 면접 과정에서 드러났다. 다음에서 소개할 임시 계약직 K제화 사무직인 29세 남성(사례 30)은 기본 소득을 반대하면서 특정 시기를 지정하고 있고, 임시 계약직 의류 회사 디자이너인 24세 여성(사례 45)은 기본 소득을 찬성하면서 지원 가능한 대상을 그 조건으로 지정하고 있는 대표적인 사례이다.

반대한다. 사회가 전반적으로 발전이 없어지고, 매너리즘에 빠져서 퇴보할 것 같다. 한다고 한다면, 노년기에 150만 원 정도 지원해 주는 것이 적당할 것 같다(사례 30).

찬성. 모든 연령과 사람들에게 지원하는 것은 불합리해 보이지만 생계 수단이 없는 노령자들에게만 한정하는 것은 괜찮다고 생각한다. 또한 아이에게 지원하는 것보다는 한창 양육기의 아이를 가진 30대 부모에게 양육비의 느낌으로 지원하는 것이 필요하다(사례 45).

두 번째는 기본 소득이 부자들에게도 지원되기 때문에 불합리하다는 점이었다. 이는 임시 계약직으로 패션 잡지사에서 일하는 28세 여성(사례 44)의 "저소득층에 대한 복지도 많이 부족한 사회에서 수평적 복지는 시기상조이다. …… 사실 왜 부자들에게까지 돈을 줘가면서 복지를 해야 하는지 이해를 못 하겠다."는 의견으로 요약된다. 임시 계약직으로 백화점 의류 매장에서 일하는 48세 여성(사례 48)의 "공짜 돈은 못사는 사람에게만 줘야지 부자를 도울 필요가 없다."는 생각도 이와 일맥상통한다. "공평하게 나누어 준다 해도 부자들은 그 적은 기본 소득을 체감하지 못하기 때문에 실질적으로 도움이 될 수 있는 사람에게 주는 것이 이득"(사례 41, 일용직 국제회의 통역사인 24세 여성)이라는 것이다. 이는 시민의 권리로서 기본 소득 제도의 핵심적 내용에 대한 이해가 부족해서이기도 하지만, 일반 시민에게는 필요한 사람에게만 제공되는 잔여적 개념으로서의 복지가 좀 더 광범위하게 확산되어 있음을 보여 준다.

5. 복지 만족도의 영향 요인

이 절에서는 전반적인 복지 정책에 대한 만족도를 종속변수로 삼아, 여기에 일자리 특성 및 사회·정치의식이 어떤 영향을 미치는지를 살펴본다. 종속변수인 복지 만족도는 전혀 만족하지 못하는 0점부터 완전히 만족하는 10점 척도로 측정되었는데, 정규직과 비정규직 모두 동일하게 보통인 5점보다 아주 약간 높은 5.6점을 기록했다. 독립변수는 제2부에서 살펴본 일자리 관련 특성 및 사회·정치의식과 관련된 태도 및 평가로 구성되어 있다. 새로 추가된 변수는 노조의 필요성에 대한 태도 및 노후 자녀 의존 가능 여부, 공무원 신뢰도와 소득 격차에 대한 태도이다.

먼저 노조의 필요성은 노조에 가입한 조사 대상자가 매우 적은 만큼, '노동자는 노동조건과 임금을 보호하기 위해 강한 노조를 필요로 한다'는 항목에 대한 태도를 측정해 변수화한 것이다. '매우 반대'부터 '매우 동의'까지 5점 척도로 구성되어 있으며 값이 클수록 강한 노조를 지지하는 것을 의미한다. 정규직과 비정규직 모두 3.3점으로 노조의 필요성에 대한 의식은 동일한 것으로 나타났다. 좋은 일자리 특성은 업무 내용의 다양성, 흥미로움, 새로운 일을 배울 필요성, 노력에 따른 보상 등의 일자리 특성 네 가지를 평균한 값으로, 10점이 가장 바람직한 수준일 때 정규직은 5.5점, 비정규직은 4.4점으로 자신의 일자리를 평가했다.

노후에 자녀에게 의존할 수 있는지를 물었을 때 정규직은 12.1퍼센트, 비정규직은 20.9퍼센트로 정규직의 의존 가능성이 더 낮았다. 전혀 신뢰가 없는 0점부터 완벽하게 신뢰하는 10점 척도로 측정된 공무원 신뢰도에 대한 정규직의 평균값은 5.5점, 비정규직은 5.3점으로 정규직이 약 0.2점 더 높은 것으로 나타났다. 소득 격차에 대한 태도는 '소득 격차는 재능과 노력의 차이에 대한 보상이므로 큰 차이가 나도 상관없다'를

'매우 반대'부터 '매우 찬성'까지의 5점 척도로 측정한 것으로, 값이 클수록 소득 격차를 당연한 것으로 여긴다고 볼 수 있다. 이에 대한 태도는 정규직이 2.9점, 비정규직이 3점이었다.

〈표 7-3〉에 나타난 회귀분석 결과에서 가장 두드러진 특성은 이제까지와는 달리 정규직 모델과 비정규직 모델 각각에 유의미한 변수들이 별로 다르지 않았다는 점이다. 비정규직 모델에서 근로소득이 높을수록, 예상 극빈층 인원을 높게 산정할수록 복지 만족도가 낮아지는 것을 제외하고는, 정규직 모델과 비정규직 모델에서 통계적으로 유의미한 변수는 모두 같았다. 기본적인 인구 사회학적 특성, 고용 형태, 직업과 업종, 좋은 일자리 특성, 노후 자녀 의존 가능 여부, 그리고 무엇보다도 노동조합 가입 여부와 노동조합의 필요성에 대한 태도 등은 복지 만족도에 유의미한 영향력을 미치고 있지 않았다.

반면에 일 만족도가 높을수록 복지 만족도가 높았는데, 이런 추세는 정규직 모델에서 더욱 높은 수준의 통계적인 안정성과 영향력을 가지고 검증되었다. 또한 부의 공정한 분배 및 기회 평등에 대한 태도로 측정된 한국 사회에 대한 현실 평가와 민주주의 현실 만족도가 긍정적일수록, 공무원에 대한 신뢰도가 높을수록 복지 만족도도 높았다. 소득 격차를 당연시할수록 정규직 모델과 비정규직 모델에서 복지 만족도에 정(+)의 영향력을 미쳤지만 통계적인 유의성은 전체 모델에서만 확인되었다.

이런 결과는 복지 만족도가 객관적인 고용 현실이나 개인적인 필요에 의해서라기보다는 자신의 일에 대한 만족도와 한국 사회의 공정성과 정치에 대한 만족도, 복지를 제공하는 주체로서 공무원에 대한 신뢰도 등 주관적인 가치나 태도로부터 더 많은 영향을 받고 있음을 뜻한다. 비정규직 모델에서만 나타난 근로소득과 예상 극빈층 인원의 영향력은 그런 면에서 중요한 예외이다. 소득이 상대적으로 높은 비정규직의 경우

표 7-3 | 복지 만족도에 미치는 일자리 관련 특성 및 사회·정치의식의 영향 요인

		정규	비정규	전체
		OLS 계수 (표준오차)		
상수		.649 (1.555)	4.089** (1.195)	2.824** (.890)
성별 (남성)		.125 (.238)	−.230 (.220)	−.075 (.155)
연령		.004 (.014)	.002 (.011)	.155 (.008)
학력 (고졸)	중졸 이하	.679 (.900)	.258 (.334)	.325 (.304)
	대재 이상	−.063 (.243)	.226 (.212)	.070 (.155)
혼인 상태 (미혼)	기혼 유배우	.262 (.285)	.007 (.315)	.119 (.203)
	이혼·별거·사별	.030 (.618)	.307 (.513)	.227 (.371)
계층 인식 (하층)	상층	1.015 (.784)		1.154 (.718)
	중층	.019 (.215)	.132 (.195)	.135 (.139)
	빈민층		.098 (.492)	.134 (.478)
직업 (전문 관리직)	사무직	−.036 (.267)	.469 (.476)	.125 (.222)
	판매·서비스	−.461 (.507)	.252 (.451)	−.033 (.291)
	생산	.050 (.374)	.399 (.496)	.242 (.280)
	단순 노무	1.296 (.982)	.124 (.468)	−.027 (.324)
업종 (도소매·음식·숙박)	농림어업·광업		.742 (.709)	.520 (.673)
	제조·건설업	.263 (.456)	.235 (.395)	.200 (.267)
	금융·보험업	−.055 (.512)	.239 (.453)	−.024 (.304)
	기타	.035 (.436)	.021 (.273)	.024 (.224)
직장 규모 (10명 미만)	10~100명	−.100 (.267)	.207 (.212)	.100 (.159)
	100~1,000명	.095 (.339)	−.398 (.328)	.104 (.217)
	1,000명 이상	−.499 (.478)	−.047 (.988)	−.493 (.380)
근로소득 (로그)		.160 (.260)	−.412** (.153)	−.260* (.128)
고용 형태 (정규직)	무기 계약			.241 (.391)
	임시직		−.228 (.377)	−.149 (.203)
비정규 고용 형태 (무기 계약)	1년 미만 계약		−.285 (.428)	−.284 (.273)
	일용직		−.519 (.496)	−.306 (.395)
	간접 고용		.253 (.442)	.178 (.299)
	특수 고용		.140 (.528)	.425 (.370)
노조	노조 가입 (비가입)	−.151 (.264)	−.445 (1.121)	−.096 (.238)
	노조 필요성	−.040 (.118)	−.151 (.113)	−.094 (.080)
노동 의욕 (없음)		.004 (.240)	.146 (.226)	.085 (.161)
노후 자녀 의존 가능 (불가능)		−.080 (.285)	.058 (.231)	−.009 (.174)
좋은 일자리 특성		−.045 (.056)	.018 (.049)	−.021 (.035)
일 만족도		.153 (.065)	.106† (.064)	.135* (.045)
한국 사회 현실 평가		.186** (.060)	.208*** (.055)	.182*** (.039)
정치 관심도		−.049 (.047)	.019 (.043)	.003 (.030)
민주주의 현실 만족도		.241*** (.056)	.172** (.057)	.210*** (.038)
정치적 진보 수준		−.042 (.066)	.013 (.064)	−.010 (.038)
공무원 신뢰도		.179** (.054)	.105* (.048)	.154*** (.034)
소득 격차 태도		.154 (.105)	.093 (.102)	.139* (.070)
예상 극빈층 인원		2.746E-5 (.008)	−.014* (.006)	−.008† (.005)
F		4.815***	3.098***	6.122***
R^2		.371	.304	.304
N		294	309	603

주 : *** p<.001, ** p<.01, * p<.05, + p<0.1

상대적 박탈감 역시 커질 수 있기에 이런 결과가 나타날 수 있을 것이다. 예상 극빈층 인원이 (정규직 모델이 아닌) 비정규직 모델에서만 유의미하게 나타난 것도 이들이 극빈층에 대해 정규직보다 더 많이 동일시하고 있기 때문이라 추측해 볼 수 있다.

8장

복지에 대한 권리 및 의무 의식 비교

의무 없는 권리는 없다(Giddens 1998, 65).

① 시민은 다양한 사회적 권리를 갖는다. ② 이런 권리는 재분배를 통한 급진적 평등을 성취하는 데 필수적인 역할을 한다. ③ 사회권을 통해 시민이 충분한 양의 사회적 산물을 보장받게 된다면, 그 대가로 자신이 살고 있는 공동체에 생산적인 기여를 해야 할 책무를 갖는다(White 2003, 17).

1. 연구 문제

경제 세계화와 더불어 가장 두드러진 복지국가의 변화는 일과 복지가 연계되고workfare, 적극적 노동시장 정책이 확산된 것이었다. 특히 주로 유럽 국가를 중심으로 실시되었던 적극적 노동시장 정책은, 결과적으로 시민의 당연한 권리로서의 사회권을 계약으로 바꾸었다. 장기화된 경기 침체와 실업, 복지 재정의 악화가 지나치게 관대한 복지국가 정책에서 기인한 것으로 여겨져 복지 수급이 조건으로 일할 의무를 전제하게 된 것이다(Handler 2003). 복지에 대한 권리는 의무를 전제한다는 영국 노동당의 '제3의 길'은 이 같은 입장을 가장 잘 대변하는 정치적 수사이다.

제대로 된 복지국가의 발전을 경험한 바 없는 한국에서도 이런 논쟁은 늘 존재했다. 하지만 이는 과도한 재정 적자를 낳은 복지국가의 위기에서 발생한 것이 아니라, 모든 사회정책을 경제성장의 도구로 간주한 '생산주의적 복지 자본주의'(Holliday 2000)의 전통에 기인한 것이다. 6장에서 살펴본 바와 같이, 다수의 비정규직이 소외 계층에 복지를 제공하는 것보다 경제성장을 정치가 해결해야 할 가장 중요한 우선순위로 여겼고, 그 정도는 형편이 어려울수록 오히려 높았다. 그렇다면 시민들은 각자의 경제활동 수준과 고용 형태에 따라 사회적 시민권의 권리와 의무의 구체적인 내용에 대해 어떻게 생각하고 있을까? 복지 영역별로 이런 권리 및 의무 의식 간 차이가 존재하는가?

이 장에서는 경제활동 형태에 따라 정부의 책임과 시민의 책무에 대한 인식과 태도가 어떻게 차이 나는가를 약 10개의 주요 복지 영역별로 나누어 검토하고자 한다. 경제성장을 가장 시급한 정치 현안으로 인식한다 하더라도 복지에 대한 정부의 책임 역시 높게 평가할 수 있으며, 이런 평가는 해당 복지 사안이 모든 시민에게 인생의 어느 한 시기에 도움을 줄 수 있는 것인지, 아니면 형편이 어려운 소수의 시민에게 한정해 제공되는 것인가에 따라 달라질 가능성이 있다.

2. 사회권에 대한 정부 책임 정도 국제 비교

〈표 8-1〉에 나타난 바에 따르면 비경제활동인구를 포함한, 이 연구의 전체 조사 대상자 1,020명은 0점부터 10점까지의 척도로 측정된 항목별 정부 책임에 대해 산술 평균값 7.6점으로 대체로 높게 평가하고 있었다. 시민의 책무 유무에 대해서도 책무가 있다는 응답이 항목별 평균 57

표 8-1 | 주요 사회권 항목에 대한 시민의 권리와 의무 인식 (N=1,020; 단위 : %)

항목	정부 책임 정도[1]	시민 책무 (유)[2]	정부 지출 증가[3]	세금 부담 의사[4]
일자리 창출	7.7 (1.7)	67.5	77.1	40.9
고용 안정	8.0 (1.5)	57.0	71.4	40.3
적절한 임금 보장, 공공 부조	7.7 (1.6)	53.1	44.2	40.3
직업훈련	7.5 (1.6)	53.1	35.5	21.6
의료보장	8.1 (1.6)	55.1	63.6	52.3
고령자 지원	7.7 (1.5)	56.1	58.2	48.7
실업자 지원	6.9 (1.8)	57.2	46.1	28.1
아동 보육 서비스 제공	7.7 (1.6)	57.8	57.2	43.2
대학 교육 기회 지원	6.8 (1.9)	57.6	35.0	27.5
적절한 주택 제공, 주거비 지원	7.5 (1.8)	55.0	38.1	30.1
전체 평균	7.6	57.0	52.6	37.3

주 : 1 해당 항목에 대해 정부 책임이 전혀 없는 경우를 0점, 전적으로 책임이 있는 경우를 10점으로 했을 때의 응답
　　평균(괄호 안은 표준편차).
　　2 해당 항목에 대해 시민으로서의 책무가 있다고 생각하는 응답 비중.
　　3 해당 항목에 대해 향후 정부 지출이 증가해야 한다는 응답 비중.
　　4 해당 항목에 대해 세금을 더 부담할 의향이 있다는 응답 비중.

퍼센트에 이르러 과반수의 응답자가 모든 복지 항목에 대해 수혜의 조건으로 시민이 일정한 의무를 가진다고 생각하는 것으로 드러났다. 하지만 시민의 책무가 없다고 응답한 조사 대상자도 43퍼센트에 이른다. 임시 계약직으로 병원에서 행정 관련 업무를 하고 있는 29세 여성(사례 61)은 이런 생각을 다음과 같이 표현하고 있다. "정부 책임이라 생각해. 시민이 할 건 없어. 다 내 월급에서 4대 보험 떼가면서 할 수 있는 일이라 생각해."

　　해당 항목에 대해 향후 정부의 지출 증가가 필요한지, 그리고 그런 지출 증가로 인해 본인 부담의 세금이 늘어난다면 더 낼 의향이 있는지에 대한 응답에서는 상당한 편차가 드러났다. 항목별 정부 지출 증가에 대해 찬성한 평균 응답률은 52.6퍼센트였지만, 일자리를 원하는 모든 사람에게 일자리를 제공하기 위한 정부 지출 증가에 대해서는 무려 77.1퍼센트가 찬성 의견을 표시했고, 고용 안정을 위한 지출에 대해서도 71.4

퍼센트가 동의했다. 그다음으로 정부 지출이 증가해야 한다는 의견이 높았던 항목은 병에 걸린 사람에게 적절한 의료보장을 제공하는 것, 고령자에게 적절한 생활수준을 보장하는 것, 적절한 아동 보육 서비스를 제공하는 것 등으로 약 50~60퍼센트의 긍정적인 응답률을 보였다. 반면에 이런 항목들에 비해 좀 더 특수한 집단을 대상으로 한 경우 정부 지출 증가에 대한 찬성률은 30~40퍼센트대로 하락했다. 직업훈련 기회를 제공하고 그동안 임금을 보장하는 것, 가난한 사람을 위한 공공 부조를 제공하는 것, 실업자에게 적절한 생활수준을 보장하는 것, 대학까지 교육 기회를 제공하는 것 등에서 그러했다.

정부 지출이 증가하면서 세금에 대한 수요가 증가할 경우, 이에 대한 추가 세금 부담 의사는 정부 지출 증가에 대한 지지 의견보다 낮았다. 지출이 증가하더라도 세금은 내고 싶지 않다는 이중적인 태도가 일부 발견된다. 세금의 추가 부담 의사를 표명한 항목별 응답률의 평균값은 37.3퍼센트로, 정부 지출 증가가 필요하다는 의견의 평균값 52.6퍼센트보다 상당히 낮은 편이었다. 세금 부담 의사가 가장 높았던 항목은 의료보장으로 52.3퍼센트였고, 가장 낮은 항목은 직업훈련으로 21.6퍼센트에 불과했다.

〈표 8-2〉는 현재의 우리 사회와 경제 발전 수준이 유사했던 1980년대 중반 주요 선진국에서 실시한 복지 영역별 정부 책임 정도에 대한 국가별 태도 조사 결과이다. 물론 이 점수는 책임 정도를 묻는 4점 척도의 문항을 1백 점으로 환산한 것으로, 10점 척도로 측정된 〈표 8-1〉의 결과와 직접적으로 비교하기는 어렵다. 비교 항목도 일자리 창출, 의료보장, 고령자 지원, 실업자 지원 등 4개 항목으로 제한된다. 그러나 대체적인 추세를 비교하는 데는 무리가 없다. 대표적인 자유주의 복지국가인 미국의 경우 정부 개입에 대한 지지 정도는 조사된 6개국 중 가장 낮았

표 8-2 | 사회복지 분야별 정부 책임 정도에 대한 국가별 태도

항목[1]	오스트레일리아	영국	미국	오스트리아	서독	이탈리아
일자리 창출	52 (34)	66 (34)	39 (34)	76 (26)	71 (26)	79 (26)
의료보장	84 (22)	95 (14)	72 (27)	88 (18)	84 (19)	95 (13)
고령자 지원	86 (20)	92 (16)	75 (25)	88 (17)	84 (19)	94 (14)
실업자 지원	55 (28)	75 (26)	50 (32)	58 (29)	69 (23)	73 (27)
총 사례 수	1,528	1,530	677	987	1,048	1,580

주 : 1 실제 질문은 '귀하는 다음 사항들에 대해 정부가 책임져야 한다 혹은 책임지지 않아야 한다고 생각하십니까?'
　　였으며, '전적으로 책임져야 한다', '어느 정도 책임져야 한다', '거의 책임이 없다', '전혀 책임이 없다'라는 지문
　　에 응답함.
　　· 각 수치는 질문들에 대한 응답 내용을 (정부 개입이 가장 적은) 0점부터 (정부 개입이 가장 큰) 100점으로 환산
　　한 점수의 평균(괄호 안은 표준편차).
자료 : Papadakis and Bean(1993, 234)의 Table 1을 재구성.

다. 조심스러운 해석이기는 하나 1백 점으로 환산했을 때 이보다 모두 높은 점수를 기록한 우리나라보다도 정부의 책임 정도에 대해 더 낮게 평가하고 있었다. 특히 일자리 창출에 대해서는 환산 점수 39점으로, 1백 점으로 환산했을 때 77점에 해당하는 우리나라의 응답과 상당한 격차를 보인다. 유럽 국가들의 경우 정부 책임 정도를 묻는 환산 점수가 우리나라의 응답보다 높은 편이었지만, 일자리 창출과 관련해서는 우리와 큰 차이가 없었다. 현재 우리나라의 정부 책임 수준에 대한 시민의 의견은 영미권 국가와 유럽의 사회적 시장경제 국가들 중간 수준에 있는 것으로 평가될 수 있다.

3. 경제활동 유형에 따른 시민의 권리와 의무 인식 비교

1) 일자리 관련 지원

일자리 창출과 고용 안정, 적절한 임금 보장, 직업훈련은 고진로 사

표 8-3 | 일자리 창출에 대한 시민의 권리 및 의무 인식 비교 (단위 : %)

	임금노동		비임금노동	전체[3]
	정규	비정규		
정부 책임 정도[1]	7.8 (1.5)	7.6 (1.8)	7.6 (1.6)	7.7 (1.7)
시민 책무 유[2]	67.1	67.8	64.4	7.6
정부 지출 증가	75.5	78.7	76.5	7.6
세금 부담 의사	46.0	48.8	39.4	7.5
시민 책무 무	32.9	32.2	35.6	7.9
정부 지출 증가	73.5	75.0	76.7	8.0
세금 부담 의사	36.7	31.0	27.4	7.8

주 : 1 〈표 8-1〉과 동일, 0~10점 척도로 점수가 높을수록 정부 책임이 높다고 평가(괄호 안은 표준편차).
　　2 현 항목 및 이하 항목 모두 해당 항목에 긍정적으로 답한 응답 비중.
　　3 해당 응답자가 평가한 정부 책임 정도의 평균값(괄호 안은 표준편차).

회권을 구성하는 가장 핵심적인 요소들이다. 〈표 8-3〉은 일자리 창출에 대한 시민의 권리와 의무 인식이 경제활동 형태별로 차이가 있는지를 살펴본 것이다. 정부의 일자리 창출 책임에 대해 시민의 책무가 있다고 응답한 경우, 없다고 응답한 경우보다 대체로 정부 책임 정도를 낮게 평가하고 있는 것으로 나타났다. 일자리 창출에 대한 시민의 책무를 가장 높게 평가한 집단은 비정규직(67.8퍼센트)이었고 가장 낮게 평가한 집단은 비임금노동자(64.4퍼센트)였으나, 그 격차는 크지 않았다. 시민의 책무 유무에 대한 응답과 상관없이 대부분의 조사 대상자가 정부 지출 증가가 필요하다고 응답한 반면, 책무 유무에 대한 응답에 따라 세금 부담 의사는 크게 차이가 났다. 시민 책무가 있다고 생각하는 경우 세금 부담 의사는 상당히 높았는데, 특히 비정규직의 경우 절반에 가까운 약 49퍼센트의 응답자가 정부 지출로 인한 추가 비용이 발생할 경우에 세금을 부담할 의향이 있다고 답했다. 시민 책무가 없다고 답한 비임금노동자 중 세금을 부담하겠다는 의사를 밝힌 조사 대상자는 27퍼센트에 불과했다.

　　그렇다면 시민이 어떤 책무를 수행해야 할까? 주로 비정규직을 대상으로 실시한 심층 면접 조사 결과, "취직은 개인의 문제"(사례 42, 임시 계약직 웨딩 사진사인 22세 여성)이고 "일자리 확충은 정부가 아니라 기업이 경제 발전을 통해 확보해야 하는 것"(사례 43, 임시 계약직 성우인 22세 여성)이라는 소수 의견이 존재하기는 했지만, 이에 긍정적으로 응답한 대상자들의 절대 다수 의견은 정부가 일자리 제공의 책임을 지는 경우 시민은 그 대가로 "일자리에 맞춰 열심히 일하려 노력해야 한다."는 것이었다. 좀 더 구체적으로는 "눈높이를 낮춰서라도 일할 자세가 되어야"(사례 16, 정규직 잉크 인쇄공인 36세 남성) 하고 "좋은 일자리만 찾으려는 생각을 버려야"(사례 19, 특수 고용직 보험 설계사인 33세 남성) 한다는 것이다. 결국 "자기 계발 및 적합한 일자리를 찾고자 하는 노력"(사례 80, 정규직으로 이미지 센서 회사에서 일하는 33세 남성)이 이 영역에 대한 시민 책무를 가장 잘 대표하는 의견이다.

임시 계약직으로 패션 잡지사에서 일하고 있는 28세 여성(사례 44)은 일자리 창출을 좀 더 넓게 해석해 채용 단계의 문제점부터 지적했다. 그녀가 생각하는 일자리 창출에 대한 정부 책임 정도는 7점인데, "학벌이나 남녀 차별 등은 이미 조직에 고착화되어 있어 정부의 개입이 필요"하지만, 시민 역시 스스로 "집단적인 폐쇄 구조를 탈피해 개방적으로 사람을 받아들여야 할 필요"가 있다는 것이다.

고용 안정은 일자리 창출보다도 정부 책임이 더 높다고 평가된 분야이다. 〈표 8-4〉에 따르면 정규직이 비정규직이나 비임금노동자에 비해, 비록 미미한 차이이기는 하나, 고용 안정에 대한 정부 책임이 더 크다고 여기고 그에 대한 세금 추가 부담 의사도 높은 것으로 드러났다. 고용 안정이 보장된 경험이 있는 경우에 오히려 이에 대한 중요성과 관심이 높아진다고 해석되는 현상이다. 시민의 책무나 정부 지출 증가, 세금 부담 의사와 관련한 정규직과 비정규직의 차이는 거의 없었다. 이에 반해 임금노동자와 비임금노동자 간 차이는 상당히 크게 나타났는데, 시민 책무가 있다고 생각하는 비임금노동자 중에 정부 지출 증가로 인한 세

표 8-4 | 고용 안정에 대한 시민의 권리 및 의무 인식 비교 (단위 : %)

		임금노동		비임금노동	전체[3]
		정규	비정규		
정부 책임 정도[1]		8.2 (1.4)	8.0 (1.7)	7.9 (1.5)	8.0 (1.5)
시민 책무 유[2]		57.4	57.9	50.2	8.0
	정부 지출 증가	74.9	75.6	63.1	8.0
	세금 부담 의사	50.9	46.1	33.0	7.8
시민 책무 무		42.6	42.1	49.8	8.1
	정부 지출 증가	69.3	72.5	67.6	8.2
	세금 부담 의사	37.0	35.9	31.4	8.2

주 : 1 〈표 8-1〉과 동일, 0~10점 척도로 점수가 높을수록 정부 책임이 높다고 평가함(괄호 안은 표준편차).
　　2 현 항목 및 이하 항목 모두 해당 항목에 긍정적으로 답한 응답 비중.
　　3 해당 응답자가 평가한 정부 책임 정도의 평균값(괄호 안은 표준편차).

금을 부담할 의사를 보인 이는 33퍼센트에 불과했다. "자신의 직업에 책임을 다하는 것"(사례 22, 임시 계약직 연구직인 40세 여성)이, 정부의 노력으로 고용 안정이 보장되었을 때 시민이 수행할 의무를 가장 적합하고 간단하게 요약한 말이다.

〈표 8-5〉는 적절한 임금수준을 보장할 정부 책임 정도와 시민의 책무 여부, 가난한 사람을 위한 공공 부조에 정부 지출 증가가 필요한지, 그럴 경우 세금 추가 부담 의사가 있는지를 분석한 것이다. 정부 책임 정도에 대한 의견은 정규직과 비정규직 간 차이가 전혀 없었다. 임금 보장과 관련된 시민 책무를 인정한 정규직의 경우에는 가난한 사람을 위한 공공 부조에 정부 지출 증가가 필요하다는 데 약 53퍼센트가 찬성했지만, 시민 책무를 인정하지 않은 경우에는 정부 지출 증가의 필요성을 인정한 응답자는 29퍼센트에 불과했다. 비정규직이나 비임금노동자의 경우에는 시민 책무 유무에 따른 격차가 나타나지 않았다. 전체적으로 정부 지출 증가의 필요성에 찬성한 비율이 앞의 두 영역(일자리 창출 및 고용 안정 영역)에 비해 낮은 편이었지만, 세금을 추가로 부담하겠다는 의사는 오히려 좀 더 높은 편에 속했다. 특히 비임금노동자의 경우, 일자리

| 표 8-5 | 적절한 임금수준 보장 및 가난한 사람을 위한 공공 부조에 대한 시민의 권리 및 의무 인식 비교 (단위 : %)

		임금노동		비임금노동	전체[3]
		정규	비정규		
정부 책임 정도[1]		7.7 (1.6)	7.7 (1.7)	7.5 (1.7)	7.7 (1.7)
시민 책무 유[2]		54.7	55.0	48.3	7.7
	정부 지출 증가	52.8	44.4	45.5	7.7
	세금 부담 의사	47.2	49.7	42.4	7.6
시민 책무 무		45.3	45.0	51.7	7.6
	정부 지출 증가	28.9	41.4	48.1	7.5
	세금 부담 의사	36.3	34.3	32.1	7.5

주 : 1 〈표 8-1〉과 동일, 0~10점 척도로 점수가 높을수록 정부 책임이 높다고 평가(괄호 안은 표준편차).
　　2 현 항목 및 이하 항목 모두 해당 항목에 긍정적으로 답한 응답 비중.
　　3 해당 응답자가 평가한 정부 책임 정도의 평균값(괄호 안은 표준편차).

창출이나 고용 안정에 비해 가난한 사람을 대상으로 하는 공공 부조에
사용될 세금을 추가로 부담하는 데 대한 저항이 오히려 적게 나타났다.
세금 부담과 관련해 비임금노동자도 임금노동자와 유사한 수준의 부담
의사를 밝히고 있는 복지 영역이었다.

　심층 면접 조사 대상자 중 물류·유통에 종사하는 자영업자인 60세
남성(사례 18)은 임금과 세금과의 상쇄 관계를 지적하면서 세금을 줄여야
물가도 내리고 임금도 많아진다는 의견을 제시했다. 그러나 대다수의
응답자는 정부가 좀 더 적극적으로 임금을 보장해 준다면, 그 대가로 성
실하게 자기 계발에 임하고 열심히 일하면서 계획적으로 살아야 한다고
응답했다. 홍차 회사의 임시 계약직 영업 사원인 29세 여성(사례 46)은
"세금을 성실하게 납부해 재분배 예산을 마련하려고 노력해야 한다."고
했으며, 가구 제조업에 종사하는 간접 고용직인 45세 남성(사례 34)은
"최저임금까지는 정부가 확실하게 보장해 주고, 최저임금 이상은 본인
이 열심히 일해서 벌어야" 한다고 응답했다. 핸드폰 충전기를 만드는 전
자 회사에서 간접 고용직으로 일하고 있는 50세 여성(사례 35)은 "임금수
준을 보장해 주면 그 소득 내에서 계획적으로 돈을 쓰는 것"이 시민의

표 8-6 | 직업훈련에 대한 시민의 권리와 의무 인식 비교(단위 : %)

		임금노동		비임금노동	전체[3]
		정규	비정규		
정부 책임 정도[1]		7.5 (1.5)	7.5 (1.7)	7.5 (1.6)	7.5 (1.6)
시민 책무 유[2]		52.3	52.1	49.3	7.5
	정부 지출 증가	37.2	39.5	39.6	7.7
	세금 부담 의사	26.9	33.3	21.8	7.6
시민 책무 무		47.7	47.9	50.7	7.5
	정부 지출 증가	27.5	33.6	30.8	7.7
	세금 부담 의사	19.0	16.1	10.6	7.7

주 : 1 〈표 8-1〉과 동일, 0-10점 척도로 점수가 높을수록 정부 책임이 높다고 평가(괄호 안은 표준편차).
　　2 현 항목 및 이하 항목 모두 해당 항목에 긍정적으로 답한 응답 비중.
　　3 해당 응답자가 평가한 정부 책임 정도의 평균값(괄호 안은 표준편차).

책무라고 했다. 국제회의 통역사인 24세 여성(사례 41)은 "생계가 가능한 최소한도의 임금은 국가가 보장해야 하지만, 시민은 최선을 다해 기업이 주는 임금에 적합한 수준의 노동을 해야 한다. …… 공무원은 가만히 자리만 지키고 있으면 호봉이 오르는데, 그렇게 고용된 사람은 끊임없이 자기 계발을 해야 할 것"이라며 공공 부문의 임금체계 문제를 지적하기도 했다. 임시 계약직 K암센터 연구원인 32세 여성(사례 25)의 의견은 다른 사람과 달리 가장 독특했지만, 사적 영역에서 단체교섭을 통해 임금 인상의 가능성을 지적하고 있다는 점에서 시사점이 크다. 그녀에게 적절한 임금수준을 보장하는 정부 책임에 보답할 수 있는 시민의 의무는 "자신의 실력을 기르는 것, 내 임금이 적정하지 않다면 적절해지게 투쟁하는 것"이다.

직업훈련과 관련된 시민의 권리와 의무를 분석한 〈표 8-6〉에서는 경제활동 참여 유형에 따른 격차가 거의 없는 가운데, 정부 지출 증가의 필요성에 대해 비정규직과 비임금노동자가 좀 더 많은 찬성 의사를 표명했다는 점을 알 수 있다. 특히 비정규직은 시민 책무가 있다고 응답한 집단 내에서 세금 추가 부담 의사가 높은 편에 속한다. 시민 책무가 없다고 응답한 이들의 반수에 가까운 조사 대상자는 특히 세금 부담 의사가 낮았고, 그중에서도 가장 낮은 비임금노동자의 경우 10퍼센트가량의 응답자만이 직업훈련에 대한 정부 지출이 있을 경우 세금을 추가로 부담하겠다는 의사를 밝혔다. 이에 대한 시민의 의무는 주로 직업훈련과 업무에 성실히 임한다는 것으로 요약된다. 간접 고용직 환경미화원인 64세 여성(사례 14)은 "직업훈련을 열심히 해서 그 회사의 가족이 되는 것"이, 간접 고용직 전화 상담사인 30세 여성(사례 17)은 "고용 보험을 통해 직업훈련을 받을 때 부당 수급을 하지 않는 것"이 시민의 책무라고 답하고 있다.

2) 질병·고령·실업에 대한 지원

질병에 대한 의료보장, 고령자에 대한 연금, 실업자에 대한 생계비 지원 등은 복지국가의 가장 기본적인 정책을 구성한다. 그중에서도 의료보장은 우리나라 시민이 가장 중요하다고 여기는 복지 영역 중의 하나이다. 〈표 8-7〉에 나타난 바와 같이, 정부의 책임 정도에 대한 평가는 정규직과 비정규직, 비임금노동자 간 차이가 거의 없었다. 비록 시민 책무가 없다고 여기는 응답자의 세금 부담 의사가, 책무가 있다고 여기는 경우보다 낮기는 했지만 전반적인 세금 부담 의사도 경제활동 유형별 격차 없이 고르게 높았다. 다만 앞서 살펴본 영역들에서 비임금노동자의 지지율이 정규직이나 비정규직 등 임금노동자에 비해 대개 낮았던 것과 대조적으로, 의료보장과 관련된 정부의 지출 필요성에 대해서는 비임금노동지의 지지율(74퍼센트)이 가장 높았다. 다른 임금노동자가 지출 증가에 찬성하는 비율은 65퍼센트 전후였는데, 이런 차이는 임금노동자와는 달리 직장에서 보험과 관련해 별다른 지원이 없는 비임금노동

표 8-7 | 의료보장에 대한 시민의 권리와 의무 인식 비교 (단위 : %)

	임금노동		비임금노동	전체[3]
	정규	비정규		
정부 책임 정도[1]	8.1 (1.5)	8.0 (1.6)	8.1 (1.5)	8.1 (1.6)
시민 책무 유[2]	54.4	54.0	54.1	8.1
정부 지출 증가	64.8	64.9	73.9	8.3
세금 부담 의사	65.4	61.3	64.9	8.1
시민 책무 무	45.6	46.0	45.9	8.1
정부 지출 증가	55.9	58.7	52.1	8.2
세금 부담 의사	45.6	38.5	40.4	7.9

주 : 1 〈표 8-1〉과 동일, 0~10점 척도로 점수가 높을수록 정부 책임이 높다고 평가(괄호 안은 표준편차).
    2 현 항목 및 이하 항목 모두 해당 항목에 긍정적으로 답한 응답 비중.
    3 해당 응답자가 평가한 정부 책임 정도의 평균값(괄호 안은 표준편차).

자의 특수 상황과 연결해 이해할 수 있다.

심층 면접 대상자들은 정부가 의료보장을 하는 대가로, 건강관리에 대한 시민의 의무를 강조했다. 임시 계약 사무직인 30세 여성(사례 29)은 "평소에 건강관리를 잘하고 건강검진을 정기적으로 해야" 할 필요를, 그리고 이와 유사하게 간접 고용직으로 가구 제조업에 종사하는 45세 남성(사례 34)도 "국민들 아프고 병 걸리는 것도 국가 입장에서는 비용이니까 시민도 스스로 자기 건강에 책임질 필요"를 이야기했다. 또한 간접 고용직 전화 상담사인 30세 여성(사례 17)은 "작은 병을 너무 의료보장에 의존하면 실제 희귀병 등을 앓고 있는 사람에게 혜택이 덜 가게 되는 문제점"을 지적하며 의료보장을 남용하지 말 것을 지적하고 있다. 이는 특히 고소득자들이 납세나 일정 비용을 잘 부담해야 한다는, 임시 계약직 보험 설계사인 37세 여성(사례 12)의 의견과 일맥상통하는 점이 있다. 그 밖에 구두 회사에서 임시 계약 사무직으로 일하고 있는 29세 남성(사례 30)은 건강 보험료를 내는 것과 같은 현실적인 의무와 더불어, "몸이 안 좋은 사람들과 일할 때 차별하지 않고 똑같이 대해 줄 것"을, 임시 계약직 경리인 31세 여성(사례 26)은 "병의 중증도에 따라, 일할 수 있다면 일

		임금노동		비임금노동	전체[3]
		정규	비정규		
정부 책임 정도[1]		7.7 (1.5)	7.8 (1.5)	7.7 (1.6)	7.7 (1.5)
시민 책무 유[2]		58.1	53.1	56.1	7.7
	정부 지출 증가	59.5	64.8	61.7	7.9
	세금 부담 의사	57.8	58.2	55.7	7.7
시민 책무 무		41.9	46.9	43.9	7.7
	정부 지출 증가	45.6	54.8	58.9	7.8
	세금 부담 의사	45.6	37.7	40.0	7.8

주 : 1 〈표 8-1〉과 동일, 0~10점 척도로 점수가 높을수록 정부 책임이 높다고 평가(괄호 안은 표준편차).
　　2 현 항목 및 이하 항목 모두 해당 항목에 긍정적으로 답한 응답 비중.
　　3 해당 응답자가 평가한 정부 책임 정도의 평균값(괄호 안은 표준편차).

을 해야 하는 것이 국민의 의무"임을 제안했다.

　〈표 8-8〉에 나타난, 고령자의 생활수준을 보장하는 것과 관련해 시민의 권리와 의무를 분석한 결과는 앞서 살펴본 의료보장과 비교했을 때 패턴이 상당히 유사하다. 이 역시 경제활동 참가 유형에 따른 격차가 크게 나타나지 않은 복지 영역으로, 비록 의료보장만큼은 아니더라도 정부 지출 증가에 대한 찬성률과 세금 부담 의사가 높은 편에 속한다. 한 가지 두드러진 차이는 시민 책무가 없다고 여기는 정규직이, 같은 입장인 비임금노동자에 비해 정부 지출 증가의 필요성에 동의하는 정도가 13~14퍼센트포인트가량 낮았다는 점이다. 하지만 시민 책무가 없다고 여기는 정규직의 경우도 세금 추가 부담 의사는 결코 낮지 않았다. 비임금노동자의 경우 가장 노후가 불안한 집단인 만큼 시민 책무 유무의 의사와 관계없이 정부 지출이 증가해야 한다는 데 60퍼센트 정도가 찬성하고 있었다.

　정부가 고령자의 생활수준을 적절하게 보장한다면, 이에 대한 시민 책무는 어떤 내용으로 채워질 것인가? 심층 면접 대상자가 응답한, 고령자 지원에 대한 시민 책무의 범위는 상당히 다양했다. 가장 대표적인 내용은 일용직 식당 주방 업무 담당자인 50세 여성(사례 1)이 이야기한 "노후 대책을 세운다."였다. 또한 임시 계약직 K암센터 연구원인 32세 여성은 "자신의 노후를 국가가 전적으로 부담하라고 하는 것은 좀 그렇지 않은가? 내 가족을 국가가 전적으로 책임진다는 것은 뭔가 시설에 데려다 놓은 삭막한 느낌"이라는 생각을 토로했다. 정규직으로 잉크 인쇄업에 종사하는 36세 남성(사례 16)도 "정부에 다 떠넘기기보다는 가기 가족을 어느 정도 부양할 수 있어야" 한다는 의견을 주었는데, 전반적으로 고령자의 노후 대책과 관련해 가족의 책임을 인정하는 의견이 아직 강하게 남아 있는 현실을 잘 반영하는 내용으로 보인다. 일용직으로 식당에서 서빙을 하고 있는 45세 여성(사례 4)은 "자식이 있는데도 (당국을) 속여서 수급하지 말아야 한다."는 말로 이런 현실을 함축적으로 표현했다.

한편 고령이라도 일할 의무가 있으며, 시민 공동체에서도 고령자에 대한 전반적인 관심과 돌봄의 의무를 공유해야 한다는 의견도 많았다. 간접 고용직 백화점 의류 매장 점원인 23세 여성(사례 3)은 "늙어도 일을 해야 한다."는 의견을, 특수 고용직 대리운전 기사인 51세 남성(사례 8)은 "체면에 상관없이 고령이라도 여건에 맞는 일 하기"를, 임시 계약직 컴퓨터 프로그래머인 26세 남성(사례 15)은 "고령화사회가 되니까 나이 드신 분도 일할 수 있고, 일할 권리도 주어지는 그런 사회 풍토가 만들어져야" 한다는 생각을 들려주었다. 시민 참여에 대한 제안도 다양했는데, 임시 계약직으로 패션 잡지사에서 일하는 28세 여성(사례 44)은 "정부가 모든 노인을 돌볼 수는 없기 때문에 최소한도의 시민 참여를 유도해 봉사 활동 등 보조적인 역할을 시민이 할 필요"를, 임시 계약직 홍차 회사 영업 사원인 29세 여성(사례 46)은 "공동체라는 연대 의식을 가지고 옆집 사람에게 관심을 가져야" 할 의무를 언급했다.

실업자에 대한 생계 지원은 정부의 책임 정도가 가장 낮게 평가된

표 8-9 | 실업자 지원에 대한 시민의 권리와 의무 인식 비교 (단위 : %)

		임금노동		비임금노동	전체[3]
		정규	비정규		
정부 책임 정도[1]		6.9 (1.8)	6.9 (1.9)	6.7 (1.8)	6.9 (1.8)
시민 책무 유[2]		58.4	55.6	53.2	6.8
	정부 지출 증가	52.3	53.2	39.4	7.2
	세금 부담 의사	35.6	38.7	24.8	7.0
시민 책무 무		41.6	44.4	46.8	6.9
	정부 지출 증가	37.9	44.9	34.4	7.1
	세금 부담 의사	24.2	23.9	19.8	6.7

주 : 1 〈표 8-1〉과 동일, 0~10점 척도로 점수가 높을수록 정부 책임이 높다고 평가(괄호 안은 표준편차).
2 현 항목 및 이하 항목 모두 해당 항목에 긍정적으로 답한 응답 비중.
3 해당 응답자가 평가한 정부 책임 정도의 평균값(괄호 안은 표준편차).

복지 영역 중의 하나였다. 〈표 8-9〉에서 비임금노동자가 임금노동자에 비해 정부의 책임이 적다고 응답했고, 정부 지출 증가에 동의하는 정도 나 세금을 추가로 부담할 의사 역시 모두 낮은 것을 확인할 수 있다. 그 렇지만 비임금노동자와 달리 실제로 실업의 위험에 더 노출되고 정부 보호를 더 많이 경험한 임금노동자의 정부 지출 증가나 이로 인한 세금 추가 부담 의사 역시 다른 복지 영역에 비해 낮은 편이었다. 이는 아직 도 실업의 원인과 실업자에 대한 편견이 상당 부분 존재하고 있음을 시 사한다.

물론 실업자 지원과 관련된 가장 일반적인 시민의 책무는 빨리 재취 업하기 위해 구직 활동을 활발하게 하고, 구직 요건을 갖추기 위해 노력 하는 것이다(사례 14, 간접 고용 환경미화원인 64세 여성). 하지만 심층 면접 대 상자들 중에는 부정 수급 문제를 이야기하는 이들이 많았다. 예를 들어 임시 계약직 경리인 31세 여성(사례 26)은 "실업 급여가 3개월 이상 나온 다고, 일을 해야겠다는 생각보다는 '이왕 받을 거 끝까지 다 받은 다음에 취직해야지.'라고 생각하기도 하는데 그러지 말아야 한다."고 했고, 간접 고용직으로 가구 제조업에 종사하는 45세 남성(사례 34)은 "실업자 본인의 도덕성이 요구된다. 실업 급여를 타려고 일부러 실업자가 되는 사람도 봤다. 시민들이 그러면 안 된다고 본다."고 경고하고 있다. 임시 계약직으로 컨설팅 회사 홍보부에서 일하는 29세 여성(사례 63)의 의견은 실업자 지원에 대한 우려를 대표하고 있다. "너무 사회가 보장을 확실히 해주면…… 아무래도 믿는 게 있으면 사람이 나태해지고 게을러지고, 그러다 보면 사회 발전을 저해하기 때문에 어느 정도는 자기가 책임 의식을 갖고 일하려는 의욕이 있어야 하지 않는가."

3) 보육 및 대학 교육, 주택 관련 지원

적절한 아동 보육 서비스와 대학까지의 교육 기회를 제공하고, 적절한 가격에 주택을 제공하거나 주거비를 지원하는 것 등은 비록 의료보장이나 고령자·실업자 지원만큼 복지국가의 핵심 서비스는 아니지만, 삶의 질과 더욱 평등한 노동환경을 제공하는 데 매우 중요한 복지 영역이다. 〈표 8-10〉은 보육 서비스와 관련해 분석된 결과인데, 정규직의 지지가 높은 특성을 보인다. 정규직의 경우 시민 책무의 유무와 상관없이 세금 추가 부담 의사가 가장 높았다. 비정규직의 경우 정부 지출 증가나 세금 추가 부담 의사가 (물론 약간씩의 격차가 있기는 했지만) 비임금노동자와 크게 차이가 나지 않았는데, 이는 비정규직에 상대적으로 육아의 부담에서 벗어난 청년층과 노년층이 많이 포함되어 있기 때문으로 보인다.

보육 서비스에 대한 시민의 책무와 관련해서도 "자녀 출산을 많이 (해야) 한다."(사례 4, 일용직으로 식당 홀 서빙 일을 하는 45세 여성)는 이야기부터 "부부가 다 일을 해야 한다."(사례 28, 임시 계약직 교육과학기술부 직원인 25세 여성)는 이야기에 이르기까지 다양한 의견들이 제시되었으나, 정부가 전적으로 보육 책임을 져야 한다는 데 대해 여전히 유보적인 생각을 하고 있

표 8-10 | 보육 서비스에 대한 시민의 권리와 의무 인식 비교 (단위 : %)

		임금노동		비임금노동	전체[3]
		정규	비정규		
정부 책임 정도[1]		7.8 (1.6)	7.7 (1.7)	7.5 (1.5)	7.7 (1.6)
시민 책무 유[2]		58.4	55.9	57.1	7.7
	정부 지출 증가	63.8	55.7	63.2	7.9
	세금 부담 의사	54.6	50.0	44.4	8.0
시민 책무 무		41.6	44.1	42.9	7.7
	정부 지출 증가	56.5	53.3	40.9	8.0
	세금 부담 의사	41.1	33.6	33.0	7.9

주 : 1 〈표 8-1〉과 동일, 0~10점 척도로 점수가 높을수록 정부 책임이 높다고 평가(괄호 안은 표준편차).
2 현 항목 및 이하 항목 모두 해당 항목에 긍정적으로 답한 응답 비중.
3 해당 응답자가 평가한 정부 책임 정도의 평균값(괄호 안은 표준편차).

는 조사 대상자도 꽤 발견되었다. 일용직 산모 도우미인 54세 여성(사례 24)은 정부 책임에 5점을 부과하면서 보육에 대해서는 시민도 절반 정도는 비용을 부담해 가정에서도 책임을 져야 한다는 점을 강조했고, 간접 고용직으로 가구 제조 업체에서 근무하는 45세 남성(사례 34)은 정부 책임을 3점으로 낮게 평가하면서, "물론 생활이 쪼들려 일하는 사람에게야 보육 서비스를 제공해야겠지만, 요즘 젊은 사람 중에는 자기가 애 보기 싫으니까 어디다 맡겨 두고 자기 생활 하는 경우도 있는데, 그런 경우까지 다 국가가 보육 서비스를 제공할 필요는 없다."고 비판하기도 했다. 정부의 보육 책임에 걸맞은 시민의 의무로서, 정규직으로 이미지 센서 회사에서 일하는 33세 남성(사례 80)은 "이웃, 가족 간 아이 보육 품앗이"처럼 새로운 방안을 제안하기도 했다.

대학까지 교육 기회를 제공하는 것에 대한 시민 책무 여부 및 그에 따른 지출과 세금에 대한 의견을 분석한 결과를 〈표 8-11〉에서 정리했다. 이에 따르면 시민 책무가 있다고 응답한 비율이 가장 높은 집단은, 정부의 책임 정도를 가장 낮게 평가한 비임금노동자로서 응답률이 60퍼센트에 이르렀다. 비임금노동자는 정부 지출이 증가해야 한다는 데 동

표 8-11 | 대학 교육 기회 제공에 대한 시민의 권리와 의무 인식 비교(단위 : %)

	임금노동		비임금노동	전체[3]
	정규	비정규		
정부 책임 정도[1]	7.0 (1.9)	6.8 (1.9)	6.7 (2.0)	6.9 (1.9)
시민 책무 유[2]	56.0	53.7	60.0	6.8
정부 지출 증가	37.1	35.9	26.8	7.5
세금 부담 의사	31.7	37.7	17.9	7.4
시민 책무 무	44.0	46.3	40.0	6.9
정부 지출 증가	38.9	30.6	31.7	7.5
세금 부담 의사	23.7	28.5	22.0	7.4

주 : 1 〈표 8-1〉과 동일, 0~10점 척도로 점수가 높을수록 정부 책임이 높다고 평가(괄호 안은 표준편차).
　　2 현 항목 및 이하 항목 모두 해당 항목에 긍정적으로 답한 응답 비중.
　　3 해당 응답자가 평가한 정부 책임 정도의 평균값(괄호 안은 표준편차).

의하는 비율도 가장 낮았고, 그에 따른 세금의 추가 부담 의사도 세 집 단 가운데 가장 낮았다. 반면에 비정규직은 정부 지출 증가의 필요성에 대해서는 정규직보다 낮게 평가했으나, 대학 교육 기회를 위해 세금을 추가로 지불할 의사는 가장 높았다.

정부가 대학 교육의 책임을 지는 경우, 심층 면접 대상자들이 시민 의 책무로서 가장 많이 응답한 내용은 '열심히 공부해서 국가에 도움이 되는 사람이 되는 것'이었다. 이 경우 응답자들은 한국 사회에서 대학 교 육은 선택의 문제가 아니라 어쩔 수 없이 해야 하는 것이기에, 시민이 경제적 부담을 느끼지 않도록 국가가 책임져야 한다는 생각을 공유했 다. 그러나 대학 교육이 필수라는 점에 거부감을 표시한 응답자들도 상 당수 있었으며, 이들은 국가의 책임을 그다지 높게 평가하지 않았다. 정 부 책임을 3점이라고 답한, 임시 계약직 어린이집 교사인 29세 여성(사 례 27)은 고등학교까지만 의무교육으로 하고 대학 교육은 스스로 책임져 야 한다는 입장이었다. 임시 계약직 의류 회사 디자이너인 24세 여성(사 례 45)은 "대학에 다니는 사람이 불필요하게 많기 때문에 무조건적인 지 원은 옳지 않"으며, "시민의 경우 본인의 능력이 있다면 열심히 해야 하

표 8-12 | 적절한 주택 제공 및 주거비 지원에 대한 시민의 권리와 의무 인식 비교(단위 : %)

	임금노동		비임금노동	전체[3]
	정규	비정규		
정부 책임 정도[1]	7.6 (1.8)	7.5 (1.8)	7.4 (1.9)	7.5 (1.8)
시민 책무 유[2]	55.4	53.7	54.6	7.5
정부 지출 증가	46.7	42.5	29.5	8.0
세금 부담 의사	41.8	40.7	23.2	7.7
시민 책무 무	44.6	46.3	45.4	7.5
정부 지출 증가	38.3	31.9	30.1	8.0
세금 부담 의사	25.6	25.0	20.4	7.7

주 : 1 〈표 8-1〉과 동일, 0~10점 척도로 점수가 높을수록 정부 책임이 높다고 평가(괄호 안은 표준편차).
2 현 항목 및 이하 항목 모두 해당 항목에 긍정적으로 답한 응답 비중.
3 해당 응답자가 평가한 정부 책임 정도의 평균값(괄호 안은 표준편차).

지만 공부를 하고 싶은 사람이 아니라면 굳이 대학을 가지 않았으면 좋겠다."는 의견을 주었다. 임시 계약직으로 패션 잡지사에서 일하고 있는 28세 여성(사례 44)은 국가적 차원에서 등록금 등을 지원할 필요가 있다는 점은 인정했지만, "시민은 대학 진학을 필수가 아니라 선택으로 생각해 학력에 너무 얽매이지 않아야 한다."고 생각하고 있었다.

마지막으로 〈표 8-12〉는 적절한 가격에 주택을 제공하는 데 대한 분석 결과를 담고 있다. 이 영역 역시 정규직과 비정규직 등 임금노동자와 비임금노동자의 정부 지출 및 세금 부담과 관련된 의견에 상당한 격차가 존재했다. 특히 시민 책무가 있다고 응답한 조사 대상자의 경우, 정부 지출 증가의 필요성에 대해 임금노동자의 45퍼센트 정도가 찬성한 반면, 비임금노동자는 약 30퍼센트만이 동의했다. 세금 부담도 마찬가지로, 임금노동자의 부담 의사가 40퍼센트를 상회한 반면, 비임금노동자의 경우는 23퍼센트에 불과했다. 임금노동자 중에서는 정규직의 지출 증가에 대한 찬성률과 세금 부담 의사가 비정규직에 비해 좀 더 높은 수준이었다. 이 영역에 대한 심층 면접 조사 대상자의 시민 책무 관련 의견은 매우 유사했다. 결론은 특수 고용직 대리운전 기사인 51세 남성(사례 8)의 의견처럼 "집을 투기 수단으로 생각하지 말고 1가구 2주택에 대한 세금도 철저히 내야" 한다는 것이다. "집을 현금처럼 재산으로 생각하지 말고 삶의 터전으로 삼는"(사례 44, 임시 계약직으로 패션 잡지사에서 일하는 28세 여성) 한편, 시민 또한 "지역 이기주의나 아파트 단위의 가격 담합 없이 공정 거래에 대한 책무가 있다."(사례 80, 정규직으로 이미지 센서 회사에서 일하는 33세 남성)는 의견을 주었다.

4. 소결

지금까지 사회권의 다양한 영역에 대한 시민의 권리 및 의무 인식을 비교한 결과, 정부의 책임에 대한 시민의 평가가 우리와 비슷한 경제 수준이었던 시기의 영미권 국가보다 상당히 높은 수준임을 밝힐 수 있었다. 단, 복지 영역별 편차는 존재했다. 고용 안정은 의료보장과 더불어 조사 대상자가 정부 책임이 가장 크다고 여긴 영역이었고, 일자리 창출이나 적절한 임금 보장, 보육 서비스 등 고진로 사회권이 제공되는 데 중요한 역할을 하는 복지 영역에 대한 정부 책임 정도도 높게 평가되었다. 정부의 책임 정도가 높게 평가된 복지 영역에서도, 일자리 창출과 고용 안정 등은 정부 지출이 증가해야 한다고 생각하는 응답자의 비중이 70퍼센트를 상회할 만큼 높은 수준이었다.

반면에 실업자 지원이나 대학 교육 기회 지원 등에 대한 정부 책임 정도는 낮게 평가되었다. 이는 아직도 실업의 원인이나 대학 교육의 책임을 개인에게 귀속시키는 경향이 있음을 뜻한다. 정부 지출 증가가 필요하다고 여기는 항목이라도 그에 따른 추가적인 세금 부담 의사는 낮은 모순적 태도가 발견되기도 했다. 하지만 일자리 관련 복지 영역에 대한 세금 부담 의사는 상대적으로 높은 추세가 유지되었다. 이를 통해 정부가 일자리 관련된 지출을 지금보다 더 많이 시도하더라도 조세 저항이 크지는 않으리라고 예상할 수 있다.

이 조사를 통해 얻은 가장 흥미로운 연구 결과는 정부의 책임에 수반하는 시민의 의무에 대해서도 과반수의 조사 대상자가 이를 인정하고 받아들였다는 점이다. 또한 대체로 시민의 책무가 있다고 생각하는 조사 대상자가 해당 복지 영역에 대한 정부의 지출 증가가 필요하다고 응답한 비중도 높았고, 그로 인해 발생하는 세금에 대한 추가 부담 의사도 높았다. 이런 추세가 반전되는 경우는 비임금노동자에 한해 일부 관찰되었을 뿐이다. 비임금노동자는 임금노동자에 비해 전반적으로 정부 지출의 필요성과 세금 부담 의사가 낮은 편이었다.

심층 면접 조사 사례를 통해 분석한 시민 책무의 내용도 풍부하고 다양했다. 실제로 복지에만 의존하지 않겠다는 긍정적인 의식, 공동체에서의 활동을 통해 정부의 복지 책임을 보완하고자 하는 의견, 그리고 높은 도덕성을 바탕으로 부정 수급을 하지 않는 것의 중요성 등 시민의 의무에 대한 신선한 제안이 포함되어 있었다.

시민의 책무를 인정하지 않을 때 정부에 대한 요구가 적었다. 오히려 시민의 책무를 인정할 때 지출 증가를 비롯한 복지 책임을 정부에 요구하는 수준이 높았고, 추가적으로 세금을 부담하는 데도 긍정적 태도를 보였다. 이 같은 결과는 고진로 사회권의 도입과 발전 가능성에 시사하는 바가 크다. 시민의 책무 의식이 정부 책임 수준의 증가를 촉진해 선순환을 이룰 수 있다면, 시민과 정부 양측의 높은 책임감에 근거한 복지국가의 제도화가 이루어질 수 있기 때문이다.

9장

고진로 사회권 의식의 영향 요인 분석

1. 서론

최근 복지국가 및 복지사회에 대한 전 사회적 관심은, 경제성장률이 침체하고 비정규직이 급증한, 외환 위기 이후 한국 사회의 변화와 밀접히 연관되어 있다. 정규직 고용이 보장하던 안정적인 임금과 사적 복지의 보호가 다수 노동인구에 적용되지 않는 상황이 펼쳐지자, 기존의 발전 패러다임을 대체할 수 있는 새로운 복지사회에 대한 수요가 급증한 것이다. 한국의 국가는 새로운 사회권에 대한 시민사회의 요구를 만족시키는 선진 복지국가로의 역할 변동을 제대로 수행하지 못했다. 사회적으로도 바람직한 사회권의 내용과 규모에 대해 합의하고 이를 요구하는 움직임이 없었다.

정규직 고용을 전제하는 협소한 복지국가의 보호에서 배제된 비정규직은 새롭게 등장한 가장 주요한 위험 집단에 속한다. 그러나 지금까지의 복지 의식 혹은 태도에 대한 연구가 주로 자기 이해self-interests 및 계급과 계층, 그리고 복지 지위 변수에 초점이 맞추어져 진행되어 온 만큼, 고용 형태에 따른 복지 의식의 차이에 대해서는 잘 알려져 있지 않다. 높은 임금과 좋은 일자리를 기반으로 하는 고진로 사회권이 정착되기 위해서는 복지사회에 대한 노동자의 의식 수준과 그에 영향을 미치는 요인에 대한 분석이 필수적이다.

비록 복지 관련 의식조사가 잘못 이해되거나 오용될 수 있고, 심지어 잘 조직된 이해 집단 행위가 공공의 의견을 쉽게 무시하게 할 가능성이 있다 하더라도(Papadakis 1992), 사회 여론과 인식이 공공 정책에 상당한 영향을 미친다는 것은 부정하기 힘든 사실이다(Burnstein 1998). 따라서 우리 사회가 지향하는 적절한 복지 모델에 대해 서로 다른 수준의 위험에 노출되어 있는 정규직과 비정규직이 어떤 의식을 가지고 있는가를 밝히는 작업은 무척 중요하다. 여기서도 이런 문제의식 아래 외환 위기 이후 격차가 더욱 확대되며 새로운 사회적 간극으로 등장한, 고용 형태에 따른 복지 의식을 파악하고, 이와 같은 의식에 영향을 미치는 요인을 분석한다.

한국의 복지 의식 및 태도에 대한 기존 연구는, 노동자계급 혹은 계층상 하층에 속하는 집단이 복지국가에 대해 보이는 지지에 일관성과 안정성이 결여되어 있다는 점을 보여 준다. 실제로 이 연구의 선행 연구에 해당하는, 비정규직의 사회권 의식에 대한 심층 면접 조사(이주희 2012)는 같은 비정규직 중에서도 좀 더 어려운 처지에 있는 일용직이나 간접고용직, 저학력 고연령층에서 복지국가를 덜 선호하는 경향이 있음을 발견했다. 이 연구는 대표성이 더 큰 전체 노동인구에 대한 질문지 조사를 실시해, 비정규직 내에서도 더 낮은 사회경제적 계층에 속하는 집단이 정치적 무관심을 보이고 복지국가에 대해 회의한다는 것이 실재하는지, 만일 그렇다면 그런 현상이 발생하게 된 구체적인 원인과 기제는 무엇인지를 살펴본다.

2. 복지 의식에 대한 기존 연구 검토

지금까지 한국의 복지 의식에 대한 연구가 밝힌 주요 논점과 한계점은 다음과 같다.

첫째, 한국인의 복지 의식은 국가의 복지 책임은 인정하면서 세금 부담 의사는 낮은 이중성을 특징으로 한다. 복지 의식 연구를 연대별로 검토한 변미희(2002)는 이를 2000년대 복지 의식 연구의 주요 성과로 인정하면서 복지 의식과 실천의 이중성이라 명명했다. 이와 관련된 연구는 상당히 많이 축적되어 있다. 이인재(1998)는 외환 위기 직후 수원 지역 주민 377명을 대상으로 한 조사를 통해 실업에 대한 정부 책임에는 74.6퍼센트가 긍정했지만, 조세에 대한 의견을 물었을 때 부자에 대한 증액에 찬성(77퍼센트)하면서 본인을 포함한 모든 사람의 증세에는 70.4퍼센트가 반대하는 이율배반적 모습을 지적했다. 김미혜·정진경(2002) 또한 전국 거주자 2,050명을 대상으로 전화 조사를 실시해 복지 혜택을 늘리기 위한 세금 증액에 찬성하는 응답자는 9퍼센트에 불과하고, 대부분 사안에 따른 유보적 입장(67.8퍼센트)을 밝혔거나 절대 반대(21.5퍼센트)하는 의견을 지녔음을 보였다. 한림대학교 사회복지연구소가 시행한 국민 복지 의식 조사의 일환으로, 전국적 표집을 통해 얻은 924사례를 분석한 최균·류진석(2000)의 연구에서도 결과는 유사했다. 복지 예산을 늘려야 하는지를 묻는 질문에 찬성하는 응답은 71.3퍼센트에 이르렀지만, 이를 위해 세금을 증액하는 데는 36.2퍼센트만 찬성했다.

복지 의식에서 나타난 이중성은 한국 연구에서 주로 드러나는 독특한 특성임에도, 왜 이런 결과가 나타나게 되었는가를 분석한 연구는 이중성 자체를 보여 주는 연구에 비해 적다. 김영순·여유진(2011)은 2007년 한국복지패널 2차 조사 1,694사례를 분석하면서 이런 이중성이 하층계급에서 더 높게 나타남을 밝힌 바 있다. 소득 격차 해소에 대한 정부 책임에 대해서는 다른 계급과 유사하게 지지하나, 복지 확대를 위한 증세에는 다른 계급보다 덜 찬성하는 이중적 태도가 하층계급에게서 더욱 두드러졌기 때문이다. 이는 소득수준이 낮은 계급일수록 복지국가로 인한 더 큰 세금 부담을 감당하기 어렵다는 점을 시사한다. 또한 이런 결과가 소득수준이 서로 다른 고용 형태별 분석에서도 드러날 수 있음을 짐작하게 한다. 이한나·이미라(2010) 역시 같은 한국복지패널 2차 자료를 사용해 한국인의 이중적인 복지 의식에 대한 흥미로운 분석을 실시했다. 이들의 연구에서 응답자들은 한국 사회의 형평성 수준이 낮다고 생각할수록 성장보다는 분배 지향적이었으나, 복지 확대를 위한 증세의 경우에는 형평성이 높다고 생각할수록 증세에 긍정적이었다. 이는 세금 납부에 대한 부정적 인식이 한국 사회의 전반적 형평성과 공정성에 대한 부정적 평가에 근거하고 있음을 보여 준다.

둘째, 복지 의식에 대한 계급 변수의 유의도가 매우 낮다. 이는 저소득과 저학력 등 사회경제적 지위가 낮아 복지국가의 혜택을 더 많이 받을 가능성이 높은 집단이 복지국가에 대한 지지가 높다는 일반적인 이론과 경험(Hasenfeld and Rafferty 1989)과 맞지 않는, 한국 사회의 독특한 특징이다. 스웨덴에서는 완전고용과 높은 복지 수준을 기반으로 한 모델이 경제 위기로 쇠퇴한 이후에도 복지국가 정책의 정당성과 계급의 유의미한 영향력이 건재했다(Svallfors 2004). 리노스와 웨스트(Linos and West 2003)는 재분배에 대한 태도에 계급이 미치는 영향력은 미국과 같은 자유주의 복지국가에서 더 크게 나타난다는 사실을 보여 주었다.

비록 표본이 제한되기는 했으나, 류진석(2004)은 대전시 거주자 317 사례를 분석하면서 소득수준이 복지 태도에 미치는 영향력이 통계적으로 유의하지 않으며, 복지 지위나 복지 순응성 등 가치 지향 변수의 유의도가 높다는 사실을 밝혀냈다. 즉 계급보다는 사회화 과정에서 학습된 가치나 규범이 복지 태도가 결정되는 데 더 중요하다는 것이다. 이성균(2002)이 2000년 전국의 성인을 대상으로 표집한 1천 사례를 분석한 결과에 따르면, 고용주가 다른 계급 구성원보다 국가의 복지 책임을 덜 지지하는 경향이 있기는 하지만 이는 일부 빈곤층과 실업자를 대상으로 질문했을 때만 명확했고 다른 복지 수혜 대상 집단에 대한 계급 변수의 영향력은 낮았다. 같은 자료를 신광영·조돈문·이성균(2003)이 라이트^{Erik} ^{Olin Wright}의 계급 범주에 따라 분석한 결과에서도 유사한 결과가 나왔는데, 계급 범주 사이에서 나타난 복지 의식에 대한 차이는 통계적으로 유의하지 않았고, 소유 계급과 비소유 계급으로 양분했을 경우에만 유의한 차이가 일부 발견되었을 뿐이다. 2006년 말 서울대 사회복지연구소가 실시한 여론조사 자료 1,202사례를 분석한 주은선·백정미(2007)의 연구는 하층이 중층이나 상층에 비해 평등 지향성이 높은 한편, 상층은 보편적 복지를 가정한 경우 다른 계층보다 재정 부담 의사가 높다는 점을 보여 준다. 이는 비록 하층이 복지국가를 지지하지 않는다 하더라도 재분배에 대한 욕구는 다른 계층보다 더 크다는 사실을 일깨우는데, 재분배를 원하면서도 복지국가에 대한 지지가 낮은 현상의 원인에 대해서는 향후 더 구체적으로 분석할 필요가 있다.

고용 형태에 따른 분화가 비교적 최근에 발생한 현상인 만큼, 계급 변수와 더불어 고용 형태 변수를 동시에 살펴보고 있는 연구는 극히 드물다. 한국복지패널 2차 연도 자료 총 1,677사례 조사를 활용해 사회복지 정책에 대한 지지도에 영향을 미치는 요인을, 상용 및 임시 일용 등 외환 위기 이후 부각된 고용 형태 변수를 포함해 살펴보고 있는 류만희·최영(2009)의 연구가 주요한 예외이다. 이 연구는 임시 일용 노동자의 사회복지 정책 전반에 대한 지지도가 고용주 혹은 자영업자나 상용 노동자에 비해 높게 나타났지만, 계층별로는 오히려 고소득층의 복지 정책 지지가 높게 나타나는 모순된 결과를 보여 주고 있다. 저자들은 이런 현상을 "노동계급 내의 복지 정책에 대한 지지도의 분화가 발생"(류만희·최영 2009, 204)했기 때문이라 해석하고 있다.

후기 산업사회와 산업사회의 노동시장이 서로 매우 다르다는 점을 인식하면서, 해외에서도 (우리 사회의 정규직과 비정규직에 해당하는) 노동시장의 내부자와 외부자 간 복지 정책의 선호 차이에 관심을 기울이기 시작했다. 슈완더와 하우저만(Schwander and Hausermann 2011)은 2008년 유럽 사회조사(European Social Survey 13개국에 대한 자료를 분석하면서 노동시장의 내부자, 특히 일자리가 더 좋고 수입이 많은 이들일수록 재분배보다 사회보험을 통한 복지 제공을 선호한 반면, 노동시장의 외부자는 재분배 정책을 더 선호한다는 사실을 밝혀냈다. 교육 정도에 따라 이런 선호에 차이가 있었는데, 고등교육을 받았을수록 재분배 정책을 덜 선호했다. 이 연구는 유사한 노동시장 변화를 겪은 우리 사회를 조사할 때에도 기존에 논의되어 온 복지 태도 영향 변수에 일자리 특성과 관련된 다양한 변수가 추가되어야 할 필요성을 시사한다.

셋째, 복지 태도에 영향을 주는 다차원적인 변수의 영향력에 대한 연구가 부족한 편이다. 정치 성향과 이데올로기와 관련해서는 한국 사회를 대상으로 한 연구의 경우에도 보통 정치적인 좌파가 복지국가를 더 선호한다는 해외 연구(Pettersen 2001; Jæger 2006)의 발견을 지지하는 결과를 얻었다. 이중섭(2009)은 한국복지패널 2차 조사 자료 1,479사례를 분석해 자기 이해나 사회화 요인보다 평등주의적 가치나 이념 같은 이데올로기적 요인이 주요 변인임을 밝혔다. 세대 변수가 유의미한 영향력을 미치지 않는 것에 대해서는 특정 세대의 정치적 진보성이 사회적 진보성으로 연결되지 않는다고 해석하고 있다. 하층의 평등 지향성을 보여 준 주은선·백정미(2007)의 연구는 정치 이념도 평등 의식에 유의미한 영향력을 가진다고 보고하고 있는데, 정치 이념이 좌파적일수록 친복지적이었으며, 특히 상층에서의 조세 부담 의사를 높이는 것으로 나타났다. 김신영(2010)은 2006년 전국에 거주하는 1,605사례에 대한 한국종합사회조사KGSS 자료를 분석해, 사회에 대한 신뢰도가 높을수록 공적 복지 제도에 대한 지지도 역시 높았고, 보수 성향일수록 복지에 부정적임을 보여 주었다. 지금까지의 연구가 자기 이해나 계급 이해 외의 이데올로기적 영향력이 유의미하다는 점을 보여 준 만큼, 한국 사회 현실에 대한 평가, 노동조합이나 성 평등에 대한 태도 등 더욱 다양한 태도 변수의 영향력을 평가할 필요가 있는 것으로 보인다.

3. 자료 및 연구 방법

이 연구가 사회권 의식을 측정하기 위해 사용한 종속변수는 〈표 9-1〉에 나타난 바와 같이 ① 선호하는 복지 수준, ② 좋은 시민의 자질로서 빈민에 대한 연대감 정도, ③ 사회보험을 지급하는 방식 등의 세 가지로 구성되어 있다. 바람직한 복지국가의 모습에 대한 가장 기본적인 정보를 담은 ①은 미래에 원하는 사회가 본인의 세금과 복지 부담이 모두 높은 사회인가, 아니면 세금 부담과 복지 수준이 모두 낮은 수준인가를 묻는 문항을 통해 측정했다. 그러나 복지 의식에 대한 태도를 조사한 기존 연구에서 가장 광범위하게 사용된 변수 ①은 사회권 의식의 일부만을 측정할 수 있을 뿐이며, '국가'를 통하지 않고서도 형편이 어려운 사람에 대한 연대감과 지원 의식을 가질 수 있다는 점에서 종속변수 ②를 사회권 의식의 구성 요인에 포함했다. ③은 ①과 ②에서 알 수 없는, 재분배

표 9-1 | 고용 형태별 종속변수 기술 통계치 및 집단 간 차이 (단위 : %)

		선호 사회	좋은 시민 자질	사회보험 지급 방식			사례 수
		복지 및 세금 수준 높은 사회[1]	형편이 어려운 사람 지원[2](평균)	기여대로 고소득자 더 수급	동일 금액 수급	필요대로 저소득자 더 수급	
정규		87.2	7.0	43.6	40.3	16.1	298
비정규		76.5	6.8	35.7	42.8	21.5	311
t/χ^2		**					
정규	상층	80.0	6.6	40.0	40.0	20.0	5
	중층	89.7	7.0	44.3	40.2	15.5	174
	하층	84.0	6.9	42.9	40.3	16.8	119
비정규	중층	71.9	6.7	36.4	49.6	14.0	121
	하층	80.8	6.9	35.6	39.0	25.4	177
	빈민층	61.5	7.4	30.8	30.8	38.5	13
F/χ^2		**					
정규직		87.2	7.0	43.6	40.3	16.1	298
무기 계약		71.4	7.1	33.3	38.1	28.6	21
임시 계약		80.2	6.8	37.4	45.0	17.6	131
1년 미만 계약		76.8	6.6	37.5	41.1	21.4	56
일용직		75.0	7.4	35.7	39.3	25.0	28
간접 고용		71.7	6.8	34.8	43.5	21.7	46
특수 고용		72.4	7.1	27.6	41.4	31.0	29
F/χ^2		*					
전체		81.8	6.9	39.6	41.5	18.9	609

주 : 1 복지 및 세금 수준 낮은 사회 비중은 전체(100%)에서 복지 및 세금 수준 높은 사회 비중을 뺀 수치와 동일하기
에 생략함.
2 0~10점. 10점에 가까울수록 좋은 시민의 자질로서 형편이 어려운 사람에 대한 지원이 중요하다고 생각함.
*** p<.001, ** p<.01, * p<.05

에 대한 구체적인 의식을 측정하기 위해 마련된 변수이다. 사회보험을
수급하는 방식과 관련해서는, 소득에 따라 기여가 더 많은 고소득자에
게 더 지급해야 할지, (소득과 상관없이) 같은 금액을 지급해야 할지, 아니
면 더 많은 돈을 필요로 하는 저소득자에게 더 지급해야 할지를 묻고 있
다. 이는 복지국가의 소득재분배 기능에 얼마나 동의하는가를 측정할
수 있는 핵심적인 변수이다.

이처럼 〈표 9-1〉에 나타난 세 가지 종속변수의 기초 통계 수치는 하
층 혹은 비정규직의 복지 의식이 낮은 현상을 설명할 수 있는 단초를 제
공한다. 높은 세금에 기초한 복지사회에 대한 비정규직의 지지도(76.5퍼

센트)는 정규직(87.2퍼센트)보다 확실히 낮았으나, 형편이 어려운 사람에 대한 지원 의식은 비록 비정규직(6.8점)이 조금 낮기는 해도 정규직(7점)과 비교해서 통계적으로 유의한 차이는 아니었다. 고용 형태별, 계층별로 나누어 분석한 결과는 이런 차이를 좀 더 세밀하게 살펴볼 수 있게 해준다. 복지 및 세금 수준이 높은 사회에 대해 지지도가 가장 높았던 집단은 정규직 중층으로 거의 90퍼센트가 선택한 반면, 비정규직 빈민층에서는 단 61.5퍼센트만이 이를 선호했다. 반면에 좋은 시민의 자질로 형편이 어려운 사람에 대한 지원 의식의 경우, 정규직 중층은 7.0점이었으나 비정규직 빈민층은 7.4점으로 더 높았다.

사회보험을 지급하는 방식에서는 비정규직이 정규직보다 분명히 재분배 지향적인 동일 금액 수급이나 저소득자가 더 많이 수급해야 한다는 데 동의하는 경향을 보이고 있다. 기여대로 고소득자가 더 수급해야 한다는 데 정규직은 43.6퍼센트가 찬성했으나 비정규직은 35.7퍼센트만이 찬성했다. 복지국가를 가장 많이 선호했던 정규직 중층의 경우, 기여대로 고소득자가 더 수급해야 한다는 데 가장 높은 44.3퍼센트가 찬성했고, 비정규직 빈민층은 30.8퍼센트만이 찬성해 가장 낮았다. 이는 비정규직이나 하층의 재분배 욕구가 정규직보다 높으나, 국가를 통해 이런 재분배가 실현될 수 있는지에 대해서는 정규직에 비해 더 회의적임을 뜻한다. 이 연구는 정규직과 비정규직으로 구성된 주요 고용 형태 집단별로 이런 종속변수에 영향을 미치는 독립변수의 차이가 어떻게 나타나는지에 대해 로지스틱, 다중 회귀[OLS], 다항 로지스틱 분석을 통해 살펴보고자 한다.

〈표 9-2〉는 고용 형태별 연구 대상자의 기초적인 특성과 독립변수의 기술 통계치를 보여 주는데, 주요 연속 변수의 응답 범위 및 정의를 〈표 9-3〉에서 파악하면 〈표 9-2〉의 통계치를 해석하는 데 도움이 된다.

표 9-2 | 분석에 사용된 주요 독립변수의 기술 통계 (단위 : %; 괄호 안은 사례 수)

독립변수[1]		정규	비정규	전체
노조 가입		19.8 (59)	1.0 (3)	10.2 (62)
강한 노조 필요성*		3.3 (0.8)	3.3 (0.8)	3.3 (0.8)
노동 의욕 있음		78.9 (235)	75.2 (234)	77.0 (469)
노후 자녀 의존 가능		12.1 (36)	20.9 (65)	16.6 (101)
좋은 일자리 특성*		5.5 (1.9)	4.4 (2.3)	4.9 (2.2)
일 만족도*		6.6 (1.7)	6.0 (1.6)	6.3 (1.7)
복지 만족도*		5.6 (1.8)	5.6 (1.7)	5.6 (1.7)
한국 사회 현실 평가 (부의 공정 분배, 기회 평등)*		5.1 (1.8)	5.1 (1.8)	5.1 (1.8)
정치적 관심도*		4.9 (2.3)	4.3 (2.4)	4.6 (2.4)
민주주의 현실 만족도*		5.0 (2.0)	5.1 (1.8)	5.0 (1.9)
선호 정당[2]	한나라당	19.5 (58)	19.6 (61)	19.5 (119)
	민주당	16.1 (48)	17.4 (54)	16.7 (102)
	진보신당·민주노동당	4.0 (12)	1.3 (4)	2.6 (16)
	기타 정당	3.0 (9)	4.2 (13)	3.6 (22)
	선호 정당 없음	57.4 (171)	57.6 (179)	57.5 (350)
정치적 진보 수준*		5.3 (1.5)	5.0 (1.5)	5.1 (1.5)
신뢰 정도*	공무원	5.5 (2.1)	5.3 (2.0)	5.4 (2.0)
	국회의원	3.2 (2.1)	3.1 (2.0)	3.1 (2.1)
	노조 활동가	5.2 (1.8)	5.1 (1.9)	5.1 (1.9)
	대기업 임원	4.7 (1.7)	4.8 (1.9)	4.7 (1.8)
소득 격차 태도*		2.9 (0.9)	3.0 (0.9)	2.9 (0.9)
극빈층 예상 인원*		14.0 (12.1)	16.8 (15.9)	15.4 (14.2)
성 평등 태도*		4.3 (0.7)	4.3 (0.8)	4.3 (0.7)
정직한 세금 납부에 대한 동의 정도*		4.1 (0.8)	4.1 (0.8)	4.1 (0.8)

주 : 1 8장에서 이미 기술 통계치를 살펴본 변수에 대한 설명은 생략함.
　　2 새로 사용되는 선호 정당 변수는 조사 시점(2012년 1~2월)의 당명으로 표기함.
　　* 평균값(괄호 안은 표준편차).

정규직과 비정규직 모두 한나라당에 대한 지지도가 가장 높아 20퍼센트에 근접했고, 민주당 지지도는 비정규직이 정규직보다 1.3퍼센트포인트 정도 더 높았다. 진보신당과 민주노동당에 대한 지지도는 매우 낮았으나 정규직(4퍼센트)의 지지도가 비정규직(1.3퍼센트)보다는 높은 편이었다. 신뢰도 평가와 관련해서는 7장에서 이미 살펴본 공무원(〈그림 7-6〉 참조) 외에 국회의원, 노조 활동가, 대기업 임원을 추가로 포함해 검토했다. 전혀 신뢰하지 않는 0점부터 완벽하게 신뢰하는 10점까지의 척도로 측정한, 정규직과 비정규직 간 평가도가 거의 유사한 가운데, 국회의원의

표 9-3 | 분석에 사용된 주요 연속 변수의 응답 범위 및 해석

변수	응답 범위	처리 방법 및 해석
강한 노조 필요성	5점 척도 (매우 반대~매우 동의)	값이 클수록 강한 노조가 필요하다고 여김
좋은 일자리 특성	0~10점	현재 일자리의 속성에 대한 4개 문항의 평균값. 값이 클수록 좋은 일자리로 해석
일 만족도	0~10점	값이 클수록 현재 일자리에 만족함을 의미
복지 만족도	0~10점	값이 클수록 전반적인 복지에 대해 만족함을 의미
한국 사회 현실 평가	0~10점	부의 공정한 분배와 삶의 기회 평등 2개 문항 평균값이 클수록 권리 및 기회 보장이 크다고 평가함을 의미
정치적 관심도	0~10점	값이 클수록 정치에 관심이 많음을 의미
민주주의 현실 만족도	0~10점	값이 클수록 민주주의 현실에 만족함을 의미
정치적 진보 수준	0~10점	값이 클수록 정치적으로 진보적임을 의미
소득 격차 태도	5점 척도 (매우 반대~매우 동의)	값이 클수록 소득 격차를 당연한 것으로 여김
극빈층 예상 인원	0~100점	응답자가 한국 사회의 극빈층 인원이 100명 중 몇 명인지를 예상해 평가한 값
성 평등 태도	5점 척도 (전혀 중요하지 않음~매우 중요)	능력과 직업이 같다면 남녀 간 승진 및 수입 차이가 없는 것의 중요도로, 값이 클수록 성 평등적 태도를 의미
정직한 세금 납부에 대한 동의 정도	5점 척도 (매우 반대~매우 동의)	값이 클수록 세금을 정직히 납부해야 한다고 생각함을 의미

평가가 정규직 3.2점, 비정규직 3.1점으로 가장 낮았다. 노조 활동가에 대해서는 5.2점으로 평가한 정규직이 5.1점으로 평가한 비정규직보다 미미하게 높았으며, 대기업 임원에 대한 신뢰도는 정규직(4.7점)이 비정규직(4.8점)보다 역시 미미하게 낮은 편에 속했다. 정직한 세금 납부의 중요성에 대해 5점 척도로 평가한 결과도 정규직과 비정규직이 4.1점으로 같게 나타났다.

4. 분석 결과

1) 높은 수준의 복지사회에 대한 선호도에 영향을 미치는 요인

〈표 9-4〉는 본인의 낮은 세금 부담과 낮은 수준의 복지사회 대신 높

표 9-4 | 세금 부담 및 복지 수준이 높은 사회 선호에 대한 이항 로지스틱 분석

		정규		비정규		전체	
		B(S.E)	Exp(B)	B(S.E)	Exp(B)	B(S.E)	Exp(B)
상수		7.075(4.592)	1182.1	-1.520(2.694)	.219	.941(2.019)	2.563
성별(남성)		.107(.599)	1.112	.299(.413)	1.349	.184(.293)	1.201
연령		.049(.035)	1.051	-.017(.022)	.984	.007(.016)	1.007
학력(고졸)	중졸 이하	-(-)	-	.431(.592)	1.539	.467(.522)	1.595
	대재 이상	-.259(.648)	.772	-.062(.398)	.940	.068(.296)	1.070
혼인 상태(미혼)	기혼 유배우	-.841(.681)	.431	.630(.606)	1.877	.074(.387)	1.077
	이혼·별거·사별	-2.646(1.662)	.071	.593(1.001)	1.810	-.233(.720)	.792
계층 인식(하층)	상층	3.508(2.418)	33.376			.426(1.358)	1.531
	중층	1.295*(.584)	3.652	-.443(.360)	.642	-.021(.261)	.980
	빈민층			-.774(.914)	.461	-.733(.807)	.480
직업(전문 관리직)	사무직	.000(.668)	1.000	1.065(.985)	2.900	.147(.449)	1.158
	판매·서비스	-2.558(1.276)	.077	.338(.917)	1.402	-.553(.545)	.575
	생산	.784(.964)	2.189	.991(1.015)	2.695	.536(.571)	1.709
	단순 노무	-(-)	-	.695(.944)	2.003	-.226(.596)	.797
업종 (도소매·음식·숙박)	농림어업·광업			2.113(1.476)	8.269	.735(1.354)	2.085
	제조·건설업	-2.652(1.579)	.071	.112(.719)	1.119	-.281(.483)	.755
	금융·보험업	-2.646(1.736)	.071	.636(.902)	1.889	.104(.601)	1.109
	기타	-2.918(1.503)	.054	.328(.514)	1.388	-.251(.394)	.778
직장 규모 (10명 미만)	10~100명	-.385(.698)	.681	-.234(.395)	.791	-.126(.297)	.882
	100~1,000명	-.391(.867)	.677	1.197(.730)	3.309	.419(.446)	1.520
	1,000명 이상	-(-)	-	.354(2.168)	1.425	1.255(1.142)	3.507
근로소득(로그)		-.502(.668)	.606	.342(.310)	1.407	.144(.240)	1.154
고용 형태(정규직)	무기 계약					-.620(.648)	.538
	임시직			.186(.658)	1.205	-.267(.391)	.766
비정규 고용 형태 (무기 계약)	1년 미만 계약			-.339(.762)	.712	-.750(.498)	.472
	일용직			-.046(.888)	.955	-.846(.692)	.429
	간접 고용			-.396(.771)	.673	-.797(.511)	.450
	특수 고용			-.120(.952)	.887	-.348(.647)	.706
노조	노조 가입(비가입)	.305(.695)	1.357	-1.842(2.194)	.159	-.357(.529)	.700
	노조 필요성	-.077(.319)	.926	.136(.219)	1.146	.023(.156)	1.024
노동 의욕(없음)		1.414*(.617)	4.114	-.748*(.444)	.473	-.117(.308)	.890
노후 자녀 의존 기능(불가능)		-.351(.621)	.704	.252(.432)	1.287	.010(.313)	1.010
좋은 일자리 특성		-.400**(.144)	.671	.004(.095)	1.004	-.088(.068)	.916
일 만족도		.037(.190)	1.038	.197(.128)	1.218	.125(.091)	1.133
복지 만족도		-.443*(.176)	.642	-.042(.116)	.959	-.185*(.085)	.831
한국 사회 현실 평가		.014(.156)	1.014	-.347**(.115)	.707	-.208**(.078)	.813
정치적 관심도		.051(.127)	1.052	.040(.084)	1.040	-.004(.059)	.996
민주주의 현실 만족도		-.065(.151)	.937	-.097(.121)	.907	-.018(.080)	.982
선호 정당(한나라당)	민주당	.001(.866)	1.001	-.309(.565)	.734	-.429(.398)	.651
	진보신당·민주노동당	-.752(1.558)	.471	1.335(1.577)	3.802	.105(.954)	1.111
	기타	-1.660(1.213)	.190	.035(.953)	1.036	-.321(.679)	.725
	지지 정당 없음	.501(.736)	1.650	.627(.450)	1.872	.293(.322)	1.340
정치적 진보 수준		.565*(.195)	1.760	-.153(.132)	.858	.148(.087)	1.160
신뢰 정도	공무원	.181(.148)	1.198	.478***(.129)	1.613	.245**(.083)	1.277
	국회의원	-.185(.148)	.831	-.088(.105)	.916	-.108(.074)	.897
	노조 활동가	-.012(.167)	.988	-.199(.131)	.819	-.121(.085)	.886
	대기업 임원	.213(.198)	1.238	-.060(.143)	.942	.061(.097)	1.063
소득 격차 태도		-.307(.276)	.736	.092(.189)	1.096	-.021(.134)	.980
극빈층 예상 인원		.006(.021)	1.006	.045*(.015)	1.046	.031*(.011)	1.031
성 평등 태도		-.466(.356)	.628	.429*(.224)	1.536	.095(.167)	1.099
정직한 세금 납부에 대한 동의 정도		.309(.287)	1.362	-.294(.241)	.745	-.074(.164)	.928
-2LL		155.191		267.657		495.459	
χ²		71.167**		70.212*		80.434**	
N		294		309		603	

주 : 1 - 표시는 모형에 투입된 가변수 중 사례 수가 적어 표준편차가 매우 큰 경우임.
*** p<.001, ** p<.01, * p<.05, · p<0.1

은 세금 부담과 높은 수준의 복지사회를 선호할 가능성에 영향을 미치는 요인을 정규직과 비정규직, 이 둘을 모두 포함한 전체 임금노동자를 대상으로 분석한 결과를 보여 준다. 여기에서 분명히 확인되는 사실은 정규직과 비정규직에 따라 복지사회 선호에 영향을 미치는 요인들이 서로 다르다는 점이다. 정규직이라 하더라도 판매·서비스직 종사자는 전문 관리직 종사자에 비해 복지사회를 덜 선호하는 것으로 드러났다. 정규직 모델에서는 하층에 비해, 자신이 속한 계층을 중층으로 정의한 응답자가 복지사회를 더 선호했으나, 비정규직 모델에서 계층 변수는 유의미하지 않았다. 업종 변수 역시 정규직 모델에서만 유의미한 것으로 나타났는데, 도소매·음식·숙박업 종사자가 제조·건설업과 기타 업종 종사자보다 복지사회에 대한 선호가 더 높았다. 노동 의욕이 높은 정규직은 통계적으로 유의한 수준에서 복지국가를 선호했으나, 비정규직의 경우 노동 의욕은 복지국가에 대한 선호에 부정적인 영향을 미쳤다.

좋은 일자리 특성, 그리고 복지 상태 만족도 변수의 영향력도 정규직에서만 확인되었다. 좋은 일자리 특성을 보유한 직업을 가졌거나 현재 복지 상태에 만족할수록 높은 수준의 복지국가를 선호하지 않는 것으로 나타났다. 정치적 진보 성향도 정규직에서만 복지사회 선호도를 높였을 뿐, 비정규직에서는 유의미한 영향을 미치지 않았다. 반면에 비정규직은 한국 사회가 공정하고 평등하다고 여길수록 높은 수준의 복지사회를 선호하지 않았고, 예상 극빈층 인원을 높게 산정할수록, 성 평등한 태도를 가질수록 복지국가를 선호했다. 비정규직에서만 유의하게 나타난 공무원 신뢰도 변수는 비정규직이 공무원을 신뢰할수록 복지사회 선호도도 높다는 점을 보여 준다. 노동조합 가입 유무나 노조의 필요성에 대한 태도, 노조 활동가에 대한 신뢰도 등은 정규직과 비정규직 모두에서 복지사회 선호를 결정하는 데 아무런 유의한 영향력도 없는 것으로 드러났다.

비정규직이면서도 복지국가에 대한 선호가 낮은 이유를 묻자 작은 복지국가를 선택한 소수(총 응답자 74명 중 10명, 13.5퍼센트)의 심층 면접 대상자는 대부분 세금이 너무 과도하기 때문이라고 응답했다. 일용직 산모 도우미인 54세 여성(사례 24)은 "당장 임금에서 떼어 가는 것이 생겨서 받는 돈이 적어지는 것이 싫다."고 했고, 간접 고용직으로 가구 제조업에 종사하는 45세 남성(사례 34)도 현재보다 고소득자의 세금을 제대로 걷는다 하더라도 자신의 임금에서 세금이 늘어나는 것은 반대한다며 다음과 같이 말했다.

현재의 세금 부담도 너무 과도해. 여기서 더 늘어나면 복지 수준이 높아진다 한들 일단 내 소득이 줄어들어서 싫다. [질문자 : 고소득 자영업자의 소득을 정확히 파악해 지금보다 제대로 징세가 이루어질 수 있다면 같은 질문에 다르게 대답할 가능성이 있는가?] 없다. 고소득자한테 세금 제대로 걷는다는 건 좋은데, 어쨌든 내 소득에서 떼이는 세금도 늘어나는 것 아니냐. 고소득 자영업자 징세와 별개로, 어쨌든 내 세금도 늘어나므로 싫다.

같은 의견이지만, 임시 계약직 의류 매장 판매 사원인 38세 여성(사례 47)은 세금을 더 내면 소득이 줄어드는 문제와 더불어, 국가에 대한 신뢰가 부족하기 때문이라는 보충 설명을 제공한다.

세금을 너무 많이 내면, 안 그래도 빚에 쪼들리는데 쓸 돈이 너무 부족해지고 정부에서 세금을 걷어서 무슨 일을 하는지 믿음이 없기 때문에 그냥 내가 버는 대로 쓰는 것이 마음이 편해요. [질문자 : 고소득 자영업자의 소득을 정확히 파악해 지금보다 제대로 징세가 이루어질 수 있다면 같은 질문에 다르게 대답할 가능성이 있는가?] 그렇게 되면 세금 적게 내고 복지를 많이 받을 수 있으니 더더욱 세금을 많이 낼 필요가 없어요.

수입 감소나 국가에 대한 신뢰 부족 외에도, 능력주의와 개인주의에 기초한 보수적 태도를 가지고 작은 복지국가를 선택한 경우도 있었다. 임시 계약직 S시 직원인 24세 남성(사례 31)은 국가에 대한 의존을 줄이고 자신의 능력을 키워야 할 이유를 다음과 같이 설명하고 있다.

내가 보기에는, 현시대는 미래로 갈수록 사회 구성원들의 결속력이 약화되고 있다. 그래서 미래에 어느 정도 좋은 수준의 삶을 살기 위해서는 자기 자신의 기본적인 능력을 극대화할 수밖에 없다. 국가 복지에 의존하기보다는 자기 능력을 기를 수밖에 없으니까.

2) 빈민에 대한 연대감에 영향을 미치는 요인

〈표 9-5〉는 형편이 어려운 사람에 대한 지원의 중요도를 종속변수로 삼아, 정규직과 비정규직, 모든 임금노동자를 대상으로 시행한 회귀분석 결과를 담고 있다. 〈표 9-4〉와 대조적인 결과 중 하나는 정규직 모델의 설명력이 매우 제한적이어서, 직업과 성 평등 태도를 제외하고는 유의미한 독립변수가 거의 없다는 것이다. 반면에 비정규직 모델의 경우는 선호하는 복지사회 종속변수보다 통계적으로 유의미한 독립변수를 더 많이 가지고 있었고, R^2값(.299)도 전체 모델(.161)보다 상당히 높았다.

비정규직 모델에서 빈민에 대한 연대감에 영향을 미치는 계층 변수의 영향력은 앞서 살펴본, 선호하는 복지국가 변수의 정규직 모델과 정

표 9-5 | 좋은 시민의 자질로서 형편이 어려운 사람 지원의 중요도에 대한 회귀분석

		정규	비정규	전체
		OLS 계수 (표준오차)		
상수		2.402 (1.741)	3.020 (1.552)	3.555*** (1.082)
성별 (남성)		-.215 (.242)	-.061 (.232)	-.126 (.161)
연령		-.006 (.014)	.011 (.012)	.001 (.009)
학력 (고졸)	중졸 이하	.324 (.894)	1.094** (.349)	1.114*** (.311)
	대재 이상	.313 (.247)	.067 (.222)	.157 (.161)
혼인 상태 (미혼)	기혼 유배우	-.005 (.281)	-.227 (.336)	.034 (.209)
	이혼·별거·사별	-.297 (.610)	-.199 (.549)	.220 (.382)
계층 인식 (하층)	상층	-.427 (.768)		-.269 (.738)
	중층	.132 (.215)	-.230 (.207)	-.105 (.144)
	빈민층		1.204* (.511)	.971* (.490)
직업 (전문 관리직)	사무직	-.034 (.261)	.086 (.497)	-.096 (.228)
	판매·서비스	.895* (.499)	-.220 (.472)	.069 (.299)
	생산	.248 (.368)	-.052 (.520)	-.061 (.289)
	단순 노무	.794 (.997)	-1.110* (.487)	-.866* (.334)
업종 (도소매·음식·숙박)	농림어업·광업		.388 (.755)	.704 (.699)
	제조·건설업	.251 (.450)	-.311 (.409)	-.147 (.273)
	금융·보험업	.535 (.508)	-.678 (.476)	.015 (.311)
	기타	.261 (.431)	-.076 (.284)	-.055 (.229)
직장 규모 (10명 미만)	10~100명	.177 (.263)	.341 (.224)	.386* (.164)
	100~1,000명	-.253 (.337)	1.014* (.347)	.293 (.224)
	1,000명 이상	-.380 (.481)	1.559 (1.024)	.122 (.393)
근로소득 (로그)		.117 (.263)	-.062 (.165)	-.130 (.133)
고용 형태 (정규직)	무기 계약			.187 (.401)
	임시직		-.350 (.396)	-.076 (.209)
비정규 고용 형태 (무기 계약)	1년 미만 계약		-.392 (.450)	-.008 (.281)
	일용직		-.143 (.526)	.190 (.408)
	간접 고용		-.416 (.463)	.023 (.307)
	특수 고용		.051 (.548)	-.108 (.380)
노조	노조 가입 (비가입)	.233 (.265)	-1.067 (1.161)	.269 (.247)
	노조 필요성	.089 (.123)	-.266* (.123)	-.091 (.085)
노동 의욕 (없음)		.201 (.235)	-.569* (.235)	-.172 (.165)
노후 자녀 의존 가능 (불가능)		.109 (.284)	-.338 (.242)	-.174 (.180)
좋은 일자리 특성		.090 (.056)	.028 (.051)	.065* (.037)
일 만족도		-.043 (.067)	-.020 (.069)	-.011 (.047)
복지 만족도		-.031 (.062)	.194** (.065)	.054 (.044)
한국 사회 현실 평가		.100 (.062)	.079 (.061)	.129** (.042)
정치적 관심도		.035 (.047)	.025 (.046)	.031 (.032)
민주주의 현실 만족도		.068 (.057)	.122* (.061)	.076* (.041)
선호 정당 (한나라당)	민주당	.258 (.342)	-.117 (.335)	.031 (.233)
	진보신당·민주노동당	.498 (.550)	-.765 (.890)	-.159 (.449)
	기타	.725 (.579)	-.105 (.522)	.357 (.378)
	지지 정당 없음	.142 (.269)	-.152 (.266)	-.129 (.180)
정치적 진보 수준		-.034 (.069)	.149* (.068)	.065 (.048)
신뢰 정도	공무원	.011 (.061)	.005 (.064)	-.018 (.043)
	국회의원	-.006 (.059)	-.106* (.057)	-.054 (.041)
	노조 활동가	.015 (.064)	.108 (.069)	.084* (.045)
	대기업 임원	.019 (.071)	.005 (.076)	-.001 (.050)
소득 격차 태도		-.133 (.104)	-.047 (.107)	-.067 (.073)
극빈층 예상 인원		-.004 (.008)	.015 (.008)	.005 (.005)
성 평등 태도		.393** (.140)	.208 (.131)	.305** (.092)
정직한 세금 납부에 대한 동의 정도		.133 (.119)	.363** (.137)	.219* (.089)
F		1.311	2.311***	2.115***
R^2		.180	.299	.161
N		294	309	603

주 : *** p<.001, ** p<.01, * p<.05, + p<0.1

반대였다. 하층에 비해, 빈민층에 속한다고 생각하고 학력이 낮은 비정
규직일수록 연대감의 수준이 더 높았다. 그리고 피고용인이 10명 미만
인 영세 사업장에서 일하는 비정규직보다 1백~1천 명 수준의 대규모 기
업에서 일하는 비정규직의 빈민에 대한 연대감이 상대적으로 높았는데,
이는 일정 규모가 있는 사업장에서 동료들과 소통함으로써 이런 의식에
더 민감하게 반응할 수 있는 관심을 키울 수 있었기 때문으로 추정된다.
이는 전문 관리직 비정규직에 비해 상대적으로 소규모 작업장에서 일할
가능성이 큰 단순 노무직 비정규직의 연대감이 떨어지는 현상과 연계해
서도 설명할 수 있다.

　비정규직의 높은 복지 상태 만족도, 민주주의 현실 만족도는 빈민에
대한 연대감을 높이는 것으로 나타났다. 반면에 노동 의욕이 높고 노조
의 필요성이 높다고 인지할수록 빈민에 대한 연대감은 떨어지는 현상을
볼 수 있는데, 이는 스스로 위험에서 보호할 능력과 의사가 있는 경우
연대감이 낮아지는 현상으로 일부 이해할 수 있다. 선호하는 복지국가
종속변수에 대해 비정규직 모델에서 유의미하지 않던 진보적 정치 수
준 변수는 빈민에 대한 연대감을 종속변수로 하는 경우 이런 연대감을
증가시키는 것으로 나타나 대조적이었다. 또한 극빈층 예상 인원이 많
을수록, 국회의원에 대한 신뢰도가 낮을수록, 세금을 정직하게 내야 한
다고 생각할수록 통계적으로 유의한 수준에서 빈민에 대한 연대감 수준
도 높았다.

3) 선호하는 사회보험 수급 방식에 영향을 미치는 요인

　선호하는 사회보험 수급 방식을 종속변수로 한 다항 로지스틱 분석
내용이 〈표 9-6〉에 나타나 있다. 이 역시 정규직 노동자와 비정규직 노

동자, 모든 임금노동자의 세 가지 모델로 나누어 분석되었다. 여기서도 앞의 종속변수들과 마찬가지로, 정규직 모델과 비정규직 모델에 따라 유의한 변수들이 서로 다른 경향이 그대로 유지되었다. 먼저 기여와 관계없이 동일 금액을 지급하는 방식보다 기여가 많은 고소득자에게 더 많이 지급하는 방식을 선호할 개연성은 정규직의 경우 현재 노조 가입자일수록, 일 만족도가 높을수록, 한나라당 지지자보다 특정 지지 정당이 없는 경우 높아지는 것으로 나타났다. 그러나 연령이 높아질수록, 노조 활동가에 대한 신뢰도가 높을수록, 복지 상태 만족도가 높을수록 이런 보수적인 지급 방식에 대한 선호도가 낮아졌다.

비정규직 모델에서는 노조 활동가에 대한 신뢰도만이 정규직 모델과 같은 영향력을 가지고 있었고, 나머지 유의한 변수는 정규직과 모두 달랐다. 비정규직의 경우 실질적인 소득수준보다는 소득 격차를 당연시하는 태도를 가질수록, 노후를 자녀에 의존할 수 있는 가능성이 클수록, 정치 관심도가 높을수록 정액 지급보다 고소득자에게 더 많이 지급하는 방식을 선호했다.

〈표 9-6〉의 ②에서는 기여와 관계없이 동일 금액을 지급하는 방식보다 필요가 많은 저소득자가 더 많이 수급해야 한다는 방식을 선호할 개연성에 영향을 미치는 변수를 살펴볼 수 있는데, 이 역시 정규직 모델과 비정규직 모델에서 유의한 영향력을 가진 변수들이 서로 달랐다. 정규직 모델에서는 일 만족도가 높을수록 정액 지급보다 저소득자가 더 많이 수급하는 것을 선호할 가능성을 높였는데, 앞의 분석 내용을 감안한다면 이는 일 만족도가 정액 지급보다는 고소득자나 저소득자 양측에 모두 더 지급하는 방식을 선호하게 만든다는 점을 알려준다. 전문 관리직보다는 판매·서비스업에 종사하는 정규직의 경우 더욱더 평등한 수급 방식을 선호하는 경향이 있었다. 나머지 정규직 모델에서 유의한 변

표 9-6 | 사회보험 수급 방식(기준 : 기여와 관계없이 동일 수급)에 대한 다항 로지스틱 회귀분석

①		기여가 많은 고소득자가 더 많이 수급					
		정규		비정규		전체	
		B (S.E)	Exp (B)	B (S.E)	Exp (B)	B (S.E)	Exp (B)
절편		-.303 (2.941)		-1.364 (2.586)		-.321 (1.664)	
성별 (남성)		-.037 (.403)	.964	-.026 (.382)	.974	.020 (.249)	1.020
연령		-.044 * (.024)	.957	-.015 (.020)	.985	-.017 (.013)	.983
학력 (고졸)	중졸 이하	-(-)	-	.454 (.556)	1.574	.816 * (.491)	2.262
	대재 이상	.179 (.410)	1.196	.147 (.356)	1.159	-.002 (.243)	.998
혼인 상태 (미혼)	기혼 유배우	-.093 (.473)	.911	.471 (.549)	1.601	-.007 (.319)	.993
	이혼·별거·사별	.465 (.985)	1.591	-.175 (.890)	.839	-.001 (.570)	.999
계층 인식 (하층)	상층	.231 (1.247)	1.260			-.218 (1.128)	.804
	중층	.011 (.373)	1.011	-.482 (.335)	.617	-.150 (.220)	.860
	빈민층			-.570 (.963)	.565	-.008 (.864)	.992
직업 (전문 관리직)	사무직	.587 (.449)	1.799	.152 (.799)	1.164	.458 (.347)	1.582
	판매·서비스	1.055 (.886)	2.872	.680 (.761)	1.975	.652 (.456)	1.918
	생산	-.318 (.627)	.728	-.199 (.868)	.819	-.188 (.449)	.829
	단순 노무	2.773 (1.913)	16.011	.521 (.805)	1.684	.924 * (.521)	2.519
업종 (도소매·음식·숙박)	농림어업·광업			1.269 (1.334)	3.557	.556 (1.186)	1.745
	제조·건설업	-.201 (.744)	.818	.470 (.670)	1.600	.182 (.416)	1.200
	금융·보험업	-.683 (.880)	.505	-.142 (.831)	.867	.050 (.490)	1.052
	기타	-.474 (.724)	.622	.442 (.454)	1.556	.011 (.348)	1.011
직장 규모 (10명 미만)	10~100명	.492 (.437)	1.635	.186 (.363)	1.204	.283 (.251)	1.326
	100~1,000명	-.292 (.552)	.747	.172 (.536)	1.188	-.215 (.341)	.806
	1,000명 이상	-.769 (.784)	.464	-(-)	-	-.134 (.585)	.875
근로소득 (로그)		.495 (.446)	1.640	.014 (.275)	1.014	.040 (.208)	1.041
고용 형태 (정규직)	무기 계약					-.192 (.629)	.826
	임시직			-.054 (.644)	.947	-.238 (.318)	.788
비정규 고용 형태 (무기 계약)	1년 미만 계약			-.330 (.725)	.719	-.494 (.437)	.610
	일용직			.017 (.886)	1.017	-.237 (.647)	.789
	간접 고용			-.316 (.754)	.729	-.341 (.478)	.711
	특수 고용			-.265 (.951)	.767	-.459 (.622)	.632
노조	노조 가입 (비가입)	1.001 * (.468)	2.722	-(-)	-	.953 * (.384)	2.594
	노조 필요성	.254 (.208)	1.289	.086 (.203)	1.090	.086 (.131)	1.090
노동 의욕 (없음)		-.523 (.418)	.593	.320 (.384)	1.377	.038 (.253)	1.038
노후 자녀 의존 기능 (불가능)		-.574 (.469)	.563	1.007 * (.401)	2.737	.306 (.274)	1.357
좋은 일자리 특성		-.004 (.098)	.996	-.011 (.083)	.989	.022 (.056)	1.022
일 만족도		.269 (.125)	1.308	-.036 (.115)	.965	.093 (.074)	1.098
복지 만족도		-.431 ** (.116)	.650	-.023 (.104)	.977	-.179 ** (.068)	.836
한국 사회 현실 평가		.085 (.107)	1.089	-.023 (.098)	.977	-.012 (.064)	.988
정치적 관심도		.017 (.080)	1.017	.165 * (.076)	1.179	.075 (.049)	1.077
민주주의 현실 만족도		-.074 (.098)	.929	-.153 (.100)	.858	-.112 (.062)	.894
선호 정당 (한나라당)	민주당	.824 (.583)	2.280	-.065 (.564)	.937	.331 (.362)	1.393
	진보신당·민주노동당	.763 (1.060)	2.145	-(-)	-	.221 (.727)	1.248
	기타	-.156 (.953)	.856	-.702 (.802)	.495	-.393 (.567)	.675
	지지 정당 없음	.770 * (.462)	2.159	.060 (.452)	1.062	.332 (.285)	1.394
정치적 진보 수준		-.156 (.120)	.856	-.053 (.113)	.948	-.030 (.074)	.970
신뢰 정도	공무원	.176 (.108)	1.193	.115 (.105)	1.122	.148 * (.066)	1.159
	국회의원	-.019 (.103)	.981	-.054 (.099)	.947	-.027 (.064)	.973
	노조 활동가	-.284 * (.111)	.753	-.234 * (.115)	.791	-.230 ** (.070)	.795
	대기업 임원	.150 (.122)	1.162	.051 (.122)	1.052	.071 (.076)	1.073
소득 격차 태도		-.094 (.188)	.910	.670 ** (.188)	1.954	.220 ** (.115)	1.246
극빈층 예상 인원		.015 (.013)	1.015	-.006 (.010)	.994	.002 (.007)	1.002
성 평등 태도		-.119 (.234)	.887	.051 (.218)	1.052	.032 (.142)	1.033
정직한 세금 납부에 대한 동의 정도		-.032 (.212)	.969	-.170 (.220)	.844	-.073 (.137)	.929

주 : 1 - 표시는 모형에 투입된 가변수 중 사례 수가 적어 표준편차가 매우 큰 경우임.
*** p<.001, ** p<.01, * p<.05, + p<0.1

②		필요가 많은 저소득자가 더 많이 수급					
		정규		비정규		전체	
		B(S.E)	Exp(B)	B(S.E)	Exp(B)	B(S.E)	Exp(B)
절편		-1,601(4,201)		4,597(3,264)		2,000(2,169)	
성별 (남성)		-1,928*(,658)	,145	,418(,495)	1,520	-,290(,318)	,748
응답자 연령		-,030(,034)	,970	-,001(,026)	,999	-,012(,017)	,988
학력 (고졸)	중졸 이하	-(-)	-	-,170(,696)	,844	,600(,577)	1,822
	대재 이상	,543(,603)	1,720	,039(,474)	1,040	,044(,320)	1,045
혼인 상태 (미혼)	기혼 유배우	-,371(,681)	,690	-,926(,709)	,396	-,406(,412)	,667
	이혼·별거·사별	-19,679(,000)	,000	-1,926(1,176)	,146	-1,294(,839)	,274
계층 (하층)	상층	-,126(1,901)	,881			,043(1,361)	1,043
	중층	,098(,509)	1,103	-1,442**(,456)	,236	-,685*(,284)	,504
	빈민층			-,145(,905)	,865	,561(,823)	1,752
직업 (전문 관리직)	사무직	,387(,583)	1,472	-,006(1,069)	,994	-,129(,443)	,879
	판매·서비스	2,188+(1,231)	8,916	-1,031(1,036)	,357	-,524(,595)	,592
	생산	-,159(,817)	,853	,120(1,135)	1,127	-,175(,546)	,840
	단순 노무	,573(2,466)	1,773	,644(1,035)	1,905	,569(,627)	1,767
업종 (도소매·음식·숙박)	농림어업·광업			,538(1,544)	1,712	,792(1,300)	2,209
	제조·건설업	,987(1,242)	2,684	-1,485+(,894)	,226	-,600(,530)	,549
	금융·보험업	1,572(1,346)	4,815	-,950(,909)	,387	-,202(,583)	,817
	기타	1,105(1,189)	3,018	-1,293(,654)	,274	-,692(,448)	,501
직장 규모 (10명 미만)	10-100명	,785(,674)	2,192	,114(,472)	1,121	,154(,322)	1,166
	100-1,000명	-,030(,858)	,970	-,433(,797)	,648	-,391(,458)	,677
	1,000명 이상	-,421(1,184)	,656	2,432(1,754)	11,382	-,239(,810)	,788
근로소득 (로그)		,375(,620)	1,454	,324(,374)	1,383	,191(,273)	1,211
고용 형태 (정규직)	무기 계약					,700(,752)	2,015
	임시직			-,509(,791)	,601	-,052(,408)	,949
비정규 고용 형태 (무기 계약)	1년 미만 계약			-,300(,938)	,741	-,117(,550)	,889
	일용직			-,188(1,051)	,829	,029(,768)	1,029
	간접 고용			-,320(,959)	,726	,032(,588)	1,032
	특수 고용			1,185(1,120)	3,269	1,097(,696)	2,996
노조	노조 가입(비가입)	,076(,638)	1,079	-1,948(,000)	,143	,310(,539)	1,363
	노조 필요성	,249(,295)	1,283	-,225(,260)	,799	,003(,166)	1,003
노동 의욕 (없음)		-,574(,560)	,563	,538(,486)	1,712	-,078(,319)	,925
노후 자녀 의존 가능 (불가능)		-1,840+(,912)	,159	,465(,487)	1,593	-,021(,349)	,979
좋은 일자리 특성		-,266+(,134)	,766	,075(1,090)	1,077	-,049(,072)	,952
일 만족도		,535**(,169)	1,708	-,259+(,151)	,772	,087(,093)	1,091
복지 만족도		-,325*(,154)	,722	-,305*(,141)	,737	-,220+(,089)	,802
한국 사회 현실 평가		,019(,153)	1,020	-,041(,134)	,960	-,002(,084)	,998
정치적 관심도		,076(,116)	1,079	-,139(,101)	,870	-,007(,063)	,993
민주주의 현실 만족도		-,060(,142)	,941	-,038(,138)	,963	-,087(,083)	,916
선호 정당 (한나라당)	민주당	,411(,814)	1,508	-1,065(,674)	,345	-,232(,433)	,793
	진보신당·민주노동당	2,056(1,252)	7,815	-21,162(,000)	,000	,320(,805)	1,377
	기타	-19,069(,000)	,000	-2,377+(1,279)	,093	-2,239+(1,125)	,107
	지지 정당 없음	,772(,628)	2,164	-1,533+(,549)	,216	-,503(,335)	,605
정치적 진보 수준		-,345*(,171)	,708	-,233(,154)	,792	-,201*(,093)	,818
신뢰 정도	공무원	,130(,152)	1,139	-,068(,141)	,934	,058(,088)	1,059
	국회의원	,226(,140)	1,253	,310+(,125)	1,364	,234**(,081)	1,263
	노조 활동가	-,459**(,160)	,632	,087(,149)	1,091	-,125(,090)	,883
	대기업 임원	,208(,167)	1,231	,038(,170)	1,039	,060(,101)	1,061
소득 격차 태도			,863	-,150(,220)	,860	-,132(,141)	,876
격차층 예상 인원		,017(,019)	1,017	-,025+(,013)	,976	-,007(,010)	,993
성 평등 태도		,327+(,347)	1,387	,092(,256)	1,096	,193(,180)	1,213
정직한 세금 납부에 대한 동의 정도		-,582*(,287)	,559	,226(,283)	1,253	-,085(,175)	,918
-2LL		473,071		518,641		1129,802	
χ²		127,409**		136,591**		130,888*	
N		294		309		603	

주 : 1 - 표시는 모형에 투입된 가변수 중 사례 수가 적어 표준편차가 매우 큰 경우임.
   *** p<,001, ** p<,01, * p<,05, + p<0,1

수들, 즉 여성, 노후 의존 가능, 좋은 일자리, 복지 상태 만족도, 노조 활동가에 대한 신뢰도, 정치적 진보 수준, 정직하게 세금을 납부하는 것의 중요성 등은 모두 해당 변수에 대한 응답 수준이 높을수록 정액 지급보다 저소득자에게 더 많이 지급하는 방식을 선호하는 데 부정적인 영향을 미치는 것으로 드러났다. 정치적으로 진보적일수록 정규직이 상대적으로 좀 더 보수적인 지급 방식을 선호하는 점은 주목할 만하다.

비정규직 모델에서는 국회의원에 대한 신뢰도가 높을수록 정액 지급보다 저소득자가 더 많이 수급하는 방식을 선택할 가능성을 높였고, 다른 통계적으로 유의한 나머지 변수들은 모두 부정적인 영향력을 가지고 있었다. 하층보다는 중층이, 도소매·음식·숙박업 종사자보다는 제조·건설업과 기타 업종 종사자가, 일 만족도와 복지 만족도가 높을수록, 극빈층 예상 인원이 높을수록, 한나라당보다 다른 정당을 지지하거나 지지 정당이 없는 경우 이와 같은 진보적인 재분배 방식보다는 기여와 관계없이 동일 금액을 제공하는 방식을 선호하고 있었다.

5. 연구 결과 요약 및 토론

지금까지 로지스틱 분석, 다중 회귀 분석, 다항 로지스틱 분석 내용을 요약한 결과가 〈표 9-7〉에 요약되어 있다. 정규직과 비정규직의 사회권 의식에 영향을 미치는 요인이 서로 다르다는 점이 잘 나타나 있다. 통계적으로 유의미한 독립변수와 관련된 주요 분석 결과는 다음과 같다.

먼저 계층과 관련해, 정규직 중 중층이 하층에 비해 높은 수준의 복지국가를 더 지지하는 것으로 나타났다. 반면에 형편이 어려운 사람에 대한 연대 의식은 비정규직 모델에서만 계층과 학력이 낮을수록 유의미

표 9-7 | 사회권 의식에 대한 분석 결과 요약표

	복지 및 세금 수준 높은 사회		형편이 어려운 사람 지원		사회보험 지급 방식 (기준 : 동일 금액 지급)			
					정규직		비정규직	
	정규직	비정규직	정규직※	비정규직	고소득자 더 수급	저소득자 더 수급	고소득자 더 수급	저소득자 더 수급
성별 (남성)								
연령						-		
학력^(고졸) 중졸 이하			+					
혼인 상태 (미혼)								
계층 인식^(하층) 빈민층			+					
중층	+							-
직업^(전문 관리) 판매·서비스	-		+				+	
단순 노무직								
업종^(도소매·음식·숙박) 제조 건설	-							
기타	-							
직장 규모^(10명 미만) 10~100명								
100~1,000명				+				
근로소득 (로그)								
고용 형태 (정규직)								
비정규 고용 형태 (무기 계약)								
노조 노조 가입 (비가입)					+			
노조 필요성					-			
노동 의욕 (없음)	+							
노후 자녀 의존 가능 (불가능)							-	+
좋은 일자리 특성	-							
일 만족도					+		+	
복지 만족도	-							
한국 사회 현실 평가'							+	
정치적 관심도								
민주주의 현실 만족도			+					
선호 정당^(한나라당) 기타						-		
지지 정당 없음					+			-
정치적 진보 수준	+							
신뢰 정도 공무원			+					
국회의원								-
노조 활동가							-	
대기업 임원								
소득 격차 태도							+	
극빈층 예상 인원			+					
성 평등 태도	+		+					
정직한 세금 납부에 대한 동의 정도						-		

주 : 1 ^는 가변수 처리한 변수로, 결과가 유의하게 나타난 더미만 표시함.
　2 +는 종속변수에 정적 영향, -는 부적 영향을 의미함.
　3 '는 부의 공정 분배 및 기회 평등에 대한 의견 평균값.
　※ R^2=.1800이며 F=1,311, 유의확률 .108

하게 높았다. 사회보험 수급 방식에서도 비정규직의 경우 중층 계급이 하층보다 (저소득자에 더 지급하는 방식 대신) 동일 지급 방식을 선호하는 경향을 보였다. 이는 비록 비정규직이 복지사회에 대한 지지 정도는 낮다 하더라도 계층이 더 낮을수록 빈민에 대한 연대감이나 재분배에 대한 진보적 의식은 높다는 점을 보여 준다.

따라서 복지국가에 대한 비정규직의 지지가 상대적으로 낮은 현상은 높은 세금에 대한 부담뿐만 아니라 복지국가 제도에 대한 불신이 정규직보다 더 크기 때문일 수 있기에, 이를 바탕으로 이들의 사회권 의식이 낮다고 해석하기는 어렵다. 한국의 행정부는 입법부로부터 광범위하게 넘겨받은 위임 입법의 권한 때문에 사회복지 정책을 실질적으로 통제한다(이신용 2007). 본인의 소득이 제한된 상태에서 세금이 올바로 쓰일 것이라는 신뢰가 없다면 높은 세금을 전제하는 복지국가에 대한 지지가 낮을 수밖에 없다. 딜릭Herman Deleeck이 매튜스Mattheus 효과라고 명명한 이론에 따르면, 사회는 저소득층보다 고위 사회집단에 사회정책의 혜택을 더 주는 기제를 생산해 내기 때문이다. 이는 저소득층이 복지국가가 실제로 어떻게 작용할 것인지에 대해 합리적으로 이해했기에 내린 판단이다(Derks 2004).

일자리와 관련된 변수도 높은 수준의 복지국가에 대한 지지, 빈민에 대한 연대감, 사회보험 지급 방식 등에 상당한 영향을 미쳤다. 능력에 따라 높은 임금이 보장되는 다양하고 흥미로운 좋은 일자리는 정규직의 복지국가 지원 의지를 낮추는 것으로 드러났다. 현재 노조원으로 재직하고 있는 정규직은 사회보험 지급 방식에서도 동일 금액 지급보다 기여가 많은 고소득자에게 더 많이 지급하는 방식을 선호하는 보수적인 선택을 하고 있었고, 비정규직의 경우 노조의 필요성을 높게 평가할수록 빈민에 대한 연대 의식이 낮았다. 좋은 일자리와 노동조합의 보호 혹은 노조의 필요성에 대한 의식이 정규직과 비정규직에게서 각각 다른 방식으로 사회권 의식에 부정적인 영향을 미치고 있는 것으로 판단된다. 비정규직의 경우 대규모 사업장 종사자가 10인 이하 영세 사업장 종사자보다 빈민에 대한 연대 의식이 더 높았다. 특히 노동조합 및 노동운동은 서구에서 복지국가의 건설 과정에 큰 영향을 미친 주요한 사회 세력이었으나, 한국에서는 거의 영향력이 없었고, 영향력이 있는 경우에도 부정적인 역할을 했다는 점에 주목할 필요가 있다.

한편, 현재 한국 사회의 복지 수준에 대한 만족도가 높을수록 정규직은 높은 수준의 복지국가를 선호하지 않았고, 이와 대조적으로 비정규직은 빈민에 대한 연대 의식이 높았다. 반면에 부의 공정한 분배나 기회 평등 등과 관련해, 한국 사회의 현실에 대해 낮게 평가할수록 비정규직이 높은 수준의 복지국가를 선호하지 않는 흥미로운 결과가 나타났는데, 이는 앞서 살펴본 비정규직의 국가에 대한 낮은 신뢰도에 비추어 이해할 수 있는 결과이다. 한편, 비정규직의 경우 한국 사회에 존재하는 극빈층의 비중이 높다고 생각할수록 높은 복지 수준을 선호했고 빈민을 지원하려는 의지도 높았다. 정규직이 재분배에 보수적인 태도를 취하는 경우는 근로소득이 실제로 높은 경우였지만, 비정규직이 그런 경우는 소득 격차를 당연시하는 태도를 가진 경우였다.

비정규직의 경우 공무원에 대한 신뢰도가 클 경우 높은 복지 수준을 선택할 가능성이 커지는 것으로 드러나, 앞서 살펴본 비정규직의 국가에 대한 전반적인 불신 관련 해석의 신빙성을 뒷받침한다. 소득 격차에 대한 신자유주의적인 태도는 비정규직에 한해 사회보험 지급 방식에서 보수적인 선택을 하게 만드는 것으로 나타났다. 한편, 성 평등 태도는 정규직에서만 형편이 어려운 사람에 대한 연대 의식을 높이는 것으로 나타났다.

정치적인 진보 성향은 정규직에서만 높은 수준의 복지사회에 대한 선호에 긍정적인 영향을 미쳤고, 비정규직에서는 진보적 의식의 유의미한 영향력이 발견되지 않았다. 또한 진보적 의식은 정규직의 경우 복지국가를 더 지지하게 했지만, 소득재분배에서는 상대적으로 덜 진보적인 선택을 하게 했다. 비정규직의 경우 정치적 진보성이 복지국가에 대한 지지를 높이지 않은 대신, 빈민에 대한 연대감은 높였다. 정치적으로 진보적이라는 것이 정규직과 비정규직에 갖는 의미와 작용하는 메커니즘이 서로 다르다는 점을 시사하는 대목이다.

10장

결론
고진로 사회권의 가능성과 과제

> 근대사회의 역동성은 '이중의 운동'에 의해 가능했다. 시장은 끊임없이 확장되었
> 으나, 이런 추세는 바로 그런 확장을 막고자 하는 대항 운동에 직면했다(Polanyi
> 1944, 130).

오랜 기간 지속되어 온 완전고용과 두 자릿수 경제성장, 복지보다는 성
장에 중점을 두었던 정부의 영향으로 한국 사회에서는 변화된 환경에
필요한 적절한 사회권 모델에 대한 논의가 활성화되지 못했다. 그러나
외환 위기가 증가시킨 비정규직 문제가 단순히 노동시장을 이중화하는
데 그치지 않고 사회 통합을 위협하는 수준까지 확대되면서 이들을 보
호할 수 있는 사회권에 대한 논의를 더는 지체할 수 없게 되었다. 이 연
구는 정규직 고용을 조건으로 한 복지 수혜의 기회에서 배제된 비정규
직에게도 적절한 사회권을 보장할 필요가 있다는 문제의식에서 시도되
었다. 필자는 그런 사회권을 고진로 경제를 가능하게 하는 사회권으로
명명했다. 고임금과 고부가가치 산업을 발전시킬 목적으로, 실제로 사
회권의 수혜자가 되는 시민이 자신의 권리의 내용을 결정할 권리 역시
보장받는, 그래서 복지국가와 그 수혜자인 시민사회의 관료적 구분이

사라지고 사회적 신뢰에 기반을 둔 적절한 공공재의 제공이 가능한 모델이다. 이 책의 목적은 바로 이런 사회권이 한국 사회에서 가능할 수 있는지, 그리고 그렇다면 그러기 위해 필요한 과제를 추출해 낼 수 있는, 이 사회권 모델의 미시적 기초에 대한 실태 분석을 실시하는 것이었다.

이 연구가 밝히고자 했던 첫 번째 의문은 정규직과 비정규직 일자리는 서로 얼마나 다르고, 어떻게 다른지와 관련된다. 비정규직 일자리가 정규직보다 임금과 노동조건 차원에서 현저히 나쁘다는 것은 이미 잘 알려져 있다. 그러나 여기서는 정규직과 비정규직의 일자리에 대해 지금까지 잘 알려지지 않은 다차원적인 실태와 태도 조사를 포괄적으로 실시했다. 비정규직이 왜 중심을 점점 잠식해 들어가 정규직 자체를 없애 버리지 않는지를 묻는 슈트리크Wolfgang Streeck에게, 에메너거 외(Emmenegger et al. 2012, 315-316)는 이 두 집단, 즉 정규직과 비정규직이 이미 직업적·산업적으로 너무 심하게 분리되어 정규직을 위협하지 못하는 동시에, 비정규직이 정치적으로 덜 적극적인 집단이기 때문이라고 답한다. 그렇다면 한국도 이제 이런 상태에 돌입한 것이 아닐까.

이 연구에서 분석한바, 좋은 일자리 특성에서의 심한 격차, 그리고 좋은 일자리를 구성하는 일자리 특성에 대한 비정규직의 상대적으로 낮은 평가는 정규직과 비정규직의 분리가 이미 고착화되어 가는 현실을 보여 준다. 비록 정규직도 스트레스와 과로, 경직적인 조직 문화로 고통받고 있었지만, 비정규직은 일자리 환경이 유해한 데서 직접 신체적인 피해를 입고 있었고, 이런 문제를 해결할 만한 수단도 결여되어 있었다. 업무 내용도 정규직과는 달리 현저히 단조로웠으며 새로운 내용을 배울 수 있는 상황도 아니었다.

그리고 이런 격차는 사회적 보호와 정치적 통합에서의 격차로 직결되었다. 이런 문제를 정치적으로, 또는 노동조합과 같은 결사체를 형성해 적극적으로 해결하려는 의사 역시 정규직보다 낮은 수준이었다. 이 같은 정치적 관심도와 참여 의사는 비정규직 중에서도 형편이 어려울수록 더 낮아졌다. 이는 다음의 두 가지 이유로 설명될 수 있다. 정치적 관심과 참여는 경제적 자원과 시간 운용상의 재량권과 여유를 기반으로 이루어질 수 있는 행위로, 비정규직은 정규직에 비해 이런 조건이 뒤떨어진다. 또한 비정규직의 낮은 민주주의 실태에 대한 만족도 평가로 미루어 판단해 볼 때, 이들은 정치에 대한 관심을 통해 문제가 개선될 수 있다는 데 대해 근본적인 회의를 가지고 있는 것으로 보인다.

이 연구의 두 번째 문제의식은 여성과 남성의 평등한 노동권 확보 없이 비정규직 문제를 해결하고 일과 생활의 균형을 유지하는 것이 과연 가능한지였다. 대다수의 여성 노동자가 비정규직인 현실에서, 여성 노동에 대한 차별을 논의하지 않고 비정규직 문제를 해결할 수 있으리라고 기대하기는 어렵다. 특히 시간제 노동을 확대함으로써 일과 생활의 균형을 이루려 하는 현재 정부의 대책은 오히려 남성을 장시간 노동으로 내모는 한편, 경력을 개발하기 어려운 파편화된 시간제 노동에 여성 고용을 한정하는 문제점을 드러내고 있다. 분석한 결과, 노동시간 감축 의사가 가장 많은 집단은 여성 비정규직이 아니라 주당 53시간에 이르는 장시간 노동을 하고 있는 남성 비정규직이었다. 또한 일과 생활의 균형 만족도에 영향을 주는 요인은 단순히 시간제 노동에 종사하기보다는 본인과 배우자 중 적어도 한 명은 안정된 정규직 일자리를 갖는 것이었다.

이런 결과는 좀 더 복합적인 정책 묶음의 조합에 의해서만 일과 생활의 균형이 잡힐 수 있으며, 그 과정에서 남성과 여성, 정규직과 비정규직 간 노동시장에서의 형평성을 제고할 수 있어야 한다는 점을 시사한다. 일과 생활의 균형은 모든 노동자가 성별과 고용 형태에 구애되지 않고, 제대로 된 일자리를 선택할 수 있는 기회를 가지며, 동시에 가정을 위해 필요한 만큼의 휴직과 노동시간 단축을 요구할 수 있을 때 이루어진다. 이는 한 남성 노동자가 은퇴하기까지 전일제로 한 산업에서 일하는 포드주의적 생산방식과 노동자 생애 주기 모델(Supiot 1999)이 근본적으로 변화될 것을 요구하는 작업이다.

세 번째로 이 연구는 노동조합 조직률과 진보 정당의 의석 점유율 등 노동자계급의 조직력을 중시한 권력 자본론의 기본 가정이 한국 사회에 어느 정도 설명력이 있는지를 파악하고자 했다. 노조 조직률이 10퍼센트에도 미달하고, 진보 정당의 의석 점유율도 거의 없다시피 한 현상과는 별개로 과연 노동조합 조합원이라는 사실이, 그리고 정치적으로 진보적인 의식을 갖는다는 것이 과연 그렇지 않은 사람과는 다른 진일보한 사회권 의식을 가지게 하는가?

자료를 분석하며 찾아낸 답은 부정적이었다. 일단 노동조합에 가입한 조직노동자라고 할지라도 정치적인 진보 의식이나 정치 관심도가 비조직노동자와 차이 나지 않았고, 부의 공정한 분배 수준에 대해 좀 더 비판적인 의식을 지녔을 뿐 높은 수준의 복지사회에 대한 인식이나 빈민에 대한 연대감에도 긍정적인 영향력을 가지고 있지 않았다. 오히려 사회보험 수급 방식과 관련해, 노조에 가입한 이들일수록 기여가 많은 고소득자가 더 수급하는 방식을 선호하는 등 재분배에 역행하는 의식을 보이기까지 했다.

정치적인 진보 의식과 관련된 주요한 발견은 이런 정치적 성향이 정규직과 비정규직에서 서로 다른 방식으로 발현되고 있다는 점이었다. 정규직의 경우, 정치적 진보 성향은 학력이 대학 재학 이상으로 높았을 때 더 강했으며, 높은 수준의 복지사회에 대한 선호도에는 긍정적인 영향을 미쳤으나, 빈민에 대한 연대감에는 그러지 못했다. 반면에 정규직보다 정치 관심도가 낮은 비정규직의 경우, 진보적 정치의식은 높은 수준의 복지국가 선호에는 유의미한 영향력이 없었지만, 빈민에 대한 연대감은 높이는 것으로 나타났다. 이미 심층 면접 조사 대상자의 응답만을 중심으로 조사한 기존 연구(이주희 2012)에서도 밝혀진 바와 같이, 빈민에 대한 공동체적 지원 의식과 높은 복지국가 선호가 괴리되어 있고, 비정규직의 정치적 무관심과 혐오가 정규직보다 더 높은 현실이 이 연구에서도 그대로 확인되면서 고진로 사회권의 미래를 밝게 전망하지 못하게 하고 있다.

이 연구가 네 번째로 살펴본 내용은 한국인의 복지 의식과 태도, 특히 복지에 대한 권리와 의무 인식과 관련된다. 전반적으로 일자리와 관련된 복지 열망은 매우 높은 편이었으나 실제 달성된 정도에 대한 평가는 기대 수준에 현저히 미치지 못했다. 정규직과 비정규직의 임금 및 고용 조건의 격차를 줄이고, 비정규직을 점진적으로 정규직화할 필요가 있다는 데 대다수가 인정하거나 찬성했다. 일자리 보장을 소득 보장보다 훨씬 더 많이 선호했으나, 생애의 일정 시기에 지급하는 기본 소득에 대한 찬성률도 60퍼센트에 이르렀고, 이때 가장 희망하는 지원 기간은 노년기였다. 생애의 어느 시기를 통해 누구나 혜택을 받을 수 있는 복지 영역에 대한 정부 책임 정도를 평가해 보니 실업자나 대학 진학자 등 특수한 집단을 대상으로 한 영역보다 높았다.

이처럼 국가에 대한 시민의 권리 의식은 상당히 명확하게 드러난 반면, 정부 지출의 필요성에 대한 동의 정도보다 세금 부담 의사는 낮았다. 특히 정규직이나 비정규직 등 임금노동자보다는 비임금노동자의 세금 부담 의사가 더 낮은 편이었다. 하지만 다양한 복지 영역에 대한 시민의 책무 의식은 평균 57퍼센트로 나타나 세금 부담 의사 평균인 37퍼센트를 훨씬 상회했다. 더 주목할 만한 점은 시민의 책무를 인정한 경우, 정부에 대한 지출 요구와 세금 부담 의지가 더 높아졌다는 것이다. 이런 분석 결과는 시민의 책무를 인정한다고 해서 단순히 국가의 복지 제공 책임을 낮게 평가하고 있는 것이 아님을 밝혀 준다. 국가의 복지 제공에 상응하는, 시민의 다양하고 창의적인 책무를 인지하고 있는 경우에 복지국가 서비스의 질과 효과가 크게 제고될 수 있다는 점에서 상당히 긍정적인 결과이다.

마지막으로, 다양한 사회권 의식에 영향을 미치는 요인을 검토했다. 분석한 결과, 높은 수준의 복지국가 선호와 좀 더 진보적인 재분배에 대한 지지에 영향을 미치는 요인이 서로 달랐다. 높은 수준의 복지국가를 선호하는 정도는 정규직이 비정규직보다 더 높았지만, 필요에 따라 재분배 효과가 더 큰 사회보험 지급 방식에 대해서는 비정규직과 저소득층의 지지도가 더 높았다. 이는 정규직과 비정규직에 따라 희망하는 복지국가의 모습이 서로 다를 수 있으며, 그로 인해 복지국가에 대한 연대가 약화될 수도 있다는 점을 시사한다.

비정규직이 정규직보다, 그리고 특히 형편이 더 어려운 비정규직이 좀 더 나은 비정규직보다 복지국가에 대한 지지도가 크게 뒤떨어지는 현상은, 형편이 어려울수록 높은 세금에 대한 부담이 더 커지는 현실적 제약, 그리고 형편이 어려울수록 국가로부터 제대로 된 정책 지원을 받아 본 경험이 없다는 점에 기인해 설명될 수 있다. 지금까지의 복지가 안정된 정규직 고용 형태에 의거해 시행되어 왔고, 이들이 정부나 국가에 대해 근본적인 불신을 지녔다는 사실은 복지국가가 확대될 가능성에 대해 긍정적으로 평가하지 못하게 한다.

종합하자면, 이 연구는 고진로 사회권의 미래에 대해 긍정적인 면과 부정적인 면이 혼합된 상반된 결과를 보여 주고 있다. 일단, 정규직과 비정규직의 일자리는 이미 상당히 이질화되어 이들 사이에서 정책적 연대를 모색하기가 어려워 보일뿐더러, 비정규직에게서 정규직과의 차별과 격차를 바로잡으려는 정치적 참여 의지를 찾기도 힘들었다. 정치적인 진보 의식이나 노동조합 활동이 사회의 변화에 기여할 가능성도 희박하다. 반면에 정규직과 비정규직 모두 복지에 대한 열망이 강하고, 이에 뒤따르는 적절한 책무 의식을 지닌 것 또한 사실이다. 이 점에서 복지국가를 구체적으로 디자인하는 데 정규직과 비정규직 간 갈등과 계층 간 갈등이 발생할 가능성을 최소화할 수 있다면, 새로운 사회권 패러다임에 대한 공감대를 넓혀 가는 작업이 불가능하지만은 않으리라고 조심스럽게 예상해 볼 수 있다. 이 같은 연구 결과에 기초한 향후 과제를 다음과 같이 제안한다.

첫째, 고임금·고부가가치 일자리를 창출·확산하고, 정규직과 비정규직, 남성과 여성의 평등한 노동권을 보장하며, 일과 생활의 균형을 보장하는 종합적인 정책 대안이 필요하다.

현대사회에서 고임금·고부가가치 일자리가 다수를 차지하지 못하는 것은 제조업의 주변 노동력과 더불어 비정규직이 많은 저임금 서비스업 일자리의 생산성을 높이는 일이 여의치 않기 때문이다. 이 부문으로 저임금노동자가 계속 공급되는 한, 시장 메커니즘만으로 이 문제를 해결할 수는 없기에 더욱 적극적인 국가 개입이 요구된다. 최저임금을 노동자 평균임금의 2분의 1 수준으로 올리고, 공공 부문에서 양질의 사회적 일자리를 만들어 내야 한다. 미국에서는 1990년대 이후 실시되어왔고, 현재 한국에서도 시민 단체와 주요 지자체가 도입하고자 하는 생활임금living wage 역시 저임금 일자리를 개선할 방안이 될 수 있다. 생활임금은 지방정부 및 지방정부와 계약을 맺는 사부문의 고용주에게 지역의 실질 생계비에 해당하는 임금을 지불하도록 조례로 명시하는 제도이다.

비정규직 일자리에 가해지는 차별을 바로잡고 간접 고용직의 확대되는 것을 막기 위한 입법적 노력도 필요하다. 장시간 노동을 개선하고 휴직·휴가 제도를 전면적으로 개편해 모든 노동자에게 가족을 부양할 기회와 자기 계발을 위한 시간을 확보해 주어야 한다.

문제는 이미 여러 집단에서 다양한 방식으로 제안된 바 있는 이런 원칙과 제안이 실시될 수 있도록 강제하는 사회적 세력이 약하다는 점이다. 한국 사회에서 노동조합은 특수한 기업별 조직 형태로 인해 이와 같은 문제를 정치적으로 해결할 수 있는 능력을 갖추지 못했다. 그렇다면 작업장에서 노동자의 대표성을 높일 수 있는 방안을 다양하게 고민해 볼 필요가 있다. 작업장의 산업 안전 문제를 다룰 수 있는 노사 공동 위원회를 활성화하는 것도 이 같은 방향의 첫걸음이 될 수 있다. 만일 이런 소규모 공동 활동이 성과를 인정받는다면 점차 그 논의의 대상이 되는 영역을 확대해 가면 된다. 지자체가 적극적으로 개입한다면, 미국 위스콘신 주 금속 산업 부문의 노사 파트너십Wisconsin Regional Training Partnership과 같은 노사정 협력 프로그램으로 발전할 수도 있다. 이 파트너십은 저임금노동자를 대상으로 교육 훈련을 실시해 고임금 제조업 분야에 취업할 수 있게 했고, 이와 동시에 쇠퇴해 가고 있던 밀워키 지역의 산업을 다시 활성화하는 데 성공했다.

둘째, 시민의 생애 주기에 맞춤한 더욱 진보적인 소득재분배 제도가 도입되어야 한다.

일자리의 개선 방안에 대해 앞서 논의했으나, 당연히 모든 일자리를 양질의 일자리로 만들기에는 현실적인 제약이 존재하며, 많은 노동인구가 실업과 노후에 대한 불안에서 자유롭지 못하다. 이런 제약과 불안을 완화하는 가장 근본적인 대안은 기본 소득으로부터 나온다. 물론 전체 시민을 대상으로 전 생애 기간 동안 기본 소득을 제공한다는 것은 아직 정치적·재정적으로 가능하지 않겠지만, 생애의 중요한 시기에 한시적으로 기본 소득이 제공된다면 재충전·재훈련 기회를 제공함으로써 노동력의 질을 높이는 결과를 가져올 수 있다. 예를 들어, 현재와 같이 중년 이후 재취업이 어렵다면 이들은 영세 자영업과 비정규직을 오가며 힘든 노년을 맞이하게 된다. 만일 일정 연령 이후 새로운 일을 시작하고자 할 때 교육 훈련을 받는다면 그 기간에 실질적으로 생계를 보전받을 수준의 소득 지원이 필요할 수 있다. 이 연구는 시민이 이런 기회를 악용하기보다는 일정한 책무 의식과 함께 성실한 구직 활동을 실시할 가능성이 더 크다는 점을 보였다. 이런 방식의 다양한 소득 지원 정책을 실험할 것을 제안한다.

셋째, 새로운 고진로 사회권 패러다임을 확립하기 위해서는 우선 국가가 신뢰를 회복해야 한다.

이 연구가 확인한 시민의 이중적 태도, 혹은 복지가 더 절실한 비정규직과 저소득층이 복지국가를 미온적으로 지지하는 데는 국가에 대한 불신이 무엇보다도 크게 작용했다. 이는 두 가지 방식에서 해결할 수 있다. 우선, 정규직 등 기득권자를 우선적으로 배려하는 정책을 수정해 비정규직과 하층계급을 포괄하고, 만일 필요하다면 이들에게 우선적인 기회를 주고자 노력해야 한다. 복지 제도에 따른 혜택과 경험이 쌓여야만 복지국가에 대한 신뢰가 회복될 수 있기 때문이다. 또 다른 방안은 복지 제도를 디자인하고 집행하는 과정에 시민사회가 되도록 많이 참여하게끔 유도하는 것이다. 제3섹터와 사회적 경제를 활성화하는 것도 방안이 될 수 있으며, 지자체에서 시민의 제안과 참여를 반영해 예산을 결정하는 것도 시도해 볼 수 있다. 이는 단순히 시민사회에 복지 서비스의 집

행을 이관하는 것이 아니라, 정부의 공공성과 민간 부문의 효율성의 유
연한 결합, 그리고 시민사회의 의견을 최대한 존중해 복지 정책을 구성
해야 한다는 책무에 기반을 둔 새로운 국가-시민사회 관계의 형성을 의
미한다.

참고문헌

강수택. 2003. "신자유주의 구조 조정과 노동자 사회의식의 변화." 『경제와 사회』 제58호.

강신욱·김안나·박능후·김은희·유진영. 2005. 『사회적 배제의 지표개발 및 적용방안 연구』. 한국보건사회연구원 연구보고서.

곽노완. 2007. "기본 소득과 사회연대소득의 경제철학 : 빠레이스, 네그리, 베르너에 대한 비판과 변형." 『시대와 철학』 제18권 2호.

_____. 2008. "빠레이스, 반 유토피아적 맑스주의의 유토피아 : 빠레이스에 대한 비판과 변형." 『진보평론』 제35호.

관계부처 합동. 2011. 『Dynamic Women Korea 2015』. 여성인력개발종합계획.

권형기. 2007. "분화하는 대륙형 자본주의 : 독일 네덜란드 비교." 『국제정치논총』 제47집 3호.

김교성. 2009. "기본 소득 도입을 위한 탐색적 연구." 『사회복지정책』 제36권 2호.

김미혜·정진경. 2002. "한국인의 '복지권'에 대한 인식과 태도 연구." 『한국사회복지학』 제50집.

김신영. 2010. "한국인의 복지 의식 결정요인 연구 : 국가의 공적책임에 대한 태도를 중심으로." 『조사연구』 제11권 1호.

김연명. 2009. "사회투자론의 한국적 적용 가능성과 쟁점." 김연명 엮음. 『사회투자와 한국정책의 미래』. 나눔의 집.

김영순. 2009. "사회 투자 국가가 우리의 대안인가? : 최근 한국의 사회 투자 국가 논의와 그 문제점." 김연명 엮음. 『사회투자와 한국정책의 미래』. 나눔의 집.

김영순·여유진. 2011. "한국인의 복지태도 : 비계급성과 비일관성 문제를 중심으로." 『경제와 사회』 제91호.

김유선. 2003. "한국 노동시장의 비정규직 증가원인에 대한 실증연구." 고려대학교 대학원 경제학과 박사 학위 청구 논문.

_____. 2009. "성별 고용 형태별 차별실태와 개선방향." 한국노총 여성정책토론회 발표 자료.

김왕배. 1995. "한국근로자들의 삶의 질 : 사회의식과 생활만족을 중심으로." 『사회발전연구』 창간호.

김종숙. 2012. "여성 고용정책 : 빈곤정책과의 연계." 한국노동연구원 고용포럼 발표 자료.

김태완·김문길·전지현·한민아. 2010. 『기초보장제도 생계보장평가와 정책방향』. 한국보건사회연구원 연구보고서.

김학노. 2004. "'네덜란드 모델'의 성과와 한계." 『한국정치학회보』 제38집 3호.

김행. 2006. "여론조사로 본 세대별 정치의식·사회의식." 『역사비평』 34호.

남재량·성재민·최효미·신선옥·배기준. 2010. 『제11차(2008)년도 한국 가구와 개인의 경제활동 : 한국노동패널 기초분석보고서』. 한국노동연구원.

류만희·최영. 2009. "복지정책에 대한 지지도 연구 : 복지의식, 계층, 자기이해(self-interest)의 영향을 중심으로."『한국정책과학학회보』제13권 1호.

류진석. 2004. "복지태도의 미시적 결정구조와 특성."『한국사회복지학』제56권 4호.

문무기·윤문희. 2007.『근로자 균등대우 실현을 위한 노동법적 과제』. 한국노동연구원.

박재규. 2001. "신자유주의 경제정책과 노동자의 삶의 질 변화 : 한국의 사례."『한국사회학』제 35집 6호.

박준식. 1991. "대기업노동자 의식실태 보고서."『말』1991년 2월호.

박준식·장홍근·서혁진. 1991 "은행노동자들의 정치·사회의식."『동향과 전망』제12호.

방하남·이영면·김기헌·김한준·이상호. 2007.『고용의 질 : 거시·기업·개인수준에서의 지표개 발 및 평가』. 한국노동연구원.

변미희. 2002. "복지의식에 관한 연구동향."『한국가족복지학』제7권 2호.

송위섭. 2009. "우리나라 최저임금제도의 성과와 개선방안."『노동리뷰』제49호.

송호근·유형근. 2010. "한국 노동자의 계급의식 결정요인 : 울산 지역의 조직노동자를 중심으 로."『경제와 사회』제87호.

신광영·조돈문·이성균. 2003.『경제위기와 한국인의 복지의식』. 집문당.

신동면. 2007. "한국의 지속 가능한 발전적 사회정책을 위한 구상."『사회 이론』제31호.

신영석. 2011. "2011년도 사회보험의 변화와 전망."『보건복지포럼』제171호.

안주엽. 2001. "정규근로와 비정규근로의 임금격차."『노동경제논집』제24권 1호.

안주엽·김동배·이시균. 2003.『비정규근로의 실태와 정책과제 III』. 한국노동연구원 연구보고서.

안주엽·노용진·박우성·박찬임·이주희·허재준. 2001.『비정규근로의 실태와 정책과제 I』. 한 국노동연구원 연구보고서.

안주엽·조준모·남재량. 2002.『비정규근로의 실태와 정책과제 II』. 한국노동연구원 연구보고서.

안태현. 2009. "최저임금의 고용효과에 관한 경제학적 논쟁."『국제노동브리프』2009년도 8월 호. 한국노동연구원.

양재진. 2003. "노동시장 유연화와 한국복지국가의 선택 : 노동시장과 복지제도의 비정합성 극 복을 위하여."『한국정치학회보』제37권 3호.

양재진·조아라. 2009. "사회 투자 국가론과 경제·사회적 성과분석 : 영국, 스웨덴, 그리고 덴마크 의 비교분석과 한국에의 함의." 김연명 엮음.『사회투자와 한국정책의 미래』. 나눔의 집.

어수봉·조세형. 2006.『고용의 질 측정지표 개발에 관한 연구』. 한국노총중앙연구원 연구보고서.

여성노동법률지원센터. 2011.『AA적용사업장 관리자 실태 조사』. 노사발전재단.

윤강재·김계연. 2010. "OECE국가의 행복지수 산정 및 비교."『보건복지포럼』제159호.

윤민재. 2004. "한국 사회의 진보/보수 운동단체 실무진의 정치의식, 태도와 네트워크."『사회과 학연구』제12권 2호.

윤자영·박성재·이지은·윤미례. 2010.『여성 일자리지원 사업평가』. 2010 일자리대책사업 평 가 연구시리즈 2. 한국노동연구원.

윤홍식. 2005. "가족정책의 성 통합적 재구조화 : 노동 주체의 관점에 근거한 일과 가족의 양립 을 중심으로."『한국사회복지학』제57권 4호.

은수미. 2007.『비정규직과 한국노사관계 시스템변화 I』. 한국노동연구원 연구보고서.

_____. 2012. "한국의 '노동 이중화' : 중심은 있는가?." 2012년 비판사회학회 춘계학술대회 발표문.

이경용·박해광. 2000. "공기업 구조 조정과 종사자의 사회심리적 건강." 『보건과 사회과학』 제 6·7집 통합호.

이남신. 2012. "한국 사회 비정규직 문제 해결의 전략과 해법." 고진로(high road) 사회권 연구 팀 제6회 워크숍 발표문.

이명현. 2006. "복지국가 재편을 둘러싼 새로운 대립축 : 워크페어 개혁과 기본 소득 구상." 『사 회보장연구』 제22권 3호.

_____. 2007. "유럽에서의 기본 소득 구상의 전개 동향과 과제 : 근로안식년과 시민연금 구상을 중심으로." 『사회보장연구』 제23권 3호.

이병훈. 2009. "경제위기와 비정규직 노동자의 사회권." 『2009 경제위기와 사회권에 대한 사회 권심포지엄 자료집』. 국가인권위원회.

이병희. 1992. "은행노동자들의 사회정치의식." 『동향과 전망』 제17호.

이병희·홍경준·이상은·강병구·윤자영. 2010. 『근로빈곤의 실태와 지원 정책』. 한국노동연구원.

이성균. 2002. "한국 사회복지의식의 특징과 결정요인 : 국가의 복지책임지지도를 중심으로." 『한 국사회학』 제36권 2호.

이신용. 2007. "민주주의가 사회복지정책에 미치는 영향 : 한국의 결함있는 민주주의를 중심 으로." 『한국사회복지학』 제59권 4호.

임영일·임호. 1993. "87년 이후 노동자층의 의식변화와 노사관계." 『경제와 사회』 제17호.

이인재. 1998. "IMF 관리체제 이후 한국인의 사회복지의식에 관한 연구." 『사회복지연구』 제12권.

이종오. 1996. "40·50대 사회·정치의식의 모호성과 복잡성." 『역사비평』 제34호.

이주희. 2000. "비정규직 노사관계." 『분기별 노동동향 분석』 한국노동연구원 4/4.

_____. 2008. "직군제의 고용차별 효과 : 금융산업을 중심으로." 『경제와 사회』 제80호.

_____. 2009. "경제위기와 여성의 사회권." 2009 사회권 심포지움(경제위기와 사회권 발표 논문).

_____. 2011. "적극적 조치와 여성노동." 『젠더법학』 제3권 2호.

_____. 2012. "비정규직의 사회권 인식에 대한 연구." 『한국 사회정책』 제19권 1호.

이주희·김영미·우명숙·전병유·최은영·소마 나오코. 2010. 『여성 고용률 제고를 위한 선진국 시간제 근로자 실태연구』. 노사발전재단.

이중섭. 2009. "한국인의 복지의식에 영향을 미치는 요인에 대한 연구." 『사회복지정책』 제36권 4호.

이철수. 2005. "유연안정성과 노동법의 개선." 『비교법학연구』 제6집.

이택면. 2005. "비정규 고용의 결정요인에 관한 경제사회학적 분석." 『한국사회학』 제39집 4호.

이한나·이미라. 2010. "한국인의 복지태도 영향 요인에 관한 연구 : 형평성 지각의 효과를 중심 으로." 『보건사회연구』 제30권 2호.

이호근. 2006. "비정규 근로 대책방안 : 한국적 '유연안정성' 모델의 정착을 위한 조건." 『한국 사 회정책』 제13집.

장경은. 1990. "중소기업노동자의 실태와 의식은 이렇다." 『동향과 전망』 제10호.

장영식·고경환·손창균·이수현. 2007. 『한국인의 삶의 질 수준에 관한 연구』. 한국보건사회연 구원.

장지연·이병희·은수미·신동균. 2010. 『고용안전망 사각지대 해소방안』. 한국노동연구원.

정영태. 1993. "노동자의 정치의식과 투표행태." 『노동문제논집』 제10권.

정원호. 2005. "덴마크의 유연안정성 정책에 관한 고찰." 『EU학 연구』 제10권 2호.

정이환. 2000. "주변 노동자의 사회의식 : 건설 일용 노동자의 경우." 『산업노동연구』 제6권 2호.

_____. 2003. "분단노동시장과 연대 : 정규·비정규 노동자간 연대의 연구." 『경제와 사회』 제59권.

정형옥. 2011. "최저임금제도를 통해 본 여성저임금 현실과 개선방안." 경기도가족여성연구원 이슈브리프 33호.

정희정. 2007. "유럽연합의 유연안정성 전략 : 유연안정성(Flexecurity)." 『국제노동브리프』 제5권 7호.

조돈문. 2006. "한국 노동계급의 계급의식과 보수화." 『경제와 사회』 제72호.

주무현. 2004. "금속노조 사업장 비정규 노동력 활용의 노조효과 분석." 『산업노동연구』 제10권 2호.

주은선·백정미. 2007. "한국의 복지인식 지형 : 계층, 복지수요, 공공복지 수급경험의 영향을 중심으로." 『사회복지연구』 제34호.

중등우리교육. 2006. "대한민국 교사 정치성향은 '진보'." 『중등우리교육』 3월호.

채구묵. 2002. "IMF 경제위기 이후 비정규근로자의 증가원인 분석 및 과제." 『한국사회학』 제36권 5호.

최균·류진석. 2000. "복지의식의 경향과 특징 : 이중성." 『사회복지연구』 제16호.

한국노동연구원. 1999. 『KLI노동통계』. 한국노동연구원.

_____. 2006. 『KLI노동통계』. 한국노동연구원.

_____. 2009. 『KLI노동통계』. 한국노동연구원.

_____. 2010. 『KLI노동통계』. 한국노동연구원.

_____. 2012. 『KLI노동통계』. 한국노동연구원.

한국보건사회연구원·서울대사회복지연구소. 2007. 『2007 한국복지패널 기초분석 보고서』. 한국보건사회연구원.

_____. 2008. 『2008 한국복지패널 기초분석 보고서』. 한국보건사회연구원.

_____. 2009. 『2009 한국복지패널 기초분석 보고서』. 한국보건사회연구원.

황덕순·노대명·김재진. 2010. 『근로유인형 복지제도의 국제비교와 한국의 근로유인형 복지제도 발전방안 연구』. 한국노동연구원.

홍경준. 1996. "노동자의 연대의식에 기업복지가 미치는 효과." 『한국사회복지학』 제29호.

Baker, John. 1992. "An Egalitarian Case for Basic Income." in Philippe Van Parijs ed. *Arguing for Basic Income*. London: Verso.

Bambrick, Laura. 2007. "A BIG Response to Wollstonecraft's Dilemma." The U.S. Basic Income Guarantee Network Discussion Papers no. 167.

Bosch, Gerhard. 2004. "Towards a New Standard Employment Relationship in Western Europe." *British Journal of Industrial Relations* 42(4).

Bowles, Samuel and Herbert Gintis. 1999. "Is Equality Passe? Homo Reciprocans and the

Future of Egalitarian Politics." *Boston Review* 23(6).

Burnstein, Paul. 1998. "Bringing the Public Back In: Should sociologists consider the impact of public opinion on public policy?." *Social Forces* 77(1).

Cohen, Joshua and Joel Rogers. 1995. *Associations and Democracy.* London: Verso.

Commission on Social Justice. 1993. *The Justice Gap.* Institute for Public Policy Research.

Cox, Robert Henry. 1998. "The Consequences of Welfare Reform: How Conceptions of Social Rights are Changing." *Journal of Social Policy* 27(1).

Deakin, Simon. 2002. "The Evolution of the Employment Relationship," in Peter Auer and Bernard Gazier eds. *The Future of Work, Employment and Social Protection: The dynamics of change and the protection of workers.* Geneva: International Labour Organization.

Derks, Anton. 2004. "Are the Underprivileged Really That Economically 'Leftist'? Attitude towards Economic Redistribution and the Welfare State in Flanders." *European Journal of Political Research* 43.

Dwyer, Peter. 2000. *Welfare Rights and Responsibilities: Contesting Social Citizenship.* Bristol: The Polity Press.

EC(European Commission). 2007. "Gender Mainstreaming of Employment Policies: A comparative review of thirty European countries." Brussels: European Commission.

Ehrenreich, Barbara and Arlie Russell Hochschild. 2002. *Global Woman: Nannies, Maids and Sex Workers in the New Economy.* New York: A Holt Paperback.

Emmenegger, Patrick, Silja Hausermann, Bruno Palier, and Martin Seeleib-Kaiser. 2012. "How We Grow Unequal," in Patrick Emmenegger, Silja Hausermann, Bruno Palier, and Martin Seeleib-Kaiser eds. *The Age of Dualization.* New York: Oxford University Press.

_____. 2012. "How Rich Countries Cope with Deindustrialization" in Patrick Emmenegger, Silja Hausermann, Bruno Palier, and Martin Seeleib-Kaiser eds. *The Age of Dualization.* New York: Oxford University Press.

Esping-Andersen, Gosta. 1990. *The Three Worlds of Welfare Capitalism.* Princeton, NJ: Princeton University Press.

_____. 2001. "A Welfare State for the Twenty-First Century." in Anthony Giddens ed. *Global Third Way Debate.* Cambridge: Polity Press.

_____. 2002a. "Towards The Good Society, Once Again?" in Gosta Esping-Andersen ed. *Why We Need a New Welfare State.* Oxford: Oxford University Press.

_____. 2002b. "A New Gender Contract." in Gosta Esping-Andersen ed. *Why We Need a New Welfare State.* Oxford: Oxford University Press.

Fraser, Nancy. 1994. "After the Family Wage: Gender equity and the welfare state." *Political Theory* 22(4).

Freeman, Richard. 2002. "Working to Live or Living to Work?" in Peter Auer and Christine

Daniel eds. *The Future of Work, Employment and Social Protection: The Search for New Securities in a World of Growing Uncertainties.* Proceedings of the France/ILO Symposium. International Institute for Labour Studies. ILO.

Gallie, Duncan. 2002. "The Quality of Working Life in Welfare Strategy." in Gosta Esping-Andersen ed. *Why We Need a New Welfare State.* Oxford: Oxford University Press.

Giddens, Anthony. 1998. *The Third Way: The Renewal of Social Democracy.* Cambridge: Polity Press.

Gorz, Andre. 1992. "On the Difference between Society and Community, and Why Basic Income Cannot by Itself Confer Full Membership of Either." in Philippe Van Parijs ed. *Arguing for Basic Income.* London: Verso.

Goodin, Robert E. 1992. "Towards a Minimally Presumptuous Social Welfare Policy." in Philippe Van Parijs ed. *Arguing for Basic Income.* London: Verso.

Handler, Joel F. 2003. "Social Citizenship and Workfare in the U.S. and Western Europe: From Status to Contract." *Journal of European Social Policy* 13(3).

Hasenfeld, Yeheskel and Jane A. Rafferty. 1989. "The Determinants of Public Attitudes towards the Welfare State." *Social Forces* 67(4).

Hausermann, Silja and Hanna Schwander. 2010. "Explaining Welfare Preferences in Dualized Societies." paper prepared for the Panel "The Dualization of European Societies?." 17th Conference of Europeanists, April 14-17th 2010, Montreal, CA.

_____. 2012. "Varieties of Dualization? Labor Market Segmentation and Insider-Outsider Divides Across Regimes." in Patrick Emmenegger, Silja Hausermann, Bruno Palier, and Martin Seeleib-Kaiser eds. *The Age of Dualization.* New York: Oxford University Press.

Hegerty, Michael R., Robert A. Cummins, Abbott L. Ferriss, Kenneth Land, Alex C. Michalos, Mark Peterson, Andrew Sharpe, Joseph Sirgy and Joachim Vogel. 2001. "Quality of Life Indexes for National Polic: Review and Agenda for Research." *Social Indicators Research* 55(1).

Holliday, Ian. 2000. "Productivist Welfare Capitalism: Social Policy in East Asia." *Political Studies* 48.

Jæger, Mad Meier. 2006. "What Makes People Support Public Responsibility for Welfare Provision: Self-interest or political ideology?" *Acta Sociologica* 49(3).

Janoski, Thomas. 1998. *Citizenship and Civil Society: A Framework of Rights and Obligations in Liberal, Traditional, and Social Democratic Regimes.* Cambridge: Cambridge University Press.

ILO. 1999. "Report of the Director-General: Decent Work 87th Session." International Labour Organization.

Kim, Myoung-Hee, Chang-yup Kim, Jin-Kyung Park, and Ichiro Kawachi. 2008. "Is Precarious Employment Damaging to Self-rated Health: Results of Propensity Score

Matching Methods, Using Longitudinal Data in South Korea." *Social Science and Medicine* xxx.

Korpi, Walter. 1983. *Democratic Class Struggle*. London: Routledge & Kegan Pual.

_____. 1989. "Power, Politics, and State Autonomy in the Development of Social Citizenship: Social Rights during Sickness in Eighteen OECD Countries since 1930." *American Sociological Review* 54(3).

Lee, Joohee. 1997. "Class Structure and Class Consciousness in South Korea." *Journal of Contemporary Asia* 27(2).

Lewis, Jane. 2006. "Work/Family Reconciliation, Equal Opportunities and Social Policies: The interpretation of policy trajectories at the EU level and the meaning of gender equality." *Journal of European Social Policy* 13(3).

_____. 2009. *Work-family Balance, Gender and Policy*. Cheltenham, UK: Edward Elgar Publishing.

Lindbeck, Assar. 1981. "State and Economy in Contemporary Capitalism." *Journal of Comparative Economics* 5(1). Elsevier.

Linos, Katerina and Martin West. 2003. "Self-interest, Social Beliefs, and Attitudes to Redistribution: Re-addressing the issue of cross-national variation." *European Sociological Review* 19(4).

Lister, Ruth. 2002. "The Dilemmas of Pendulum Politics: Balancing paid work, care and citizenship." *Economy and Society* 31(4).

Marshall, T. H. 1950. *Citizenship and Social Classes, and other Essays*. Cambridge: Cambridge University Press.

OECD. 2006. Society at a Glance 2006, Organization for Economic Cooperation Development. OECD.

_____. 2010. "Chapter 4: How Good is Part-Time Work?" in OECD Employment Outlook. OECD.

Offe, Claus. 1984. *Contradictions of the Welfare State*. ed. by John Keane. Cambridge, Mass.: MIT Press.

_____. 1992. "A Non-Productivist Design for Social Policies." in Van Parijs, Philippe ed. *Arguing for Basic Income*. London: Verso.

Okun, Arthur M. 1975. *Equality and Efficiency, the Big Tradeoff*. Brookings Institution Press.

Osterman, Paul. 1999. *Securing Prosperity: The American Labor Market: How It Has Changed and What to Do about It*. Princeton, NJ: Princeton University Press.

Papadakis, Elim. 1992. "Public Opinion, Public Policy, and the Welfare State." *Political Studies* XL.

Papadakis, Elim and Clive Bean. 1993. "Popular Support for the Welfare State: A Comparison Between Instituional Regimes." *Journal of Public Policy* 13(3).

Pateman, Carole. 2006. "Democratizing Citizenship: Some advantages to basic income." in Erik Olin Wright ed. *Redesigning Distribution: Basic income and stakeholder grants as alternative cornerstones for a more egalitarian capitalism.* London: Verso.

Pettersen, Per Arnt. 2001. "Welfare State Legitimacy: Ranking, Rating, Paying: The popularity and support for Norwegian Welfare Programmes in the Mid 1990s." *Scandinavian Political Studies* 24(1).

Piore, Michael. 2002. "The Reconfiguration of Work and Employment Relations in the United States at the Turn of the 21st Century." in Peter Auer and Bernard Gazier eds. *The Future of Work, Employment and Social Protection: The dynamics of change and the protection of workers.* Geneva: International Labour Organization.

Polanyi, Karl. [1944]1957. *Great Transformation: The Political and Economic Origins of Our Time.* Boston: Beacon.

Policy Institute. 2009. *Monitoring Poverty and Social Exclusion.* Joseph Rowntree Foundation.

Pontusson, Jonas. 2005. *Inequality and Prosperity: Social Europe vs. Liberal America.* A Century Foundation Book.

Purdy, David. 1994. "Citizenship, Basic Income, and the State." *New Left Review* 208.

Rothstein, Bo. 1998. *Just Institutions Matter: The Moral and Political Logic of the Universal Welfare State.* Cambridge: Cambridge University Press.

Schwander, Hanna and Silja Hausermann. 2011. "Explaining Welfare Preferences in Dualized Societies." paper presented at the Oxford/Science Po joint doctoral seminar. 'The Dynamics of Politics and Inequalities' May.

Sen, Amartya. 1999. "The Possibility of Social Choice." *The American Economic Review* 89(3).

Sjolberg, Ola. 1999. "Paying for Social Rights." *Journal of Social Policy* 28(2).

Supiot, Alain. 1999. "The Transformation of Work and the Future of Labour Law in Europe: A multidisciplinary perspective." *International Labour Review* 133(1).

Svallfors, Stefan. 2004. "Class, Attitudes and the Welfare State: Sweden in Comparative Perspective." *Social Policy and Administration* 38(2).

Talberth, John, Cobb, Clifford, and Slattery Noah. 2006. *The Genuine Progress Indicator 2006.* Oakland, Canada: Redefining Progress.

The Policy Institute. 2009. *Monitoring Poverty and Social Exclusion.* Joseph Rowntree Foundation.

UNDP. 1996. *Human Development Report: Economic Growth and Human Development.* United Nations Development Programme.

Van Parijs, Philippe. 1992. "Competing Justifications of Basic Income." in Philippe Van Parijs ed. *Arguing for Basic Income.* London: Verso.

_____. 2006. "Basic Income: A simple and powerful idea for the 21st century." in Erik Olin

Wright ed. *Redesigning Distribution: Basic income and stakeholdergrants as alternative cornerstones for a more egalitarian capitalism.* London: Verso.

White, Stuart. 2000. "Social Rights and the Social Contract: Political Theory and the New Welfare Politics." *British Journal of Political Science* 30(3).

_____. 2003. *The Civic Minimum: On the Rights and Obligations of Economic Citizenship.* Oxford: Oxford University Press.